Wirkungsweise und Reichweite tarifvertraglicher Öffnungsklauseln

Schriften zum Arbeitsrecht und Wirtschaftsrecht

Herausgegeben von Abbo Junker

Band 35

PETER LANG
Frankfurt am Main · Berlin · Bern · Bruxelles · New York · Oxford · Wien

Christian Pfab

Wirkungsweise und Reichweite tarifvertraglicher Öffnungsklauseln

PETER LANG
Europäischer Verlag der Wissenschaften

Bibliografische Information Der Deutschen Bibliothek
Die Deutsche Bibliothek verzeichnet diese Publikation in der Deutschen Nationalbibliografie; detaillierte bibliografische Daten sind im Internet über <http://dnb.ddb.de> abrufbar.

Zugl.: Erlangen-Nürnberg, Univ., Diss., 2004

D 29 (n2)
ISSN 1433-4666
ISBN 3-631-52760-8

www.peterlang.de

Vorwort

Die Arbeit hat der Juristischen Fakultät der Friedrich-Alexander-Universität im Wintersemester 2003/2004 als Dissertation vorgelegen.

Literatur und Rechtsprechung sind bis Januar 2004 berücksichtigt, in Einzelfällen auch darüber hinaus.

Zu aufrichtigem Dank verpflichtet bin ich meinem Doktorvater Herrn Professor Dr. Rüdiger Krause, der nach dem Tod meines vorherigen Doktorvaters Herrn Professor Dr. Wolfgang Blomeyer die Arbeit übernahm und mit seinen Anregungen wesentlich zu ihrer Verbesserung beitrug. Die schnelle Korrektur habe ich in angenehmer Erinnerung.

Herzlichen Dank schulde ich auch Herrn Professor Dr. Winfried Veelken für die zügige Erstellung der Zweitkorrektur.

In Dankbarkeit erinnere ich mich an meinen verstorbenen Doktorvater Herrn Professor Dr. Wolfgang Blomeyer. Die Arbeit geht auf seine Anregung zurück und er ermöglichte ihre Verwirklichung durch seine fordernde Unterstützung.

Der Stiftung der Deutschen Wirtschaft danke ich für die gewährte materielle und immaterielle Unterstützung während des Promotionsvorhabens.

Bedanken möchte ich mich herzlich bei Frau Dipl.-Handelslehrerin Anja Baier und Frau Rechtsanwältin Christina Schlötzer für die Korrekturarbeiten, bei Herrn Dipl.-Ingenieur Sebastian Köppl für die technische Unterstützung.

Ohne die Anteilnahme und Ermunterung meiner Eltern wäre die Arbeit nicht möglich gewesen. Dieses Buch widme ich meinen Eltern.

Bad Staffelstein, im April 2004

Inhaltsverzeichnis

§ 1 Einleitung

A. Problemstellung

In der Tarifauseinandersetzung zu Beginn des Jahres 2004 wurden tarifvertragliche Öffnungsklauseln in das Bewusstsein der breiten Öffentlichkeit und der veröffentlichten Meinung[1] gerückt. Die Forderung der Arbeitgeberseite nach Aufnahme von mehr Öffnungsklauseln in die Tarifverträge schlug sich in Absichtserklärungen nieder, die in der Theorie mehr betriebliche Abweichungen vom Flächentarif gestatten sollen, für die Praxis aber nur ungewisse Voraussetzungen bieten.[2]

Neben diesem aktuellen Bezug stellt sich die Frage, warum dieser Arbeit in wesentlichen Teilen die mittlerweile 20 Jahre alte Tarifregelung des Leber-Rüthers-Kompromisses zugrunde gelegt wurde. Diese Regelung, die unter ganz anderen Rahmenbedingungen der Wirtschaft getroffen wurde, ist jedoch dogmatisch besonders geeignet, die Grundlagen für eine Flexibilisierung der Tarifverträge mittels tariflicher Öffnungsklauseln herauszuarbeiten. Zum einen ist der Leber-Rüthers-Kompromiss mit ausreichendem zeitlichen Abstand der tarifpolitischen Diskussion entzogen, in welchem sich die derzeitigen Öffnungsklauseln noch befinden. Zum anderen war diese damalige Tarifregelung Gegenstand einer intensiven arbeitsrechtswissenschaftlichen Debatte, deren Ergebnisse für die heutigen Probleme nutzbar gemacht werden können.

Nachdem die Flächentarifverträge jahrzehntelang als Erfolgsmodell galten, wurde seit der Mitte der neunziger Jahre eine kontroverse Diskussion über den Sinn und Zweck des Flächentarifvertrages geführt. Auf das herkömmliche Flächentarifsystem wurde unter den sich verändernden Rahmenbedingungen einer zunehmenden Globalisierung der Märkte und der Produktion, der Dezentralisierung von Unternehmensstrukturen, der Ausdifferenzierung von Beschäftigteninteressen sowie der Tertiarisierung der Wirtschaft ein verstärkter Druck zur Anpassung ausgeübt. Den Tarifverträgen in Deutschland wurde vorgehalten, sie differenzierten nicht ausreichend nach Region, Qualifikation, Branche und Unternehmen. Auch kämen die zentral organisierten Tarifvertragsparteien nicht ausreichend ihrer beschäftigungspolitischen Verantwortung nach.[3]

---

[1] Exemplarisch für die Darstellung der Tarifauseinandersetzung in der Presse:
SZ vom 04.02.2004, S. 2; WELT vom 11.02.2004, S. 11, SZ vom 13.02.2004, S. 1, 2; SZ vom 14./15.02.2004, S. 23; SZ vom 18.02.2004, S. 19; SZ vom 19.02.2004; S. 19; SZ vom 20.02.2004, S. 20; SZ vom 21./22.02.2004, S.19; SZ vom 23.02.2004, S. 19; SZ vom 24.02.2004, S. 23; SZ vom 25.02.2004, S. 19; SZ vom 01.03.2004, S. 19

[2] SZ vom 13.02.2004, S. 2

[3] Lesch DB 2000, 322, 322 m. w. N.

Schlagworte wie „Flexibilisierung und Deregulierung der Tarifverträge“ und „Dezentralisierung der kollektiven Arbeitsrechtsbeziehungen“ wurden in die Diskussion eingebracht. Häufig werden "betriebliche Bündnisse" von den Betriebspartnern in Krisensituationen unter Missachtung des Tarifvorranges abgeschlossen. Anstatt einer ungesteuerten Deregulierung mittels solcher "betrieblicher Bündnisse" ist eine kontrollierte Flexibilisierung und Deregulierung durch Verlagerung von Gestaltungsbefugnissen auf die Betriebsebene anzustreben. Es wurden erweiterte Möglichkeiten für die Betriebspartner gefordert, an der Regelung von Arbeitsbedingungen mitzuwirken. Ein Instrument zur Umsetzung dieser Forderung ist die Vereinbarung von Öffnungsklauseln in Tarifverträgen. Von diesem Instrument wurde ab dem Jahre 1993 angesichts der Beschäftigungskrise, der innerverbandlichen Organisationsprobleme der Tarifvertragsparteien und dem Drängen der Arbeitgeberverbände Gebrauch gemacht. Mit Öffnungsklauseln in Flächentarifverträgen sollten die Vorteile betrieblicher Regelungen genutzt werden, ohne grundsätzlich auf die Vorteile von Verbandstarifverträgen zu verzichten.[4] Die tariflichen Öffnungsklauseln sollten einen Beitrag zur Flexibilisierung der Tarifverträge leisten und so einen Ausweg aus der viel beschworenen Krise des Flächentarifvertrages aufzeichnen. Eine Diskussion über die Anwendung tarifvertraglicher Öffnungsklauseln findet besonders in Ostdeutschland statt, da dort die Probleme von hoher Arbeitslosigkeit, Beschäftigungssicherung, Lohnangleichung, Lohnstückkosten und flexibler Arbeitszeiten besonders groß sind.

Wenn nun ein gesteigertes Bedürfnis nach einer verstärkten Anwendung von tarifvertraglichen Öffnungsklauseln besteht, stellt sich der Arbeitsrechtswissenschaft eine Vielzahl von Fragen. Welche Erkenntnisse bestehen hinsichtlich des Begriffs der tarifvertraglichen Öffnungsklausel? In welchem Umfang hat die Praxis bereits Gestaltungsformen und Anwendungsbereiche für Öffnungsklauseln gefunden? Im Spannungsverhältnis zwischen Tarifautonomie und Betriebsautonomie ergibt sich die grundsätzliche Problemstellung der Wirkungsweise tariflicher Öffnungsklauseln. Ausgehend von der Wirkungsweise ist es von großer Relevanz, zu klären, welche inhaltlichen Grenzen für die Verlagerung von Gestaltungsbefugnissen von der Tarif- auf die Betriebsebene existieren. Denn die Antwort auf diese Frage ist entscheidend dafür, wie intensiv in künftigen Tarifverhandlungen von tariflichen Öffnungsklauseln Gebrauch gemacht werden kann.

---

[4] Rosdücher, Arbeitsplatzsicherheit durch Tarifvertrag, S. 176 f.

B. Gang und Gegenstand der Untersuchung

Der Fortgang der vorliegenden Untersuchung wird durch ihr Ziel bestimmt. Ziel der Arbeit ist es, aufzuzeigen, was unter tariflichen Öffnungsklauseln verstanden wird, wie diese wirken und welche Grenzen für ihre Anwendung existieren.

Am Beginn der Arbeit wird der Untersuchungsgegenstand mittels Begriffsbildung für tarifliche Öffnungsklauseln bestimmt und zu anderen Rechtsinstituten abgegrenzt. Dann sollen die in der Praxis existierenden und in der Theorie erwogenen tariflichen Öffnungsklauseln dargestellt werden. Dabei wird versucht, die Öffnungsklauseln systematisch nach Inhalt, Anwendungsbereichen und Beteiligung der Tarifvertragsparteien zu erfassen. Von der derzeitigen Praxis ausgehend werden mögliche zukünftige Entwicklungen angedeutet, für die die Reichweite tariflicher Öffnungsklauseln eine wichtige Bedeutung besitzt. Bei intensiver Anwendung von Öffnungsklauseln stellt sich die Frage nach deren inhaltlichen Grenzen. Durch diese Grenzen wird die Reichweite des Instruments der tariflichen Öffnungsklauseln bestimmt.

Die gesetzlich normierten formalen Voraussetzungen tariflicher Öffnungsklauseln sollen vorab dargestellt werden, da die größere Problematik in der Bestimmung der Reichweite tariflicher Öffnungsklausen in ihren inhaltlichen Grenzen liegt.

Danach ist grundlegend die rechtliche Funktionsweise tariflicher Öffnungsklauseln zu klären. Es werden neuere Entwicklungen ihrer Wirkungsweise in der Rechtswissenschaft aufgegriffen und kritisch gewürdigt. Mit der rechtlichen Einordnung und der Darstellung der Funktionsweise von tarifvertraglichen Öffnungsklauseln ergibt sich die Weichenstellung für die weitere Untersuchung.

Es folgt der Versuch einer rechtlichen Einordnung der tarifvertraglichen Öffnungsklauseln. Ausgangsbasis ist dabei der Leber-Rüthers-Kompromiss von 1984 und die dazu veröffentliche Literatur. Die dazu in der Vergangenheit diskutierten rechtlichen Probleme können im Lichte neuerer Entwicklungen interpretiert werden. Auf eine breite Basis an veröffentlichter Meinung kann zurückgegriffen werden.

Anschließend sollen auf Grundlage der bisherigen Erkenntnisse die materiellrechtlichen Grenzen tariflicher Öffnungsklauseln ausgelotet werden. Besonderes Augenmerk wird dabei auf eine mögliche Verletzung der Tarifautonomie durch Verzicht auf tarifvertragliche Regelungen und eine Verletzung der negativen Koalitionsfreiheit nichtorganisierter Arbeitnehmer gerichtet. Auch die gesetzlichen Vorgaben insbesondere im Tarifvertrags- und Betriebsverfassungsgesetz sind hinsichtlich inhaltlicher Grenzen von tariflichen Öffnungsklauseln zu untersuchen.

Zum Abschluss der Arbeit sollen zu den dann gefundenen Ergebnissen rechtspolitische Bedenken diskutiert und Folgeprobleme erwogen werden, die sich bei einer verstärkten Verlagerung der Regelungskompetenz auf die Betriebsebene ergeben.

§ 2 Eingrenzung des Untersuchungsgegenstandes

Nach einer Begriffsklärung für tarifvertragliche Öffnungsklauseln ist es erforderlich, den Untersuchungsgegenstand einzuschränken und ihn von anderen Rechtsinstituten abzugrenzen.

A. Begriff der tariflichen Öffnungsklausel

Öffnungsklauseln in Tarifverträgen sind als Bestandteil derselben grundsätzlich dem Tarifvertragsrecht zuzuordnen. Da aber durch sie auch ein Tätigwerden der Betriebsparteien ermöglicht werden kann, ist ebenso das Betriebsverfassungsrecht bei ihrer rechtlichen Beurteilung maßgeblich. Tarifliche Öffnungsklauseln finden sich an der Nahtstelle zwischen Tarifautonomie und Betriebsautonomie. Der Tarifvertrag und die Betriebsvereinbarung sind die Instrumente auf den verschiedenen Ebenen von Tarifautonomie und Betriebsautonomie. Das Verhältnis zwischen der Tarif- und Betriebsebene, die beide die Repräsentation der Arbeitnehmerschaft enthalten, ist durch den Vorrang der Tarifebene geklärt. Dieser Tarifvorrang ist durch Art. 9 Abs. 3 GG verfassungsrechtlich abgesichert und beispielsweise in § 4 Abs. 1 Satz 1 TVG, § 77 Abs. 3 BetrVG oder § 87 Einleitungssatz BetrVG einfachgesetzlich normiert.

Die rechtlichen Ausgangspunkte für tarifvertragliche Öffnungsklauseln sind § 4 Abs. 1 Satz 1 TVG und § 77 Abs. 3 Satz 1 BetrVG, nach denen Tarifverträge betrieblichen Regelungen grundsätzlich vorgehen. Durch tarifliche Öffnungsklauseln, die in § 4 Abs. 3, 1. Alt. TVG und § 77 Abs. 3 Satz 2 BetrVG ihren unmittelbarsten gesetzlichen Anknüpfungspunkt haben, können den Betriebspartnern zusätzliche Möglichkeiten zur Normsetzung eröffnet werden.

Da eine gesetzliche Regelung der tarifvertraglichen Öffnungsklauseln nur sehr rudimentär vorhanden ist, findet sich auch keine Legaldefinition in den einschlägigen Gesetzen. Daher soll von den in der Arbeitsrechtswissenschaft und der Rechtsprechung üblichen Begriffsbestimmungen ausgehend der Begriff der tarifvertraglichen Öffnungsklausel näher untersucht und ein Begriff herausgearbeitet werden, der die Grundlage dieser Arbeit sein soll. Für die weitere Untersuchung kann dann auf diesen Ausgangspunkt zurückgegriffen werden. Zunächst ist festzustellen, dass der Begriff der tariflichen Öffnungsklausel in Schrifttum und Rechtsprechung nicht einheitlich verwandt wird.

Früher wurde der Begriff der Öffnungsklausel für eine schuldrechtliche Abrede zwischen den Parteien eines Verbandstarifvertrages verwendet, in welcher festgelegt wurde, dass neben dem vereinbarten und in Kraft getretenen Verbandstarifvertrag zusätzlich dezentrale Tarifverträge abgeschlossen werden können.[5] Diese Begriffsbildung ist im Zusammenhang mit der Konzeption einer betriebsnahen Tarifpolitik aus den sechziger Jahren zu sehen. Diese Konzeption einer „Zweiten Lohnrunde“ in den Unternehmen hat sich in der Tarifpolitik nicht durchgesetzt und besitzt heute keine Aktualität mehr.

Heute werden unter dem Oberbegriff der Öffnungsklausel auch verschiedene Tarifvereinbarungen zusammengefasst, die eine Dezentralisierung, Differenzierung oder Absenkung von Tarifnormen durch die Tarifvertragsparteien selbst oder durch Betriebspartner, Arbeitgeber oder Dritte gestatten.[6] Dabei werden tarifliche Ausnahmen, Anpassungsmöglichkeiten durch die Tarifvertragsparteien selbst, Regelungsbefugnisse für die Betriebsparteien und Bestimmungsrechte für den Arbeitgeber begrifflich zusammengefasst. Eine so weitreichende Begriffsbildung ist jedoch nicht vorteilhaft, da unterschiedliche Voraussetzungen und Rechtsfolgen dann nicht klar zu trennen sind.[7] Eine Bezeichnung als tarifliche Öffnungsklausel im weiten Sinne wäre deshalb zur Verdeutlichung angebracht.

Teilweise wird der Begriff der Öffnungsklausel auch nur für tarifvertragliche Regelungen verwendet, die die Regelungssperre der §§ 77 Abs. 3 und 87 Abs.1 BetrVG aufheben.[8] Dagegen wird eingewandt, dass für eine solch enge Begriffsbildung der Wortlaut des § 4 Abs. 3, 1. Alt. TVG keinen Anhalt gibt.[9] Die Verengung des Begriffs der tarifvertraglichen Öffnungsklausel auf Öffnung für die Betriebspartner liegt darin begründet, dass sie den zahlreichsten Fall in der Praxis von tariflichen Öffnungsklauseln darstellt. Eine begriffliche Verengung nur wegen der Häufigkeit in der Praxis vorzunehmen ist nicht überzeugend.

Eine vermittelnde Ansicht, die sich am Wortlaut des § 4 Abs. 3, 1. Alt. TVG orientiert, überzeugt durch ihren gesetzlichen Anknüpfungspunkt. Gemäß § 4 Abs. 3, 1. Alt. TVG sind abweichende Regelungen nur dann zulässig, wenn sie durch den Tarifvertrag gestattet sind. Die Formulierung der "abweichenden Abmachungen" kann sich auf sowohl auf Betriebsvereinbarungen, als auch auf Einzelverträge beziehen.[10] Auch eine ausdrückliche Möglichkeit der Abweichung zugunsten eines anderen Tarifvertrages wäre denkbar. Durch die gesetzlich normierten Voraussetzungen des § 4 Abs. 3, 1. Alt. TVG wird einer uferlo-

---

[5] Kriebel, Zentralisation und Dezentralisation im Tarifvertrag, S. 64, 109.

[6] Schaub, Arbeitsrechts-Handbuch, § 204 VI 1 Rz. 24, S. 2109; Bispinck WSI Mitteilungen 1997, 551, 556.

[7] Wiedemann in Wiedemann, TVG, § 1 Rz. 258.

[8] BAG, 18. 8. 1987, NZA 1987, 779 ff. = AP Nr. 23 zu § 77 BetrVG = BAGE 56, 18 ff.

[9] Wiedemann in Wiedemann, TVG, § 1 Rz. 259.

[10] Wank in Wiedemann, TVG, § 4 Rz. 375.

sen Weite in der Begriffsbildung vorgebeugt. Jedoch erfasst der so verstandene Begriff der tariflichen Öffnungsklausel, ohne Beschränkung auf die Betriebspartner, auch andersartige Regelungen, die beispielsweise für betriebsratslose Betriebe nötig sein können. Eine solche Begriffsbildung vereint eine ausreichende Konkretisierung mit der notwendigen Flexibilität.

Damit lässt sich als Ergebnis festhalten, dass eine Öffnungsklausel im engeren Sinn eine Tarifbestimmung ist, die nach § 4 Abs. 3 TVG anderen Personen oder Organen eine vom Tarifvertrag abweichende oder ihn ergänzende Regelung gestattet.[11] Damit werden sämtliche Öffnungen des Tarifvertrages für Dritte begrifflich erfasst, jedoch nicht Anpassungen durch die betreffenden Tarifvertragsparteien selbst.

B. Beschränkung auf tarifvertragliche Öffnungsklauseln

Eine grundsätzliche Differenzierung von tariflichen Öffnungsklauseln lässt sich danach vornehmen, ob sie durch den Gesetzgeber oder durch die Tarifvertragsparteien geschaffen werden. Da sich die vorliegende Arbeit an der Lage de lege lata orientiert, sollen im Folgenden nur kurz einige der meist diskutierten Vorschläge aus der jüngeren Vergangenheit zur Einführung von gesetzlichen Tariföffnungsklauseln dargestellt werden. Es handelte sich dabei um die Vorschläge der Monopol-[12] und der Deregulierungskommission[13], die bereits hinreichend konkret waren, um eine rechtliche Bewertung vorzunehmen.

Ein Vorschlag der Deregulierungskommission zielte auf die Abbedingbarkeit von Tarifverträgen bei wirtschaftlichen Notfällen. Damit würde auf gesetzlichem Wege eine Kompetenzverschiebung von der tariflichen auf die betriebliche Ebene stattfinden. Bei den Vorschlägen der Deregulierungskommission handelte es sich um Aufforderungen an den Gesetzgeber, die bestehende Gesetzeslage zu ändern. Im konkreten Fall sollte § 77 Abs. 3 BetrVG so ausgestaltet werden, dass eine gesetzliche Öffnungsklausel für den wirtschaftlichen Notfall existiert, durch die mittels lohnmindernder Betriebsvereinbarungen dem bedrohten Unternehmen eine Sanierung unter Erhaltung möglichst vieler Arbeitsplätze ermöglicht werden sollte.[14] Die verfassungsrechtliche Zulässigkeit einer solchen gesetzlichen Öffnungsklausel, besonders im Hinblick auf Art. 9

---

[11] so auch Wiedemann in Wiedemann, TVG, § 1 Rz. 259.

[12] Monopolkommmission, Mehr Wettbewerb auf allen Märkten, S. 119 f.

[13] Deregulierungskommission, Marktöffnung und Wettbewerb, S. 149 f.

[14] Deregulierungskommission, Marktöffnung und Wettbewerb, S. 149 f.; Rosdücher, Arbeitsplatzsicherheit durch Tarifvertrag, S. 159 ff.

solchen gesetzlichen Öffnungsklausel, besonders im Hinblick auf Art. 9 Abs. 3 GG, wurde in der Rechtswissenschaft bereits hinreichend diskutiert.[15]

Die Monopolkommission machte 1994 zunächst einen sehr weitreichenden Vorschlag für eine allgemeine gesetzliche Öffnungsklausel, nach der grundsätzlich ohne Vorbedingungen die Möglichkeit der Abweichung von den tarifvertraglichen Regelungen durch Betriebsvereinbarungen geschaffen werden sollte.[16] Wie kontrovers die Meinungen zu diesem Vorschlag waren, zeigt sich bereits darin, dass ein Kommissionsmitglied diesen Vorschlag nicht mitgetragen hat. Wegen schwerwiegender verfassungsrechtlicher Bedenken und der fehlenden politischen Durchsetzbarkeit modifizierte die Monopolkommission ihre Vorschläge auf verschiedene begrenzte Öffnungsklauseln. Dabei sollten die Tarifparteien gesetzlich verpflichtet werden, in den Tarifverträgen Korridorlösungen, Optionslösungen und Menülösungen zu vereinbaren.[17] Genauere Ausführungen, welche Ausgestaltungen und welchen Inhalt solche Öffnungsklauseln haben können, folgen bei der Darstellung praktizierter Öffnungsklauseln.[18] Eine gesetzliche Notfallklausel, die dem Vorschlag der Deregulierungskommission weitgehend entsprach, wurde auch von der Monopolkommission empfohlen.[19]

Bei gesetzlichen Öffnungsklauseln handelt es sich um einen Eingriff in die Tarifautonomie, der zwar nicht als gänzlich unzulässig zu qualifizieren ist, aber einer besonderen Rechtfertigung bedarf.[20] Die Frage nach der Verfassungsmäßigkeit gesetzlicher Öffnungsklauseln stellt sich im Rahmen dieser Arbeit über tarifvertragliche Öffnungsklauseln nach der derzeitigen Gesetzeslage nicht, zumal sie in der Arbeitsrechtswissenschaft bereits behandelt[21] wurde.

In den Jahren nach der Veröffentlichung der erwähnten Vorschläge wurden zunächst keine weiteren politischen Anstrengungen zu einer Realisierung gesetzlicher Tariföffnungsklauseln unternommen. Nur vereinzelt wurde noch die rechtspolitische Forderung zu ihrer Einführung erhoben[22].

---

[15] Römer, Die Möglichkeit der Flexibilisierung von Tarifverträgen durch eine gesetzliche Tariföffnungsklausel, S. 15 ff.

[16] Monopolkommmission, Mehr Wettbewerb auf allen Märkten, S. 119 (Nr. 205).

[17] Monopolkommmission, Mehr Wettbewerb auf allen Märkten, S. 119 (Nr. 206).

[18] siehe § 3 A. Regelungsformen von tarifvertraglichen Öffnungsklauseln.

[19] Rosdücher, Arbeitsplatzsicherheit durch Tarifvertrag, S.162.

[20] Schlachter in Erfurter Kommentar, Art. 9 GG Rz. 60.

[21] Römer, Die Möglichkeit der Flexibilisierung von Tarifverträgen durch eine gesetzliche Tariföffnungsklausel, S.1 ff.

[22] Hromadka PersF 1999 Heft 11, S. 18, 20 ff.

In letzter Zeit wurde die Diskussion über gesetzliche Öffnungsklauseln erneut aufgenommen. Zum einen liegt dem Bundestag ein Gesetzentwurf zur Modernisierung des Arbeitsrechts der Fraktion der CDU/CSU vom 18.06.2003 vor, mit dem beschäftigungsorientierte Abweichungen von Tarifverträgen durch betriebliche Bündnisse für Arbeit und beschäftigungssichernde Betriebsvereinbarungen gesetzlich abgesichert werden sollen.[23] Konkret wird vorgeschlagen § 4 TVG wie folgt zu ändern.

Nach § 4 Abs. 2 TVG wird folgender Absatz 2 a eingefügt:
„(2a) Bei der Einstellung zuvor Arbeitsloser kann während der Probezeit bis zu 10 Prozent von den tarifvertraglichen Entgeltregelungen abgewichen werden."

§ 4 Abs. 3 TVG wird wie folgt gefasst:
„(3) Abweichende Abmachungen sind nur zulässig, soweit sie durch Tarifvertrag gestattet sind oder eine Änderung der Regelung zugunsten des Arbeitnehmers enthalten. Bei dem Günstigkeitsvergleich sind die Beschäftigungsaussichten zu berücksichtigen. Eine abweichende Vereinbarung gilt als günstiger für den Arbeitnehmer, wenn der Betriebsrat und die Belegschaft mit Zwei-Drittel-Mehrheit einer solchen Abweichung zustimmen und diese Abweichung nicht über die Laufzeit des Tarifvertrages hinausreicht, von dem abgewichen wird."

Weiterhin soll ein § 88 a BetrVG mit folgendem Inhalt neu eingefügt werden:
„§ 88 a Betriebliches Bündnis für Arbeit
(1) Der Betriebsrat oder, falls kein Betriebsrat vorhanden ist, ein von den im Betrieb beschäftigten Arbeitnehmern Beauftragter kann mit dem Arbeitgeber eine Vereinbarung für Beschäftigung treffen und dabei von einem für das Unternehmen geltenden Tarifvertrag abweichen. Die Vereinbarung ist wirksam, wenn
– mindestens zwei Drittel der im Betrieb beschäftigten Arbeitnehmer zustimmen,
– die Vereinbarung jeder Tarifvertragspartei angezeigt wurde,
– keine Tarifvertragspartei der Vereinbarung innerhalb von vier Wochen, nachdem ihr die Mitteilung gemäß Spiegelstrich zwei zugegangen ist, unter Nennung von Gründen widerspricht.
(2) Wird eine Zustimmung vor Ablauf von vier Wochen von beiden Tarifvertragsparteien erteilt, wird die Vereinbarung sofort wirksam."

Ein wortgleicher Gesetzesantrag des Landes Niedersachsen vom 02.07.2003 wurde in den Bundesrat eingebracht.[24]

---

[23] Bundestag Drucksache 15/1182.
[24] Bundesrat Drucksache 456/03.

Des weiteren liegt dem Bundestag ein Gesetzentwurf der Fraktion der FDP vom 24.06.2003 vor[25], mit dem § 4 Abs. 3 TVG um folgende Sätze 2 und 3 ergänzt werden soll.

„Eine Regelung zugunsten des Arbeitnehmers kann auch dann vorliegen, wenn dieser gegen Aufgabe oder Einschränkung einzelner tarifvertraglich festgelegter Positionen die Aufnahme in ein Arbeitsverhältnis oder den Verzicht des Arbeitgebers auf betriebsbedingte Kündigungen erlangt (betriebliche Beschäftigungssicherungsabrede). Von der Günstigkeit einer solchen Abrede ist auszugehen, wenn

a) der Arbeitnehmer jederzeit unter Wahrung einer seiner gesetzlichen Kündigungsfrist entsprechenden Ankündigungsfrist die Tarifbedingungen in Anspruch nehmen kann oder

b) ihr der Betriebsrat oder 75 vom Hundert der mit einem entsprechenden Angebot des Arbeitgebers bedachten Arbeitnehmer des Betriebs zustimmen."

Damit werden neue Versuche seitens der Politik unternommen, Tarifverträge sowohl durch einen Einsteigertarif und eine neue Bestimmung des Günstigkeitsprinzips, als auch durch eine gesetzliche Öffnungsklausel zu flexibilisieren.

Auch der Bundeskanzler Gerhard Schröder hat in seiner Regierungserklärung vom 14.03.2003 ein Handeln des Gesetzgebers angekündigt, wenn die Tarifparteien nicht in größerem Umfang als bislang geschehen betriebliche Bündnisse zulassen.[26]

Im Rahmen dieser Arbeit wird nicht weiter auf gesetzliche Öffnungsklauseln eingegangen, denn eine gesetzgeberische Entscheidung in näherer Zukunft ist nicht vorhersehbar. Es ist auch unwahrscheinlich, dass die Gewerkschaften die Einführung weitreichender gesetzlicher Öffnungsklauseln akzeptieren würden.[27] Diese Arbeit geht von der geltenden Gesetzeslage aus. Nachfolgende Ausführungen beschränken sich daher auf die Probleme, die sich aus freiwillig zwischen den Tarifparteien vereinbarten Öffnungsklauseln in Tarifverträgen ergeben.

C. Beschränkung der Prüfung auf Öffnungsklauseln zugunsten der betrieblichen Ebene

Nach obiger Begriffsbestimmung der tariflichen Öffnungsklausel in weitem Sinne[28] sind nicht nur Öffnungen zugunsten der betrieblichen Ebene möglich,

---

[25] Bundestag Drucksache 15/1225.

[26] zitiert nach Bauer NZA 2003, 366, 369.

[27] so auch Bauer NZA 2003, 366, 369.

[28] siehe § 2 A. Begriff der tariflichen Öffnungsklausel.

sondern auch zugunsten anderer Tarifverträge oder der Individualebene. Eine weitere Beschränkung des Untersuchungsgegenstandes dieser Arbeit ist somit hinsichtlich der Ebene zu treffen, welcher durch die Öffnungsklausel Befugnisse zuwachsen.

I. Öffnungsklausel zugunsten eines anderen Tarifvertrages

Eine Öffnungsklausel in einem Tarifvertrag kann zum Beispiel den Abschluss eines anderen Tarifvertrages ermöglichen. Verbandstarifverträge können Öffnungsklauseln für weitere dezentrale Ergänzungstarifverträge enthalten. Innerhalb von bereits tariflich vorgegebenen Rahmenbedingungen werden weitere Einzelheiten in einer „2. Tarifrunde" ausgehandelt.[29]

Dazu können die Tarifpartner in den schuldrechtlichen Beziehungen beispielsweise die Friedenspflicht einschränken. Diese Einschränkung würde sich dann alternativ oder kumulativ darauf beziehen, dass bei bestehenden Verbandstarifverträgen zum einen auch mit den dadurch gebundenen Arbeitgebern selbst weitere Firmentarifverträge, zum anderen auf der Ebene der Tarifpartner firmenbezogene Verbandstarifverträge abgeschlossen werden können.[30]

Dabei ist zu berücksichtigen, dass eine solche Öffnung wenig wirkungsvoll ist, da bereits der Vorrang des Firmentarifs vor dem Verbands- und Flächentarifvertrag nach dem Grundsatz der Spezialität bei Tarifkonkurrenz gegeben ist. Häufig verbieten aber Arbeitgeberverbandssatzungen ihren Mitgliedern den Abschluss von Firmentarifverträgen. Dennoch abgeschlossene Firmentarifverträge sind aber wirksam.[31]

II. Öffnungsklausel zugunsten der Individualebene

Eine Möglichkeit zur Abweichung vom Tarifvertrag ist nicht nur durch Betriebsvereinbarung, sondern auch durch arbeitsvertragliche Individualvereinbarung denkbar. Gemäß § 4 Abs. 3, 1. Alt. TVG muss eine solche abweichende Individualvereinbarung im Tarifvertrag gestattet sein. In der bisherigen Praxis ist davon aber noch kein Gebrauch gemacht worden. Dabei erscheint besonders die Vereinbarung von Öffnungsklauseln zugunsten der Individualebene bei betriebsratslosen Betrieben sinnvoll.[32]

---

[29] Wendeling-Schröder NZA 1998, 624, 626.
[30] Wiedemann, Festschrift Hanau, S. 607, 609.
[31] Becker AuA 2000, 18, 18.
[32] Walker ZfA 1996, 353, 374.

III. Begründung für die Beschränkung auf die betriebliche Ebene

Die vorliegende Arbeit behandelt tarifvertragliche Öffnungsklauseln zugunsten der betrieblichen Ebene. Dabei steht eine Berechtigung der Betriebsparteien zur Abweichung von Tarifverträgen im Vordergrund. Zum einen handelt es sich hierbei um die Konstellation, die von den Tarifvertragsparteien häufig in der Praxis verwendet wurde. Weiterhin ergeben sich durch das Spannungsfeld von Tarifautonomie und Betriebsautonomie interessante rechtliche Probleme, von denen einige ausgewählte Aspekte in dieser Arbeit behandelt werden. Auch ist die Betriebsebene besonders für eine Öffnung durch den Tarifvertrag geeignet. Die Tarifautonomie ist in der Lage, die strukturelle Unterlegenheit des einzelnen Arbeitnehmers gegenüber dem Arbeitgeber auszugleichen. Sofern nun die Tarifverträge zugunsten der Individualebene geöffnet werden, lebt diese strukturelle Unterlegenheit wieder auf. Bei einer Öffnung zugunsten der Betriebsebene bildet das betriebliche Kollektiv aller Arbeitnehmer einen gewissen Schutz gegen Übervorteilung. Gegenüber einer Öffnung der Tarifverträge für von den Tarifvertragsparteien selbst auszuhandelnden Ausnahmeregelungen besitzt die Betriebsebene den Vorteil größerer Betriebsnähe und möglicherweise schnellerer Reaktionsmöglichkeiten.

D. Alternative Flexibilisierungsmöglichkeit durch Neuinterpretation des Günstigkeitsprinzips

Im Bereich der Flexibilisierung der Flächentarifverträge wird neben Öffnungsklauseln auch häufig eine Neuinterpretation des Günstigkeitsprinzips gefordert.[33] Die Notwendigkeit für Öffnungsklauseln würde bei einer solchen Neuinterpretation teilweise entfallen, da beispielsweise anstatt von Härtefallklauseln auf betrieblicher Ebene eine Regelung auf individualvertraglicher Ebene möglich wäre, die einen Kündigungsverzicht des Arbeitgebers gegen Entgeltreduktion enthält.

In vorliegender Arbeit soll nicht näher auf die in der Rechtswissenschaft[34] und Öffentlichkeit[35] diskutierte Neuinterpretation des Günstigkeitsprinzips eingegangen werden, denn hierfür wäre, wie für gesetzliche Öffnungsklauseln, ein gesetzgeberisches Handeln[36] notwendig. § 4 Abs. 3 TVG lässt Abweichungen von Tarifverträgen nicht nur bei ausdrücklicher tariflicher Gestattung, sondern auch bei Abweichungen zugunsten des Arbeitnehmers zu. Die Rechtsprechung

---

[33] Wiedemann in Wiedemann, TVG, Einl. Rz. 68 m. w. N.

[34] Adomeit, Regelung von Arbeitsbedingungen, S. 38 ff.; Buchner RdA 1990, 1, 16.

[35] beispielhaft: DIE WELT vom 24.09.2003, S. 12.

[36] Gesetzesentwurf der Fraktion CDU/CSU, Bundestag Drucksache 15/1182; Gesetzesentwurf der Fraktion der FDP, Bundestag Drucksache 15/1225; Gesetzesentwurf des Landes Niedersachsen, Bundesrat Drucksache 456/03.

des Bundesarbeitsgerichts geht dabei von einem sogenannten „Sachgruppenvergleich" aus, was bedeutet, dass die zu vergleichenden Regelungsgruppen zueinander in einem sachlichen Zusammenhang stehen müssen. Sofern dieser Zusammenhang nicht besteht, können Regelungen nicht miteinander verglichen werden. Daher kann zum Beispiel eine Beschäftigungsgarantie des Arbeitgebers nicht mit einer untertariflichen Bezahlung oder übertariflichen Arbeitszeit in einem Günstigkeitsvergleich mit einbezogen werden. In der arbeitsrechtlichen Literatur werden verschiedene Begründungsansätze für ein neues Verständnis des Günstigkeitsprinzips vertreten, die eine Einbeziehung vor allem einer Beschäftigungsgarantie ermöglichen.[37] Letztlich wäre für eine Neuinterpretation des Günstigkeitsprinzips unter Berücksichtigung des Gebots der Rechtssicherheit eine gesetzliche Verankerung notwendig. Dazu müsste der Gesetzgeber das Günstigkeitsprinzip präziser fassen und das Argument der Arbeitsplatzsicherheit ausdrücklich in das Tarifvertragsgesetz mit aufnehmen.

E. Abgrenzung zu dynamischen Verweisungen

Die tarifvertragliche Öffnungsklausel ist vom Rechtsinstitut der dynamischen Verweisung abzugrenzen. Eine Verweisung nimmt auf eine Regelung Bezug, die von einem anderen Normgeber für andere Normadressaten erlassen wurde. Man unterscheidet hierbei zwischen statischen und dynamischen Verweisungen. Die Bezugnahme auf einen exakt bezeichneten und bereits vorhandenen Tarifvertrag bezeichnet man als statische Verweisung. Eine dynamische Verweisung liegt vor, wenn die jeweils gültige Fassung der Regelung Inhalt der Verweisungsnorm sein soll, das Verweisungsobjekt somit wandelbar ist. Es wird auch der Begriff "Jeweiligkeitsklauseln" verwendet. Dynamische Verweisungen finden sich auch in Tarifverträgen.

Als Delegation können lediglich dynamische Verweisungen in Frage kommen, da statische Verweisungen nur auf andere Regelungen hinweisen, die man kraft eigener Kompetenz übernimmt. Die dynamische Verweisung enthält eine Ermächtigung zugunsten des Verfassers des Verweisungsobjekts, durch die er über den ursprünglichen Anwendungsbereich seiner Norm hinaus eine Rechtswirkung im Bereich der verweisenden Tarifnorm hat. Da auch zukünftige Regelungen des Ermächtigungsadressaten übernommen werden, stellt sich die Frage, inwieweit ein Zusammenhang mit tariflichen Öffnungsklauseln vorliegt.

Das Problem von Verweisungen in Betriebsvereinbarungen auf Tarifverträge kann dahinstehen, weil der Untersuchungsgegenstand der tariflichen Öffnungsklauseln auf der Ebene der Tarifverträge liegt und sich insoweit keine Abgrenzungsprobleme ergeben.

---

[37] Lesch DB 2000, 322, 325 m. w. N.

Nach einer Auffassung soll zwischen Öffnungsklauseln und Verweisungen eine trennscharfe Unterscheidung möglich sein. Bei der Verweisung treffen die Tarifvertragsparteien eine eigene Regelung, wenn diese auch auf der Bezugnahme auf eine fremde Regelung beruht. Bei einer tariflichen Öffnungsklauseln fehlt gerade eine endgültigen Regelung der Tarifparteien.[38] Ob diese Trennschärfe tatsächlich vorliegt, ist fraglich, denn andererseits wird bei dynamischen Verweisungen der Ermächtigungsadressat gerade für die Tarifvertragspartei tätig. Nach einer Meinung umfasst dies aber eine Ermächtigung mittels Delegation zugunsten der Verfasser der Verweisungsnorm.[39]

Bei tariflichen Öffnungsklauseln wird auch eine Zuständigkeit desjenigen eröffnet, zu dessen Gunsten der Tarifvertrag geöffnet wird. Auf welche rechtliche Weise dies bei Öffnungsklauseln zugunsten der betrieblichen Ebene geschieht, bedarf noch der genaueren Untersuchung. In Frage käme ein Aufleben einer originären Rechtsetzungskompetenz der Betriebsparteien oder die Delegation tariflicher Rechtsetzungsmacht auf die Betriebsebene. Nur für den Fall, dass es sich sowohl bei tarifvertraglichen Öffnungsklauseln, als auch bei dynamischen Verweisungen um eine Delegation handelt, könnten sich Gemeinsamkeiten hinsichtlich der Grenzen der Zulässigkeit ergeben, welche für die Festlegung von inhaltlichen Grenzen von tariflichen Öffnungsklauseln nutzbar gemacht werden könnten.[40]

Da sich die Untersuchung der vorliegenden Arbeit auf tarifliche Öffnungsklauseln zugunsten der betrieblichen Ebene beschränkt, kommen keine Abgrenzungsprobleme vor, da in der Praxis eine dynamische Verweisung in einem Tarifvertrag auf eine Betriebsvereinbarung zweifellos nicht vorstellbar ist.

F. Zusammenfassung

Der Begriff einer tarifvertraglichen Öffnungsklausel umschreibt eine Tarifbestimmung, die nach § 4 Abs. 3, 1. Alt. TVG anderen Personen oder Organen eine vom Tarifvertrag abweichende oder ihn ergänzende Regelung gestattet.

Tariföffnungsklauseln, die eine Tätigwerden des Gesetzgebers erfordern, sind nicht Inhalt dieser Arbeit. Die Untersuchung der tarifvertraglichen Öffnungsklauseln bezieht sich auf Probleme, die sich bei freiwillig zwischen den Tarifparteien vereinbarten Öffnungsklauseln in Tarifverträgen stellen.

---

[38] Wiedemann, Festschrift Hanau, S. 607, 609.

[39] siehe § 5 B. III. 1. Dynamische Verweisungen.

[40] siehe § 5 B. III. Wirkungsweise dynamischer Verweisungen und tariflicher Bestimmungsklauseln als Anhaltspunkt.

Trotz einer umfassenderen Begriffsbildung beschränkt sich vorliegende Arbeit auf tarifvertragliche Öffnungsklauseln zugunsten der Betriebsparteien.

Ein alternativer Ansatz zur der Flexibilisierung der Tarifverträge mittels tariflicher Öffnungsklauseln liegt in einer Neuinterpretation des Günstigkeitsprinzips. Die tarifvertraglichen Öffnungsklauseln können klar von dynamischen Verweisungen abgegrenzt.

§ 3 Arten von tariflichen Öffnungsklauseln

Wegen ihrer Vielgestaltigkeit sind tarifvertragliche Öffnungsklauseln nicht vollständig darstellbar. Es sind stets Neuerungen in der Tarifwirklichkeit zu beobachten, die auch in der Arbeitsrechtswissenschaft besprochen werden.[41] Im folgenden sollen daher einige der praktizierten Öffnungsklauseln und Vorschläge für Öffnungsklauseln beispielhaft aufgezeigt werden, wobei eine systematische Erfassung der verschieden Aspekte von tarifvertraglichen Öffnungsklauseln versucht wird. Diese Systematik ist nicht zwingend, andere Ordnungsversuche[42] sind möglich. In diesem Abschnitt sollen zunächst die inhaltlichen Regelungsformen tarifvertraglicher Öffnungsklauseln dargestellt werden. Dann werden räumliche, sachliche, persönliche und zeitliche Anwendungsbereiche aufgezeigt. Abschließend wird ein Überblick über die unterschiedlichen Formen der Beteiligung der Tarifvertragsparteien bei der betrieblichen Umsetzung von Öffnungsklauseln gegeben.

A. Regelungsformen von tarifvertraglichen Öffnungsklauseln

Es können die verschiedenen Regelungsgegenstände des Arbeitsverhältnisses Inhalt von tarifvertraglichen Öffnungsklauseln sein. Dabei werden auch die zentralen Bereiche des Arbeitsverhältnisses wie Arbeitszeit und Arbeitsentgelt einbezogen. Hinter jeder Öffnungsklausel steht aber auch eine gewisse tarifpolitische Zielsetzung. Die Arbeitgeberseite erhofft sich zumeist eine Flexibilisierung der Arbeitsbedingungen, vor allem unter dem Gesichtspunkt einer Entlastung auf Seiten der Lohnkosten. Die Arbeitnehmerseite streben als Gegenleistung häufig Maßnahmen zur Beschäftigungssicherung an, die in einem Verzicht auf betriebsbedingte Kündigungen liegen können. Diesen verschiedenen Interessen wird durch unterschiedliche Regelungsformen Rechnung getragen.

I. Härteklauseln

Bei eingeschränkten Öffnungsklauseln räumen die Tarifvertragsparteien den Betriebspartnern das Recht ein, unter bestimmten Voraussetzungen von der tariflichen Regelung abzuweichen.[43] Dazu gehören auch die sogenannten Härteklauseln, die es den Betrieben in wirtschaftlichen Notlagen ermöglichen, vom Tarifvertrag abzuweichen. Das tarifpolitische Ziel solcher Härteklauseln ist die Beschäftigungssicherung in wirtschaftlichen Krisenlagen. Zumeist wird im Entgeltbereich eine Absenkung ermöglicht, sei es durch Stundungen[44], ganz oder

---

[41] Bispinck, WSI Mitteilungen 2003, 395, 398

[42] Bispinck/Schulten, WSI Mitteilungen 2003, 157, 159; Bispinck, WSI Mitteilungen 2003, 395, 398

[43] Gaumann/Schafft NZA 1998, 176,183; Junker ZfA 1996, 383, 410.

[44] Kittner, Festschrift für Schaub, S.387, 395 Fn.26.

teilweisen Verzicht auf tariflich vereinbarte Lohnerhöhungen[45] oder Unterschreitung des Tarifentgelts[46]. Alternativ oder zusätzlich können die Arbeitszeiten ohne Lohnausgleich gekürzt werden.

Als Beispiel hierfür können die Tarifverträge in der ostdeutschen Metall- und Elektroindustrie dienen.[47] Eine wirtschaftliche Notlage wird bei drastischen Absatzeinbrüchen, Existenzgefährdung, Vergleichsanträgen oder sonstigen akut erkennbaren Gefahren für die Beschäftigung angenommen.[48] Problematisch erscheint die Feststellung in der Praxis, ob eine wirtschaftliche Notlage vorliegt. Im Idealfall stellen Arbeitgeber und Betriebsrat übereinstimmend das Vorhandensein einer solche Ausnahmesituation fest und einigen sich in einer Betriebsvereinbarung auf durch die Öffnungsklausel gestattete Maßnahmen. Kommen solche Einigungen nicht zustande, soll, nach einem Ausgestaltungsvorschlag in der Arbeitsrechtswissenschaft, eine von den Betriebsparteien paritätisch besetzte Schiedsstelle mit einem neutralen, sachkundigen Vorsitzenden entscheiden. Bereits im Tarifvertrag könnten Regelungen für diesen Vorsitzenden getroffen werden, indem eine Liste mit geeigneten Personen erstellt wird, aus der die Betriebsparteien im Konsens auswählen oder aus der bei Uneinigkeit ausgelost wird.[49] Hier wäre auch eine gerichtliche Bestellung entsprechend § 76 Abs. 2 Satz 2 BetrVG denkbar.

Bei den konkreten Verfahrensfragen setzt auch die Kritik an, die langwierige und bürokratische Klärungsprozesse befürchtet.[50] Dies ist umso gravierender, als in solchen wirtschaftlich kritischen Situationen schnelle Entscheidungen zur Erhaltung des Unternehmens notwendig sind.

Aber auch im Tarifvertrag der chemischen Industrie Westdeutschlands vom 3. 6. 1997, durch den der Bundesrahmenentgelttarifvertrag mit Wirkung vom 1. 1. 1998 geändert wurde, findet sich eine Art „Notfallklausel".[51] Zur Sicherung der Beschäftigung und zur Verbesserung der Wettbewerbsfähigkeit am Standort Deutschland, insbesondere bei wirtschaftlichen Schwierigkeiten, können die Betriebsparteien mit Zustimmung der Tarifvertragsparteien durch befristete Betriebsvereinbarungen die Entgelthöhe absenken. Diese abweichend festgelegten Entgeltsätze gelten als Tarifentgelte. Als beschäftigungsfördernde und wettbewerbsverbessernde Maßnahmen werden beschäftigungserhaltende und beschäf-

---

[45] Gaumann/Schafft NZA 1998, 176,183.
[46] Gaumann/Schafft NZA 1998, 176,183; Walker ZfA 1996, 353, 361.
[47] Gaumann/Schafft NZA 1998, 176,183; Lieb NZA 1994, 289, 291.
[48] Gaumann/Schafft NZA 1998, 176,183; Junker ZfA 1996, 383, 412.
[49] Junker ZfA 1996, 383, 413.
[50] Gaumann/Schafft NZA 1998, 176,183; Lieb NZA 1994, 289, 291.
[51] Weyel Personal 1998, 155, 158.

tigungsfördernde Standortinvestitionen angesehen. Auch Entlassungen, Verlagerungen ins Ausland oder Ausgliederungen sollen vermieden werden, und daher ist der Verzicht hierauf unter den Begriff der beschäftigungsfördernden und wettbewerbsverbessernden Maßnahmen zu fassen, da sie sich auf den bestehenden inländischen Produktionsstandort beziehen.[52]

Insgesamt lässt sich für die Praxis tariflicher Öffnungsklauseln feststellen, dass je weniger konkret die Bedingungen für ein Gebrauchmachen von einer Härtefallklausel festgelegt sind, desto schwieriger ist ihre Umsetzung im Einzelfall. Die Aussichten auf Erfolg der Betriebsparteien bei den Verhandlungen über Rahmenbedingungen für beschäftigungswirksame Maßnahmen sind bei einer zu unflexiblen Ausgestaltung der Härtefallklausel eingeschränkt.[53]

II. Korridorlösungen

Eine andere Art von Öffnungsklauseln stellen die sogenannten Korridorlösungen dar. In ihnen vereinbaren die Tarifvertragsparteien für die Gestaltung einer oder mehrerer Arbeitsbedingungen keine vollständige Regelung, sondern nur einen Rahmen oder Korridor, der auf betrieblicher Ebene auszufüllen ist.[54]

Zum Teil wird bestritten, dass es sich hier um eine Öffnungsklausel handelt. Es soll statt dessen ein Verzicht auf eine tarifliche Regelung vorliegen.[55] Dagegen ist einzuwenden, dass eine gewisse tarifliche Regelung durch die Vorgabe des Rahmens oder Korridors vorliegt.[56]

Korridorlösungen sind bisher die Ausnahme geblieben und wurden nur auf dem Gebiet der Arbeitszeit vereinbart.[57] Als bekanntestes Beispiel für Korridorlösungen ist im Bereich der Arbeitszeit der Tarifvertrag der niedersächsischen Metallindustrie aus dem Jahr 1984 (der sogenannte Leber-Rüthers-Kompromiss)[58] zu nennen, dessen Regelungen die Grundlage für die rechtliche Einordnung von Öffnungsklauseln bilden sollen.[59]

---

52 Tarifvertragliche Arbeitsbedingungen im Jahre 1997, RdA, 1998, 173, 179.
53 Natzel SAE 2000, 115, 117.
54 Walker ZfA 1996, 353, 362.
55 Richardi NZA 1988, 673, 673.
56 siehe § 5 A. II. Aufheben der Sperrwirkung.
57 Rosdücher, Arbeitsplatzsicherheit durch Tarifvertrag, S. 208.
58 BAG, 18. 8. 1987, NZA 1987, 779, 779 ff.
59 siehe § 6 Rechtliche Einordnung des Leber-Rüthers-Kompromisses.

Ein weiteres Beispiel ist eine Vereinbarung in der westdeutschen Chemieindustrie aus dem Jahre 1993, wonach die wöchentliche Arbeitszeit durch Betriebsvereinbarung zwischen 35 und 40 Stunden festgelegt werden kann.[60]

Von Arbeitgeberseite wird ein Einstieg in Korridorlösungen auch auf dem Bereich des Lohnes gefordert. Dabei könnte für eine tarifliche Lohnerhöhung eine Spanne im Prozentbereich vorgegeben werden, die durch Betriebsvereinbarung auf einen bestimmten Prozentsatz konkretisiert wird.[61]

Eine teilweise Verwirklichung eines Entgeltkorridors findet sich im Tarifabschluss für die chemische Industrie in Westdeutschland vom 3. 6. 1997. Dieser Entgeltkorridor ist aber an den Zweck der Sicherung der Beschäftigung und der Verbesserung der Wettbewerbsfähigkeit am Standort Deutschland gebunden.[62] Insoweit liegt hier eine eingeschränkte Öffnungsklausel mit der Reaktionsmöglichkeit eines Entgeltkorridors vor, welche dem nachfolgenden Begriff der Optionslösung entspricht.

III. Optionslösungen

Eine tarifvertragliche Optionslösung ist eine Kombination des tarifvertraglichen Korridors mit einer eingeschränkten Öffnungsklausel. Sie räumt den Betrieben das Recht ein, unter bestimmten Voraussetzungen in einem festgelegten Rahmen von der Tarifregelung auch zuungunsten des Arbeitnehmers abzuweichen.[63] So sieht zum Beispiel der Tarifvertrag der chemischen Industrie aus dem Jahr 1995 bei tiefgreifenden wirtschaftlichen Schwierigkeiten eine Absenkung der tariflichen Jahresleistung vor. Dabei ist eine Reduzierung der tariflichen Jahresleistung bis auf Null möglich und auch der Auszahlungszeitpunkt kann verschoben werden.[64] Bei Optionslösungen handelt es sich also mehr um eine abweichende Begrifflichkeit als um andersartige Problemstellungen.

IV. Menülösungen

Eine besondere Ausgestaltung der Korridorlösung ist die sogenannte Menülösung. Bei der Menülösung geben die Tarifvertragsparteien unterschiedliche selbst definierte Optionen (Lohn, Urlaub, Kündigungsschutz u. a.) vor, aus denen die Betriebspartner auswählen können.[65] Dies ist abzugrenzen vom sogenannten Cafeteriasystem, bei dem ein einzelner Mitarbeiter wie bei einem Me-

---

[60] Bispinck, Das Märchen vom starren Tarifvertrag, S. 6.
[61] Junker ZfA 1996, 383, 404.
[62] Tarifvertragliche Arbeitsbedingungen im Jahre 1997, RdA 1998, 173, 179.
[63] Junker ZfA 1996,383, 410.
[64] Weyel Personal 1998, 153, 158.
[65] Walker ZfA 1996, 353, 363.

nüsystem in einer Cafeteria nach seinen Bedürfnissen zwischen verschiedenen Entgeltbestandteilen und Firmenleistungen innerhalb eines vorgegebenen Budgets frei wählen kann.[66] Auch wenn solche Cafeteriasysteme im Zusammenhang mit Öffnungsklauseln von Tarifverträgen im weiteren Sinne diskutiert[67] werden, stellen sie jedoch auf ein Wahlrecht des einzelnen Arbeitnehmers und nicht der Betriebspartner ab. Die Begrifflichkeiten werden jedoch nicht einheitlich verwendet[68], was zu Unklarheiten führen kann.

Ein Beispiel für eine Menülösung findet sich in den meisten Beschäftigungssicherungstarifverträgen der Metallindustrie, in denen die Tarifparteien zwei Alternativen geschaffen haben, aus denen die Betriebsparteien wählen können oder die generellen Regelungen der Tarifverträge anwenden. Die Wahl besteht zwischen den Möglichkeiten, gegen eine Beschäftigungsgarantie Arbeitszeit und Einkommen für alle Beschäftigten zu kürzen oder die Arbeitszeit für Teile der Beschäftigten gegen einen Teillohnausgleich zu verkürzen.[69]

V. Tarifergänzungsklausel

Es ist auch eine Öffnung des Tarifvertrages für Betriebsvereinbarungen möglich, die die Leistungen des Tarifvertrages übersteigen. Eine solche Tarifergänzungsklausel ist nötig, da nach ganz herrschender Meinung das Günstigkeitsprinzip aufgrund von § 77 Abs. 3 BetrVG nicht im Verhältnis zwischen Tarifvertrag und Betriebsvereinbarung gilt.[70] Die Sperrwirkung des § 77 Abs. 3 Satz 1 BetrVG macht günstigere Betriebsvereinbarungen unmöglich. Ein Beispiel für eine Tarifergänzungsklausel findet sich im Bundesentgelttarifvertrag der chemischen Industrie vom 3. 6. 1997, in dem eine Beteiligung der Arbeitnehmer am Unternehmenserfolg ermöglicht und gewünscht wird. Über eine solche Beteiligung sind auf Antrag einer Seite Beratungen aufzunehmen, eine Einigung ist aber nicht zu erzwingen. Die Art und Weise der Beteiligung am Unternehmenserfolg wird inhaltlich durch eine freiwillige Betriebsvereinbarung festgelegt, wobei die Tarifvertragsparteien eine Einmalzahlung favorisieren, andere Ausgestaltungsmöglichkeiten aber offen lassen. Wegen der Möglichkeit der Gesamtzusage für den Arbeitgeber, die auf der einzelvertraglichen Ebene über das Günstigkeitsprinzip gem. § 4 Abs. 3 TVG wirkt, besteht jedoch kaum ein Bedürfnis für derartige Tarifergänzungsklauseln. Lediglich die Regelung

[66] Mölders DB 1996, 213, 213.
[67] Mölders DB 1996, 213, 217.
[68] Den Begriff Cafeteria-System im Sinne von Menülösungen verwenden z. B.: Kittner, Festschrift Schaub, S. 387, 408; Ruoff, Die Flexibilisierung der Tarifverträge, S. 110.
[69] Rösdücher , Arbeitsplatzsicherheit durch Tarifvertrag, S. 207.
[70] Berg in Däubler/Kittner/Klebe, BetrVG, § 77 Rz. 62; Wank in Wiedemann, TVG, § 4 Rz. 419, 556.

dürfnis für derartige Tarifergänzungsklauseln. Lediglich die Regelung des § 77 Abs. 5 BetrVG, die eine Kündigung der freiwilligen Betriebsvereinbarung über die Sonderzahlung mit einer dreimonatigen Frist ermöglicht, könnte einen Vorteil darstellen. Der Widerruf einzelvertraglicher Zusagen ist gesetzlich nicht ausdrücklich geregelt und es ist auf die einschlägige Rechtsprechung zu achten. Insofern kann bei einer Tarifergänzungsklausel eine einfachere Handhabbarkeit angenommen werden.

VI. Umfassende Öffnungsklausel

Eine bisher nur theoretisch in Betracht gezogene Möglichkeit der Ausgestaltung von Öffnungsklauseln stellt die umfassende Öffnungsklausel dar. Unter einer umfassenden Öffnungsklausel versteht man Öffnungsklauseln, die keine besonderen tatbestandlichen Voraussetzungen enthalten.[71] Es handelt sich also um eine pauschale Zulassung einer betrieblichen Normsetzung, dadurch dass der Tarifvertrag allgemein für alle seine Regelungen den Weg für eine Betriebsvereinbarung freimacht.[72] Die Zulassung könnte sich auf Einzelbereiche beschranken. Die rechtliche Zulässigkeit solcher Vereinbarungen ist höchst umstritten. Mit einer praktischen Umsetzung von umfassenden Öffnungsklauseln ist zwar nicht zu rechnen, die Frage stellt sich zunächst aus rein akademischem Interesse[73]. Da es sich um die weittestgehenden Öffnungsklauseln handelt, können an ihnen die rechtlichen Grenzen für zukünftige Gestaltungsmöglichkeiten von tariflichen Öffnungsklauseln besonders gut aufgezeigt werden. Der Streit um die rechtliche Zulässigkeit einzelner Ausformungen von tarifvertraglichen Öffnungsklauseln erübrigt sich, wenn keine grundsätzlichen verfassungsrechtlichen oder gesetzlichen Hindernisse für eine umfassende Öffnungsklausel bestehen.

V. Zwischenergebnis

Die tariflichen Öffnungsklauseln treten in der Praxis in mannigfaltigen Erscheinungsformen auf. Sie können sowohl als Reaktionsmöglichkeit für krisenhafte Entwicklung in Einzelfällen als auch als Instrument zur strukturellen Veränderung des Verhältnisses der Tarif- zur Betriebsebene ausgestaltet werden. Damit ist eine Entwicklung zumindest theoretisch denkbar, in dem es auf freiwilliger Basis zu einer faktischen Umkehrung des Tarifvorrang durch umfassende Öffnungsklauseln kommen kann.

---

[71] Walker ZfA 1996, 353, 361.

[72] Kreutz in GK-BetrVG § 77 Rz. 155.

[73] Ebenso das akademische Interesse betonend: Maus, Erweiterung von Mitbestimmungsrechten, S. 43 Fn. 131; Maier-Krenz, Die Erweiterung der Beteiligungsrechte, S. 154 Fn. 115.

B. Anwendungsbereiche von tarifvertraglichen Öffnungsklauseln

Wenn man nach verschiedenen Bereichen von tarifvertraglichen Öffnungsklauseln differenziert, ergeben sich Besonderheiten in Regionen, Branchen, Betriebsgruppen, Beschäftigungsgruppen und Zeitabschnitten.

I. Regionale Öffnungsklauseln

Da Flächentarifverträge meist auf regionaler Ebene geschlossen werden, haben Öffnungsklauseln zwangsläufig nur für das betroffene Gebiet Geltung. Gewisse Öffnungsklauseln finden sich aber in bestimmten Regionen häufiger als anderswo. So sind beispielsweise Härtefallklauseln auf dem Gebiet der fünf neuen Bundesländer erstmals im Jahr 1993 abgeschlossen worden[74], da sich aufgrund der desolaten Wirtschaftslage auf dem Gebiet der ehemaligen DDR mehr Betriebe in einer existenziellen Notlage befanden. Auch die hohe Arbeitslosigkeit in den neuen Bundesländern führte dazu, dass der mittels Härtefallklauseln verfolgte Zweck der Arbeitsplatzerhaltung einen höheren Stellenwert bei Tarifverhandlungen genoss. Im Zuge der allgemeinen Wirtschaftsentwicklung in Gesamtdeutschland wurden aber auch in den alten Bundesländern solche Klauseln vereinbart.

II. Branchenbezogene Öffnungsklauseln

Auch können in Tarifverträgen, die für einen Wirtschaftszweig entsprechend dem Zuständigkeitsbereich der nach dem Industrieverbandsprinzip organisierten Einzelgewerkschafen des DGB geschlossen werden, Öffnungsklauseln für einzelne Branchen dieses Wirtschaftszweiges vereinbart werden. Damit kann der betrieblichen Ebene die Möglichkeit gegeben werden, auf branchenspezifische Probleme betriebsnah zu reagieren.[75] Als Beispiel hierfür kann die Berücksichtigung der Lage der Kautschukbetriebe im Tarifvertrag der chemischen Industrie angeführt werden.[76]

Im Jahre 2000 wurden in den Tarifverträgen der chemischen Industrie Öffnungsklauseln für Betriebsvereinbarung zur Anpassung der Entgelte bestimmter Gruppen von Arbeitnehmern an andere verwandte Branchen zugelassen („Tarifkonkurrenzklauseln"). Damit sollen den Betrieben anstatt eines Outsourcings alternative Kostensenkungsmöglichkeiten eröffnet werden. Diese Tarifkonkurrenzklausel hatte folgenden Wortlaut:
„Zur Sicherung der Beschäftigung oder zur Verbesserung der Wettbewerbsfähigkeit gegenüber tarifkonkurrierenden Bereichen können Arbeitgeber und Be-

---

[74] Schnabel Personal 1998, 160, 162; Bispinck Personal 1998, 165, 168 f.
[75] Löwisch/Rieble im Münchner Handbuch, Band 3, § 271 Rz. 15.
[76] Kittner, Festschrift Schaub, S.387, 398 m. w. N.

triebsrat mit Zustimmung der Tarifvertragsparteien für Unternehmen, Betriebe und Betriebsabteilungen durch befristete Betriebsvereinbarungen von den bezirklichen Tarifentgeltsätzen abweichende niedrigere Entgeltsätze unter Beachtung des § 76 Abs. 6 BetrVG vereinbaren. In der Betriebsvereinbarung kann geregelt werden, dass sie nach Ablauf unbefristet weiter gilt. Tarifkonkurrierend sind solche Tarifverträge, die sich mit dem fachlichen Geltungsbereich des Manteltarifvertrages der chemischen Industrie überschneiden oder unter deren Geltungsbereich das Unternehmen, der Betrieb oder die Betriebsabteilung bei einer Ausgliederung oder Umstrukturierung fallen würde."[77]

Diese Tarifkonkurrenzklausel hat in der arbeitsrechtlichen Literatur und in Veröffentlichungen noch keinen Niederschlag gefunden. Die Tarifvertragsparteien der chemischen Industrie dürften auch kein gesteigertes Interesse daran haben, diese Klausel publik zu machen, da sie damit aktiv versuchen, ihren personellen Einflussbereich gegenüber anderen Verbänden zu verteidigen. Hier zeigt sich die Flexibilität im Einsatz von tariflichen Öffnungsklauseln. Jenseits der bekannten Zielsetzungen der Beschäftigungssicherung einerseits und der Wettbewerbsverbesserung andererseits wurde ein neuer Typus von Öffnungsklauseln geschaffen. Es ist festzustellen, dass ein gemeinsames Interesse beider Tarifpartner am Schutz ihres personellen Einflussbereichs besteht, welcher mittels der Tarifkonkurrenzklausel zu wahren versucht wird. Damit wird in diesem Fall ein spezifisches Verbandsinteresse durch eine tarifliche Öffnungsklausel verfolgt.

III. Kleinbetriebsklauseln und Ausnahmen für bestimmte Beschäftigungsgruppen

In einigen Tarifverträgen wird besonders auf die Lage kleinerer Betriebe Rücksicht genommen und ihnen gestattet, einzelvertraglich Entgelte unter den tariflichen zu vereinbaren.[78] Dabei werden Vorgaben bezüglich der Betriebsgröße und des zulässigen Tarifabschlags gemacht.

Kleinbetriebsklauseln können wegen der vermutenden geringeren Ertragskraft des Unternehmens eine betriebsnahe Lohnfindung zulassen.[79] Eine Häufung von Kleinbetriebsklauseln ist im Bereich des Handels festzustellen. Die Grenz-

---

[77] Manteltarifvertrag der Chemischen Industrie für Westdeutschland in der Fassung vom 15. 5. 2000, Anmerkung Nr. 1.

[78] Schnabel Personal 1998, 160, 163.

[79] Henssler ZfA 1994, 487, 503.

werte bezüglich der Betriebsgröße bewegen sich zwischen 10 und 50 Beschäftigten.[80]

Eine Absenkung des Tariflohnes wird teilweise auch in Tarifverträgen gestattet, wenn auf Seiten der Arbeitnehmer bestimmte Merkmale vorliegen. Dies betrifft vor allem Langzeitarbeitslose, Berufsanfänger nach ihrer Ausbildung und Auszubildende.[81]

Ob diese tariflich vereinbarten Einsteigertarife im individuellen Arbeitsverhältnis zur Anwendung kommen, kann dem Arbeitgeber und dem betroffenen Einsteiger überlassen werden oder an die Zustimmung des Betriebsrates gebunden sein.[82]

Auch in Altersteilzeittarifverträgen sind Öffnungsklauseln für Betriebsvereinbarungen möglich. Ein Beispiel hierfür ist der Tarifvertrag zur Förderung der Altersteilzeit im Einzel- und Versandhandel in Bayern vom 11. 12. 1998. Damit können auf betrieblicher Ebene andere als die im Tarifvertrag geregelten Altersteilzeitmodelle vereinbart werden. Dadurch soll dem individuellen Bedürfnis älterer Arbeitnehmer nach flexibleren Arbeitszeiten auch auf den Gebiet der Altersteilzeit entgegen gekommen werden.[84]

IV. Zeitliche Begrenzung

In zeitlicher Hinsicht könnte ein Tarifvertrag ebenfalls geöffnet werden. Dabei muss die zeitliche Komponente mit einer inhaltlichen verbunden werden, da nur so eine sinnvolle Regelung denkbar ist. Es wird beispielsweise erwogen, um Schwierigkeiten beim Übergang auf ein neues tarifliches Regelungssystem vorzubeugen, den Betriebspartnern für einen bestimmten Übergangszeitraum zu gestatten, die bisherige Regelung durch Betriebsvereinbarung weitergelten zu lassen.[85] Auch eine zeitliche Befristung für Öffnungsklauseln, insbesondere bei Härteklauseln in konjunkturellen Schwächephasen, wäre denkbar.

V. Zwischenergebnis

Trotz der völlig unterschiedlichen Bereiche lässt sich eine Gemeinsamkeit der Anwendungsbereiche herausarbeiten. In jedem Bereich wurden die tariflichen

---

[80] Seifert WSI Mitteilungen 1999, 156, 158; Bispinck, Das Märchen vom starren Tarifvertrag, S. V.

[81] Bispinck WSI Mitteilungen 1997, 551, 557.

[82] Rösdücher . Arbeitsplatzsicherheit durch Tarifvertrag, S. 211.

[83] Wiedemann in Wiedemann, TVG, § 1 Rz. 259.

[84] Kerschbaumer/Rubbert/Tiefenbacher ArbuR 1999, 93, 93 f.

[85] Löwisch/Rieble im Münchner Handbuch, Band 3, § 271 Rz. 14.

Öffnungsklauseln zur Bekämpfung von krisenhaften Entwicklungen eingesetzt. In regionaler Hinsicht können die neuen Bundesländer als wirtschaftliches Problemgebiet angesehen werden. Bei krisengeschüttelten Branchen und bei ertragskraftschwächeren Kleinbetrieben werden betriebliche Abweichungen zugelassen. Arbeitnehmergruppen mit besonderen Problemen, wie Berufsanfänger, Langzeitarbeitslose und älteren Arbeitnehmer, werden ihren Bedürfnissen angepasste betriebliche Lösungen ermöglicht. In zeitlicher Hinsicht können schwierige Übergangsphasen auf betrieblicher Ebene abgefedert werden. Jedoch lässt sich insgesamt auch eine Fortentwicklung der Öffnungsklauseln von der bloßen Krisenbekämpfung im akuten Problemfall hin zu einer Gestaltungsmöglichkeit zur strukturellen Verbesserung in Einzelbereichen erkennen.

C. Beteiligung der Tarifvertragsparteien

Ob und inwieweit die Tarifvertragsparteien bei der Umsetzung von Öffnungsklauseln beteiligt sind, ist in den jeweiligen Tarifverträgen verschieden geregelt. Nachfolgend beschriebene Varianten sind nach der Intensität der Beteiligung geordnet. Es lassen sich in der Praxis aber auch Misch- und Zwischenformen finden.

I. Mitarbeit bei der betrieblichen Umsetzung

Die intensivste Form der Beteiligung der Tarifvertragsparteien bei der betrieblichen Umsetzung ist die Mitarbeit. Ein Beispiel hierfür sind die Härteklauseln in der ostdeutschen Metallindustrie.[86] Dabei können Arbeitgeber oder Betriebsrat bei den Tarifvertragsparteien eine tarifliche Härtefallregelung beantragen. Der Antrag ist schriftlich an beide Tarifvertragsparteien zu richten und hat Tatsachen mit den dafür erforderlichen Unterlagen anzugeben, die das Vorliegen des Härtefalls belegen. Binnen einer Woche sollen die Tarifvertragsparteien sich über das Vorliegen eines Härtefalles einigen. Gelingt diese Verständigung nicht, müssen sie binnen zwei weiterer Werktage den Antrag an den Vorsitzenden einer Schiedsstelle weiterleiten. Diese Schiedsstelle wird aus einem unparteiischen Vorsitzenden und je zwei Parteibeisitzern gebildet und entscheidet möglichst binnen zwei Wochen unanfechtbar über das Vorliegen eines Härtefalls. Wird das Vorliegen eines Härtefalls bejaht, obliegt es den Tarifvertragsparteien, in einem weiteren Verfahrensschritt eine auf den Betrieb bezogene Härtefallregelung zu vereinbaren, die eine betriebswirtschaftlich vertretbare Heranführung an den gültigen Tarifvertrag einschließt.

Diese verkürzte Beschreibung des Verfahrens zeigt, dass die Betriebsparteien nach der Antragstellung nicht mehr maßgeblich an der Gestaltung beteiligt sind.

---

[86] Bispinck Personal 1998, 165, 166.

Es erscheint gerechtfertigt, hier nicht nur von einer Mitarbeit der Tarifvertragsparteien zu sprechen, sondern von einer Ausarbeitung durch die Tarifvertragsparteien.

Eine vereinfachte Verfahrensgestaltung bei inhaltlich weitgehender Übereinstimmung wurde in einem Tarifvertrag aus dem Jahre 1996 mit der Christlichen Gewerkschaft Metall (CGM) vereinbart. Die Ausarbeitung der tariflichen Härtefallregelung erfolgt aber auch hier auf der Ebene der Tarifvertragsparteien.[87] Wegen der geringen Bedeutung der CGM im Vergleich zur IG Metall sind, soweit ersichtlich, keine Untersuchungen über die Wirksamkeit der Öffnungsklauseln mit vereinfachten Verfahrenschritten veröffentlicht.

II. Zustimmung

Eine andere Form der Beteiligung ist die Zustimmung der Tarifvertragsparteien zu der betrieblichen Regelung als Voraussetzung für deren Wirksamkeit. Die meisten Formen der Öffnung der Tarifverträge bedürfen der Zustimmung der Tarifvertragsparteien.[88] Die Einfluss- und Kontrollmöglichkeiten der Tarifvertragsparteien sind auch hier sehr stark. Die Ausgestaltung unter dem Oberbegriff der Zustimmung kann mittels Genehmigungs- und Kassationsvorbehalten, Einspruchs- und Vetorechten geschehen. Die Zustimmung kann anstatt durch die Verbandstarifvertragsparteien auch durch die zuständigen Regionaltarifverbände erteilt werden, weil sie die wirtschaftliche Situation des Unternehmens und der Region besser kennen.[89] Das Zustimmungserfordernis bietet den Arbeitnehmern zusätzlichen Schutz davor, vom Arbeitgeber übervorteilt zu werden. Einer häufigen und frühzeitigen Anwendung von Öffnungsklauseln dürfte das Zustimmungserfordernis aber entgegenstehen.[90]

Beispielhaft seien die Inanspruchnahme des Arbeitszeitkorridors in der chemischen Industrie, wenn dies für größere Betriebsteile oder Betriebe gelten soll, oder die Absenkung der Jahressonderzahlung in der papierverarbeitenden Industrie genannt.[91]

III. Einspruchsfrist

Die Zustimmung als Form der Beteiligung der Tarifvertragsparteien kann dadurch abgeschwächt werden, dass die Einspruchs- und Vetorechte innerhalb

---

[87] BDA-Tarifarchiv; Tarifvertragliche Öffnungs-, Härte- und Kleinbetriebsklauseln, alte und neue Bundesländer, Stand: März 2000, S. 21.

[88] Lesch DB 2000, 322, 322.

[89] Lohs DB 1996, 1722, 1724.

[90] Rösdücher , Arbeitsplatzsicherheit durch Tarifvertrag, S. 206.

[91] Bispinck Personal 1998, 165, 166.

einer bestimmten Frist ausgeübt werden müssen. Nach Fristablauf gilt die Zustimmung als erteilt bzw. eine Ausübung der Einspruchs- und Vetorechte ist nicht mehr zulässig. So bestand beispielsweise im Tarifvertrag für das Bauhauptgewerbe Bundesgebiet Ost ohne Berlin vom 1. 4. 1997 ein Einspruchsrecht der Tarifvertragsparteien. Der Einspruch konnte jedoch mit einer Dreiviertelmehrheit des Betriebsrats des betroffenen Betriebes aufgehoben werden.[92]

IV. Benachrichtigungs- oder Begründungspflicht

Noch schwächer ist die Beteiligung der Tarifvertragsparteien, wenn den Betriebspartnern lediglich Benachrichtigungs- und Begründungspflichten auferlegt werden. Die Information der Tarifvertragsparteien über betriebliche Regelungen, die aufgrund von solchen Öffnungsklauseln getroffen werden, bewirkt, dass die Tarifvertragsparteien die faktische Möglichkeit zur Kontrolle der betrieblichen Regelungen erhalten. Auch wenn die Gültigkeit der Abweichung vom Tarifvertrag von einer Anhörung der Tarifvertragsparteien abhängt[93], liegt ein ähnlicher Grad an Beteiligung vor. Als Reaktionsmöglichkeiten sind dann noch der Versuch informeller Einflussnahmen oder gerichtlicher Überprüfungen denkbar. Begründungspflichten sollen verhindern, dass bei den Verhandlungen über die betrieblichen Regelungen sachfremde Erwägungen eine maßgebliche Rolle spielen.

Ein Beispiel hierfür ist in der holzverarbeitende Industrie in Thüringen zu finden. Die Betriebsvereinbarung ist nur wirksam, wenn die Tarifvertragspartein vor Abschluss der Vereinbarung schriftlich informiert werden.[94]

V. Keine Einbeziehung der Tarifvertragsparteien

Nur selten verzichten die Tarifpartner völlig auf ihre Einbeziehung in die betriebliche Umsetzung. Die Betriebsparteien erhalten dann die Möglichkeit, autonom die Öffnungsklausel innerhalb der gegebenen Rahmenvorgaben betrieblich umzusetzen.

VI. Zwischenergebnis

Die Bestandsaufnahme zeigt, dass auch beim Bestehen von tariflichen Öffnungsklauseln wichtige Funktionen in der Umsetzung den Tarifvertragsparteien vorbehalten sein können. In der Tendenz ist eine eher restriktive Bindung der Betriebsparteien an die Tarifvertragsparteien festzustellen.

---

[92] Bispinck, Das Märchen vom starren Tarifvertrag, S. 26.
[93] Wiedemann, Festschrift Hanau, S. 607, 609.
[94] Bispinck, Das Märchen vom starren Tarifvertrag, S. 17.

D. Zusammenfassung

Die Vielgestaltigkeit der tariflichen Öffnungsklauseln in der Praxis zeigt ihre flexiblen Einsatzmöglichkeiten von der Möglichkeit zur Reaktion auf akute Krisen bis hin zum Ausgleich struktureller Nachteile in regionaler-, branchen- oder betriebsspezifischer Hinsicht. Ein besonders intensives Gebrauchmachen von Öffnungsklauseln lässt sich im Bereich der chemischen Industrie feststellen. Als Erklärung hierfür kann der außerordentlich partnerschaftliche Umgang der Tarifvertragspartnern miteinander angeführt werden. In einer besonders vertrauensvollem Verhältnis können weitergehende Flexibilisierungsmodelle gewagt werden. Aufgrund der im allgemeinen noch restriktiven Praxis der tariflichen Öffnungsklauseln sind die Schranken für eine Ausweitung dieses Instruments keineswegs erreicht. Angesichts der Anzeichen für einen Wandel des Einsatzes von Öffnungsklauseln von der Notlagenbewältigung hin zu einer vorausschauenderen Problemlösung ist eine vermehrte Anwendung denkbar. Wenn eine zukünftige Tarifpolitik verstärkt von diesem Instrument Gebrauch machen möchte, ist die rechtliche Reichweite von entscheidender Bedeutung.

§ 4 Formelle Voraussetzungen der tarifvertraglichen Öffnungsklausel

Die im Tarifvertragsgesetz und im Betriebsverfassungsgesetz niedergelegten Voraussetzungen für tarifvertragliche Öffnungsklauseln beziehen sich zuvorderst auf formelle Fragen. Zwar stellen auch Formalien Grenzen tariflicher Öffnungsklauseln dar, jedoch sind sie deutlich von der Problematik der inhaltlichen Reichweite[95] zu trennen. Folglich müssen die formellen Voraussetzungen bereits vorab geklärt werden, da bei deren Fehlen bereits keine wirksamen tarifvertraglichen Öffnungsklauseln vorliegen.

A. Schriftform

Öffnungsklauseln sind Bestandteil des Tarifvertrages. Sie sind daher gemäß § 1 Abs. 2 TVG schriftlich abzufassen. Die Gültigkeit der tariflichen Öffnungsklauseln setzt nach § 126 BGB eine schriftliche Niederlegung und die Unterschrift der Tarifvertragsparteien voraus. Die Nichteinhaltung der Schriftform führt nach § 125 Satz 1 BGB zur Nichtigkeit des abgeschlossenen Tarifvertrages. Da die Formvorschrift hinsichtlich des Umfanges alle tarifvertraglichen Vereinbarungen betrifft, wird auch die Einräumung von Abweichungsmöglichkeiten durch die Tarifvertragsparteien erfasst, wozu vor allem die tariflichen Öffnungsklauseln zählen.[96]

Der Zweck der Schriftlichkeit ist die Klarstellung und Feststellbarkeit des Inhalts des Tarifvertrages.[97] Bei der Verlagerung von Regelungskompetenzen von der Tarif- auf die Betriebsebene ist von besonderer Bedeutung, dass sie den Betriebsparteien ermöglicht, sich über ihre Regelungsmöglichkeiten zu informieren.

Wenn der Tarifvertrag selbst eine Rahmenregelung innerhalb der Öffnungsklausel enthält, so ist die Schriftform nicht nochmals für eine möglicherweise notwendige Zustimmung der Tarifvertragsparteien oder einen tariflichen Schlichtungsspruch zu beachten. Hier soll in übertragener Anwendung des § 4 Abs. 4 Satz 1 TVG die Billigung der Tarifparteien oder deren Repräsentanten ausreichen.[98]

B. Ausdrücklichkeitserfordernis

In § 77 Abs. 3 Satz 2 BetrVG wird für Öffnungsklauseln eine ausdrückliche Vereinbarung gefordert. Fraglich ist, ob aus diesem Ausdrücklichkeitserforder-

---

[95] siehe § 7 Inhaltliche Grenzen tariflicher Öffnungsklauseln.
[96] Wiedemann in Wiedemann, TVG, § 1 Rz. 231.
[97] Wiedemann in Wiedemann, TVG, § 1 Rz. 228.
[98] Wiedemann, Festschrift Hanau, S. 607, 607, 615.

nis die Einhaltung bestimmter Formvorschriften gefolgert werden kann. Es ist zu klären, welche über die bereits behandelte Schriftform hinausgehenden Anforderungen das Ausdrücklichkeitserfordernis enthält.

I. Keine konkludenten Öffnungsklauseln

Nach einer Ansicht können Öffnungsklauseln auch konkludent vereinbart werden.[99] Eine konkludente Öffnungsklausel soll vorliegen, wenn eine Gewerkschaft von einer tarifwidrigen Betriebsvereinbarung Kenntnis erlangt und nicht sofort gegen diese protestiert. Die Gewerkschaft soll die Nichtigkeit nicht geltend machen können, wenn sie über die Betriebsvereinbarung vollständig informiert war, da dies ein „venire contra factum proprium" wäre. [100] Selbst wenn aber der Gewerkschaft das Recht zur Geltendmachung der Rechtswidrigkeit aberkannt werden sollte, stellt sich die unbeantwortete Frage, in welcher Weise das Verhalten der Gewerkschaft das gesetzliche Erfordernis der Ausdrücklichkeit heilt. Teleologische Erwägungen können den Wortlaut im Rahmen der Auslegung nicht überwinden.[101] Ein vom Wortlaut abweichendes Ergebnis bedarf einer besonderen Begründung, die nicht ersichtlich ist. Daher können Öffnungsklauseln nicht konkludent vereinbart werden.[102] Auch das Gebot der Schriftform erfordert dieses Ergebnis.

II. Keine inzidenten Öffnungsklauseln in Firmentarifverträgen

Eine andere Meinung sieht in Firmentarifverträgen automatisch Öffnungsklauseln vorliegen. Dies wird damit begründet, dass das Ziel des Firmentarifvertrages eine einheitliche, den besonderen Bedingungen im Betrieb angepasste Regelung der betrieblichen Verhältnisse und Arbeitsverhältnisse ist. Das Ziel der einheitlichen Regelung der Arbeitsbedingungen auf kollektiver Ebene gegenüber nicht organisierten Arbeitnehmern könnte nur durch eine Betriebsvereinbarung erreicht werden, die den Firmentarifvertrag übernimmt. Folglich soll schon der Abschluss eines Firmentarifvertrags eine Öffnungsklausel im Sinne des § 77 Abs. 3 Satz 2 BetrVG darstellen.[103] Das Erfordernis der Ausdrücklichkeit soll nach dieser Auffassung nicht entgegenstehen, wenn im Firmentarifvertrag der eindeutige Wille der Tarifvertragsparteien zu erkennen ist, dass eine ergänzende Regelung durch Betriebsvereinbarung möglich sein soll. Hierfür sei bereits die Bezeichnung als Firmentarifvertrag ausreichend.[104]

[99] Schaub in Erfurter Kommentar, § 4 TVG Rz. 49; Adomeit, Regelung von Arbeitsbedingungen, S. 62.

[100] Adomeit, Regelung von Arbeitsbedingungen, S. 62.

[101] Larenz, Methodenlehre, S. 322.

[102] ebenso h. M., vgl. Gaumann/Schafft NZA 1998, 176, 179.

[103] Hoyningen-Huene DB 1994, 2026, 2031.

[104] Hoyningen-Huene DB 1994, 2026, 2031 f.

Dagegen wird vorgebracht, dass eine Wirkung für nichtorganisierte Arbeitnehmer nicht nur durch Übernahme des Firmentarifvertrages in einer Betriebsvereinbarung, sondern auch durch die arbeitsvertragliche Einbeziehung möglich ist. Solche arbeitsvertraglichen Übernahmen sind in der Praxis durch Einheitsregelungen häufig bereits erfolgt. Damit entfällt die Notwendigkeit einer tarifübernehmenden Betriebsvereinbarung und die Begründung für den Automatismus eines jeden Firmentarifvertrages als inzidente Öffnungsklausel.[105] Ein weiteres Gegenargument ergibt sich aus Folgendem. Obige Ansicht geht davon aus, dass die inzidente Öffnungsklausel in Firmentarifverträgen durch eine klare und ausdrückliche Sperrklausel ausgeschlossen werden kann.[106] Folglich wird das Ausdrücklichkeitserfordernis nur für eine solche Sperrklausel, die Betriebsvereinbarungen ausschließt, beachtet, wobei man sich auf Sinn und Zweck des Firmentarifvertrages beruft. Ausgangspunkt ist ein ausdrücklicher Wille der Parteien des Firmentarifvertrages, eine betriebseinheitliche Regelung mit Wirkung für Nichtorganisierte mittels Betriebsvereinbarung zu ermöglichen. Dann entspricht ein eindeutiger und klarer Hinweis im Firmentarifvertragstext auf diesen Willen dem Wortlaut des Ausdrücklichkeitserfordernisses mehr, als der bloße Verweis auf den Sinn und Zweck des Firmentarifvertrages durch die Gegenauffassung. Durch diese Auffassung wird hinsichtlich der Firmentarifverträge das Ausdrücklichkeitserfordernis in sein direktes Gegenteil verkehrt. Die Tarifvertragsparteien müssten Betriebsvereinbarungen ausdrücklich ausschließen. Dies entspricht nicht dem Tarifvorrang des § 77 Abs. 3 Satz 1 TVG. Daher kann für Firmentarifverträge nichts anderes gelten als für Verbandstarifverträge. Auch in Firmentarifverträgen muss der Wille, ergänzende Betriebsvereinbarungen zuzulassen, eindeutig durch entsprechende Formulierungen zum Ausdruck gebracht werden.

III. Anforderungen des Ausdrücklichkeitserfordernisses

Nach der h. M. ist es erforderlich, dass der Tarifvertrag eine eindeutig positive Bestimmung für die Zulässigkeit ergänzender Betriebsvereinbarungen enthält.[107] Dass die Wörter „ausdrücklich" oder „Betriebsvereinbarung" zwingend zu verwenden sind, kann mit dem Sinn und Zweck des § 77 Abs. 3 Satz 2 BetrVG nicht vereinbart werden.[108] Ausreichend sind Formulierungen wie zum Beispiel die Zulassung „ergänzender betrieblicher Regelungen", von Regelun-

---

[105] Kempen/Zachert Grundlagen Rz. 273.

[106] Hoyningen-Huene DB 1994, 2026, 2032.

[107] Kreutz in GK -BetrVG § 77 Rz. 150 m. w. N.[108] Worzalla in Hess/Schlochauer/Worzalla/Glock, BetrVG, § 77 Rz. 163, Gaumann/Schafft NZA 1998, 176, 179.

gen durch „Arbeitgeber und Betriebsrat“ oder „die Betriebspartner“.[109] Durch des Erfordernis der Ausdrücklichkeit soll verhindert werden, dass im Nachhinein, möglicherweise gegen den Willen der Tarifpartner, eine stillschweigende Zulassung hineininterpretiert wird.[110] Zudem spricht der Wortlaut gegen so weitreichende Anforderungen. Das Ausdrücklichkeitserfordernis schließt nicht jegliche Form der Auslegung aus. Nur die ergänzende Tarifvertragsauslegung, die auf einen hypothetischen Willen der Tarifvertragsparteien abstellt, und ein nicht hinreichend im Wortlaut des Tarifvertrages zum Ausdruck kommender Öffnungswille sind durch den Wortlaut des § 77 Abs. 3 Satz 2 BetrVG nicht mehr gedeckt. „Ausdrücklich“ bedeutet, dass im Text des Tarifvertrages ausreichende Anhaltspunkte für die Zulassung abweichender betrieblicher Regelungen vorhanden sein müssen, so dass lediglich Andeutungen nicht ausreichen.[111]

Darüber hinaus spricht § 4 Abs. 3, 1. Alt. TVG davon, die Zulassung abweichender Abmachungen durch den Tarifvertrag zu gestatten. Aus dem Wortlaut „durch den Tarifvertrag“ kann gefolgert werden, dass für die tarifliche Öffnungsklausel die Form des § 1 Abs. 2 TVG gewahrt werden muss. Somit muss die Öffnungsklausel in der schriftlichen Ausarbeitung des Tarifvertrages enthalten sein und kann nicht ad hoc mündlich vereinbart werden.[112] Dies bestätigt die bei § 77 Abs. 3 Satz 2 BetrVG gefundenen Ergebnisse und stellt nochmals die Geltung der Schriftform für tarifliche Öffnungsklauseln klar. Damit wird das Zusammenspiel deutlich, welches sich aus der Schriftform und dem Erfordernis eindeutiger Wortwahl ergibt. Die Auslegung ist nur eng am schriftlich niedergelegten Wortlaut möglich.

C. Zusammenfassung

Tarifvertragliche Öffnungsklauseln sind schriftlich niederzulegen, was sich aus § 1 Abs. 2 TVG und § 4 Abs. 3, 1. Alt. TVG ergibt. Eine konkludente Vereinbarung von tariflichen Öffnungsklauseln ist nicht möglich. Firmentarifverträge enthalten nicht inzident tarifliche Öffnungsklauseln, zumal dies nicht mit dem Ausdrücklichkeitserfordernis des § 77 Abs. 3 BetrVG zu vereinbaren wäre. Das Ausdrücklichkeitserfordernis verlangt nicht die formelhafte Verwendung gewisser Begriffe und steht nicht einer Auslegung entgegen, die ausreichend Anhalt im Wortlaut des Tarifvertrages findet.

---

[109] Kreutz in GK -BetrVG § 77 Rz. 151.
[110] Kreutz in GK -BetrVG § 77 Rz. 127 m. w. N., Gaumann/Schafft NZA 1998, 176, 179 m. w. N.
[111] Kreutz in GK -BetrVG § 77 Rz. 150 m. w. N.
[112] Wiedemann in Wiedemann, TVG, § 1 Rz. 205.

§ 5 Wirkungsweise der tarifvertraglichen Öffnungsklauseln

Um eine gesicherte Ausgangslage für die nachfolgende Bestimmung der Grenzen tarifvertraglicher Öffnungsklauseln zu erhalten, ist zunächst zu klären, über welchen rechtlichen Mechanismus tarifvertragliche Öffnungsklauseln wirken.

Es ist unbestritten, dass durch tarifvertragliche Öffnungsklauseln Regelungsbefugnisse von der tariflichen auf die betriebliche Ebene verlagert werden. Dabei lassen sich zwei Wirkungsweisen unterscheiden, die in Literatur und Rechtsprechung vertreten werden. Einerseits könnte durch eine Öffnungsklausel die Sperrwirkung des Tarifvertrages aufgehoben werden und eine originäre Regelungsbefugnis der Betriebsparteien wiederaufleben. Anderseits könnte eine Öffnungsklausel eine Delegation tariflicher Rechtsetzungskompetenz auf die Betriebsparteien darstellen. Falls beide Wirkungsweisen nebeneinander denkbar sein sollten, ist fraglich, in welcher Weise eine bestimmte Öffnungsklausel aus der Praxis wirkt. Dabei soll der Leber-Rüthers-Kompromiss als Untersuchungsobjekt herangezogen werden. Anhand dieses exemplarischen Beispiels kann die allgemeine Wirkungsweise tarifvertraglicher Öffnungsklauseln dargestellt werden.

A. Aufleben originärer Kompetenz der Betriebsebene

Eine denkbare Wirkungsweise für tarifvertragliche Öffnungsklauseln kann sich durch das Wiederaufleben einer originären Regelungskompetenz der Betriebsparteien auf der betrieblichen Ebene ergeben. Dazu müsste eine umfassende originäre Regelungskompetenz bestehen und diese müsste durch die tarifvertragliche Öffnungsklausel freigegeben werden.

I. Umfassende Regelungskompetenz der Betriebspartner

Falls durch tarifvertragliche Öffnungsklauseln eine originäre Kompetenz der betrieblichen Ebene wieder aufleben sollte, stellt sich die Frage nach der Grundlage einer solchen Kompetenz.

1. Herleitung aus Normen des BetrVG

Eine originäre Kompetenz der Betriebsparteien könnte sich aus den Normen des Betriebsverfassungsgesetzes ergeben.

a) Keine ausdrückliche Normierung

Über die Regelungskompetenz der Betriebsparteien enthält das Betriebsverfassungsgesetz von 1972 keine unmittelbare Aussage. Jedoch könnten die Betriebsparteien über den Abschluss von Betriebsvereinbarungen gemäß § 77 Abs. 2 BetrVG alle Betriebsangehörigen nach § 77 Abs. 4 Satz 1 BetrVG normativ erfassen. Es stellt sich die Frage, ob alle Arbeitsbedingungen Gegenstand einer Betriebsvereinbarung sein können.

Das Betriebsverfassungsgesetz enthält im Gegensatz zum Bundespersonalvertretungsgesetz (§ 73) keine ausdrückliche Beschränkung auf die im Gesetz genannten Regelungsangelegenheiten. In den §§ 38 Abs. 1 Satz 5; 47 Abs. 4, 5; 55 Abs. 4; 72 Abs. 4, 5; 76 Abs. 1, 4; 86 BetrVG werden ausdrücklich die dort geregelten betriebsverfassungsrechtlichen Angelegenheiten als Gegenstand einer Betriebsvereinbarung genannt. Daraus kann aber keine Beschränkung der Regelungsbefugnis abgeleitet werden.

Auch der Vergleich mit dem Sprecherausschußgesetz für leitende Angestellte vom 20. 12.1988 spricht für eine umfassende Regelungskompetenz der Betriebspartner.[113] Nach § 28 Abs. 1 SprAuG können Arbeitgeber und Sprecherausschuß Richtlinien über den Inhalt, den Abschluss oder die Beendigung von Arbeitsverhältnissen der leitenden Arbeitnehmer abschließen. Es ist zu vermuten, dass der Gesetzgeber im Sprecherausschußgesetz insoweit einen Gleichlauf mit dem Betriebsverfassungsgesetz von 1972 herstellen wollte.

b) Herleitung aus § 88 BetrVG

Eine Grundlage für eine originäre und umfassende Regelungskompetenz der Betriebsparteien könnte § 88 BetrVG darstellen.

Nach dem Wortlaut von § 88 BetrVG können durch Betriebsvereinbarung *„insbesondere geregelt werden*
1. zusätzliche Maßnahmen zur Verhütung von Arbeitsunfällen und Gesundheitsschädigungen;
1a. Maßnahmen des betrieblichen Umweltschutzes;
2. die Errichtung von Sozialeinrichtungen, deren Wirkungsbereich auf den Betrieb, das Unternehmen oder den Konzern beschränkt ist;
3. Maßnahmen zur Förderung der Vermögensbildung;
4. Maßnahmen zur Integration ausländischer Arbeitnehmer sowie Bekämpfung von Rassismus und Fremdenfeindlichkeit im Betrieb.“
Nach ganz herrschender Meinung wird diese Gesetzesnorm so aufgefasst, dass grundsätzlich alle sozialen Angelegenheiten durch Betriebsvereinbarung geregelt werden können. Anknüpfungspunkt für diese Auslegung ist das Wort „insbesondere“, welches auf eine nur beispielhafte und nicht erschöpfende Aufzählung der fünf in § 88 BetrVG genannten Angelegenheiten hinweist.[114]

---

[113] so auch Bartholomä, Regelungsumfang und Geltungswirkung tarifergänzender Betriebsvereinbarungen, S. 19.
[114] Fitting/Kaiser/Heither/Engels, BetrVG, § 88 Rz. 2 m. w. N.

Weiterhin wird aus der systematischen Stellung des § 88 BetrVG im „Dritten Abschnitt. Soziale Angelegenheiten" geschlossen, dass grundsätzlich alle sozialen Angelegenheiten durch freiwillige Betriebsvereinbarung geregelt werden können. Der Begriff der sozialen Angelegenheiten wird umfassend ausgelegt und enthält alle Arbeitsbedingungen im weitesten Sinne. Es erscheint wenig erfolgversprechend, dem Ausdruck der sozialen Angelegenheiten mangelnde begriffliche Schärfe vorzuwerfen, da er auf den Gesetzgeber des BetrVG 1952 zurückgeht. Mit dem Begriff der sozialen Angelegenheiten sollten alle Fragen erfasst werden, die die Arbeitsbedingungen, die Art der Arbeitsleistung, das Verhalten und die Behandlung der Arbeitnehmer im Betrieb und den Betriebschutz behandeln.

An dieser systematischen Herleitung wird aber auch Kritik geäußert. Die Stellung des § 88 BetrVG im Dritten Abschnitt des Vierten Teils spricht nicht für dessen Geltung im Vierten, Fünften und Sechsten Abschnitt. Eine umfassende Regelungsbefugnis bezüglich der Arbeitsbedingungen aus § 88 BetrVG wird aber im Ergebnis wie eine Regelung des Ersten Abschnitts („Allgemeines") im Vierten Teil behandelt.[115] Gegen diese Kritik wird vorgebracht, dass eine Zuordnung der Regelung des § 88 BetrVG in der wichtigsten und umfassendsten Einzelmaterie, den „Sozialen Angelegenheiten", systematisch vertretbar erscheint.[116]

c) Herleitung aus § 77 Abs. 3 BetrVG

Auch könnte im Wege eines Umkehrschlusses aus § 77 Abs. 3 BetrVG eine umfassende Regelungsbefugnis der Betriebsparteien herzuleiten sein. § 77 Abs. 3 BetrVG spricht davon, dass „Arbeitsentgelte und sonstige Arbeitsbedingungen", die durch Tarifvertrag geregelt oder üblicherweise geregelt sind, nicht durch Betriebsvereinbarung geregelt werden können, wenn keine entsprechende Tariföffnungsklausel vorliegt. Aus dieser negativen Abgrenzung der Regelungsbereiche könnte mittels eines Umkehrschlusses die positive Aussage getroffen werden, dass sämtliche „Arbeitsentgelte und sonstigen Arbeitsbedingungen" durch Betriebsvereinbarungen geregelt werden können, wenn weder eine tarifliche Regelung noch eine Tarifüblichkeit vorliegt.

Die früher herrschende[117] und auch heute in der Literatur stark vertretene Meinung[118] geht davon aus, dass über § 77 Abs. 3 BetrVG mittels eines Umkehr-

[115] Kreutz, Grenzen der Betriebsautonomie, S. 208 m. w. N.
[116] Staschik, Grundfragen zur Betriebsvereinbarung, S. 126.
[117] Galperin/Löwisch, BetrVG, § 77 Rz. 75 m. w. N.

schlusses nur eine Regelungsbefugnis für materielle Arbeitsbedingungen zu begründen ist. Die Sperrwirkung des § 77 Abs. 3 BetrVG betreffe nur die materiellen Arbeitsbedingungen. Formelle Arbeitsbedingungen würden von der Sperrwirkung nicht berührt. Für diese Beschränkung der Sperrwirkung auf materielle Arbeitsbedingungen soll der Wortlaut des § 77 Abs. 3 BetrVG sprechen, der mit dem Begriff der sonstigen Arbeitsbedingungen an das Arbeitsentgelt und somit an das Synallagma des Arbeitsvertrages anknüpft. Auch das betriebsverfassungsrechtliche Prinzip, nach dem formelle Arbeitsbedingungen wegen ihrer Ausrichtung nach betrieblichen Bedürfnissen im Zweifel in die Zuständigkeit der Betriebspartner fallen, stütze diese Auffassung.[119]

Dieser Meinung widerspricht eine starke Gegenansicht, die vor allem auf *Biedenkopf*[120] und *Kreutz*[121] zurückzuführen ist. Diese Auffassung vertritt, dass die Sperrwirkung des § 77 Abs. 3 Satz 1 BetrVG alle Arbeitsbedingungen erfasst, unabhängig davon ob es sich um formelle oder materielle Arbeitsbedingungen handelt. Dass unter den Begriff der sonstigen Arbeitsbedingungen sowohl formelle als auch materielle Arbeitsbedingungen fallen, zeige bereits der Wortlaut, der eben nicht von „ähnlichen" Arbeitsbedingungen spricht.[122] Neben der Sperrfunktion soll § 77 Abs. 3 BetrVG auch eine gegenstandsabgrenzende Funktion besitzen, die die funktionelle Zuständigkeit der Betriebsparteien zur Regelung von sämtlichen Arbeitsbedingungen durch Betriebsvereinbarungen bestimmt. Die hervorgehobene systematische Stellung des § 77 Abs. 3 BetrVG im ersten Abschnitt des vierten Teils des Gesetzes, wie auch die Stellung des dritten Absatzes innerhalb des § 77 BetrVG, der ausführlich die Betriebsvereinbarung unabhängig von den Mitbestimmungstatbeständen regelt, soll dies mitbegründen.[123] Für diese Auffassung spräche auch der Normzweck des § 77 Abs. 3 BetrVG, der in der Sicherung der Tarifautonomie und der Funktionsfähigkeit der Koalitionen zu sehen ist und zu dessen umfassender Verwirklichung eine Einbeziehung sämtlicher Arbeitsbedingungen notwendig ist.[124]

---

118 Bartholomä, Regelungsumfang und Geltungswirkung tarifergänzender Betriebsvereinbarungen, S. 36; Worzalla in Hess/Schlochauer/Worzalla/Glock, BetrVG, § 77 Rz. 132 f.; Richardi, BetrVG, § 77 Rz. 66 f.; Schaub, Arbeitsrechts-Handbuch, § 231 II 6 b Rz. 21 ff., S. 2338 f.; Wank in Wiedemann, TVG, § 4 Rz. 472 f.

119 Bartholomä, Regelungsumfang und Geltungswirkung tarifergänzender Betriebsvereinbarungen, S. 36 m. w. N.

120 Biedenkopf, Grenzen der Tarifautonomie, S.283 ff.

121 Kreutz, Grenzen der Betriebsautonomie, S. 211 ff.

122 Fitting/Kaiser/Heither/Engels, BetrVG, § 77 Rz. 71.

123 Kreutz in GK-BetrVG, § 77 Rz. 85.

124 Berg in Däubler/Kittner/Klebe, BetrVG, § 77 Rz. 63; Fitting/Kaiser/Heither/Engels, BetrVG, § 77 Rz. 71.

Die Aufteilung zwischen materiellen und formellen Arbeitsbedingungen beruht auf dem Betriebsverfassungsgesetz von 1952 und soll unter der Konzeption des Betriebsverfassungsgesetzes von 1972 keine Gültigkeit mehr besitzen, da dessen § 87 BetrVG auch Mitbestimmungstatbestände für materielle Arbeitsbedingungen enthält.[125] Auch das Bundesarbeitsgericht hat sich der Auffassung angeschlossen, es komme auf die Unterscheidung zwischen formellen und materiellen Arbeitsbedingungen nicht an.[126]

Die negative Fassung der Regelung könnte aber ein Indiz gegen deren Qualifikation als zentrale Norm einer umfassenden Regelungsbefugnis sein. Hätte der Gesetzgeber dies beabsichtigt, hätte er wahrscheinlich eine positive Formulierung gewählt. Zudem ist die Bedeutung des § 77 Abs. 3 Satz 1 BetrVG in der Kompetenzabgrenzung zwischen Tarif- und Betriebsparteien bereits gegeben, so dass eine weitere wichtige Funktion nicht naheliegend sei.[127]

Es ist also strittig, ob § 77 Abs. 3 BetrVG eine Regelungsbefugnis der Betriebsparteien nur im Bereich der materiellen oder auch der formellen Arbeitsbedingungen ausschließt. Dieser Streit kann jedoch dahin stehen, wenn man sich darauf beschränkt, aus § 77 Abs. 3 BetrVG mittels Umkehrschluss zumindest einen Hinweis auf eine Zuständigkeit im Bereich der materiellen Arbeitsbedingungen zu sehen.[128] Zumal bejaht auch die Ansicht, die den Ausschluss durch § 77 Abs. 3 BetrVG auf materielle Arbeitsbedingungen einschränkt, im Ergebnis eine Regelungsbefugnis für die formellen Arbeitsbedingungen, wenngleich sie diese nicht aus § 77 Abs. 3 BetrVG herleitet. Insgesamt überzeugender erscheint aber m. E. die Auffassung, dass keine Einschränkung auf formelle Arbeitsbedingungen vorliegt. Zum einen existiert kein allgemein akzeptiertes Abgrenzungskriterium zwischen formellen und materiellen Arbeitsbedingungen, weshalb eine Abgrenzung im Einzelfall schwierig sein kann Zum anderen fehlt in § 77 Abs. 3 BetrVG ein dem § 87 Abs. 1 Nr. 11 BetrVG entsprechender Hinweis, welcher von "vergleichbaren leistungsbezogen Entgelten" spricht.[129] Letztlich gebietet der Wortlaut des § 77 Abs. 3 BetrVG keine Einschränkung auf materielle Arbeitsbedingungen. Folglich kann aus § 77 Abs. 3 BetrVG mittels eines Umkehrschlusses auf eine umfassende Regelungskompetenz der Betriebsparteien geschlossen werden.

---

[125] Kreutz in GK-BetrVG, § 77 Rz. 90.
[126] BAG, 9. 4. 1991, AP Nr. 1 zu § 77 BetrVG Tarifvorbehalt.
[127] Staschik, Grundfragen zur Betriebsvereinbarung, S. 127.
[128] so auch Staschik, Grundfragen zur Betriebsvereinbarung, S. 128.
[129] so auch Thüsing ZTR 1996, 146, 147.

d) Kritik an einer umfassenden Regelungsbefugnis der Betriebspartner

Die Meinung, es bestehe eine umfassende Regelungsbefugnis der Betriebspartner in sozialen Angelegenheiten, wird auch grundsätzlich angegriffen. Vor allem *Richardi* hat Kritik vorgebracht. Nach seiner Auffassung führt der korporative Zwangsordnungscharakter der Betriebsvereinbarung dazu, dass eine Regelung materieller Arbeitsbedingungen durch Betriebsvereinbarung grundsätzlich nicht möglich ist.[130]

Richardi ordnet die Betriebsvereinbarung dem Privatrecht zu und stellt das Fehlen eines daher notwendigen individuellen Unterwerfungsaktes des betroffenen Arbeitnehmers fest. Er kann weder im Abschluss des Arbeitsvertrages noch in der Teilnahme an der Betriebsratswahl eine Legitimation erkennen.[131] Nur im Bereich der formellen Arbeitsbedingungen erkennt er die Regelungsmöglichkeit durch Betriebsvereinbarung an. Aufgrund der bestehenden Beteiligungsmöglichkeiten des Betriebsrates bei formellen Arbeitsbedingungen, im Gegensatz zum einseitigen Bestimmungsrecht des Arbeitgebers, sieht *Richardi* die Regelungsmöglichkeit durch Betriebsvereinbarung als Mittel des sozialen Ausgleichs.[132] Materielle Arbeitsbedingungen können nach seiner Auffassung nicht durch Betriebsvereinbarung geregelt werden, da die betriebliche Ordnung eine einheitliche Regelung nicht erfordert.[133]

Richardi differenziert im mitbestimmungsfreien Bereich danach, ob eine Arbeitgeberleistung oder eine Regelung mit Verpflichtungswirkung für den Arbeitnehmer vorliegt. In § 88 BetrVG werden nach seiner Auffassung nur Beispiele genannt, die eine Arbeitgeberleistung zum Inhalt haben.[134] Daher sei eine Regelungsbefugnis für sämtliche Arbeitsbedingungen dem § 88 BetrVG nicht zu entnehmen. Für eine den Arbeitnehmer belastende Regelung fehle dem Betriebsrat im mitbestimmungsfreien Bereich die Regelungskompetenz. Auch § 77 Abs. 3 BetrVG lege nicht den Inhalt und Umfang der Betriebsvereinbarungsautonomie fest, sondern begrenze diese durch den Tarifvorbehalt. Durch Umkehrschluss könne zwar eine Kompetenz zur Regelung von Arbeitsentgelten und sonstigen Arbeitsbedingungen festgestellt werden, jedoch nicht deren Reichweite.[135]

---

[130] Richardi, Kollektivgewalt und Individualwille, S. 313, 317, 319 ff.

[131] Richardi, Kollektivgewalt und Individualwille, S. 317.

[132] Richardi, Kollektivgewalt und Individualwille, S. 319.

[133] Richardi, Kollektivgewalt und Individualwille, S. 320.

[134] Richardi ZfA 1990, 211, 236; Richardi ZfA 1992, 307, 321.

[135] Richardi ZfA 1992, 307, 321 f.

Die Auffassung von *Richardi* wurde in der Literatur zurückgewiesen. Es wird angeführt, dass die Verabsolutierung der Privatautonomie als Ordnungsfaktor des Privatrechts nicht überzeugen kann. Hinsichtlich des fehlenden Unterwerfungsaktes könne auf Parallelen zu Rechtsfiguren wie der des gesetzlichen Vertreters oder des Vermögensverwalters verwiesen werden. Auch fehle eine Beantwortung der Frage, ob nicht auch Betriebsvereinbarungen über materielle Arbeitsbedingungen der Selbstbestimmung der Arbeitnehmer gerecht werden, da sie die strukturelle Überlegenheit des Arbeitgebers ausgleichen.[136] Außerdem habe die Unterscheidung zwischen formellen und materiellen Arbeitsbedingungen durch das Betriebsverfassungsgesetz von 1972 an Bedeutung verloren, da sich in § 87 BetrVG beide Arten von Arbeitsbedingungen finden. Folglich könne diese Unterscheidung auch nicht mehr Grundlage der Abgrenzung der Mitbestimmungstatbestände sein.[137]

Ferner wurde der Ausgangspunkt der Thesen von *Richardi*, dass die Mitbestimmung bei formalen Arbeitsbedingungen eine Ordnung nach dem Grundsatz der Selbstverwirklichung realisiere, kritisiert. Außerdem stelle eine gemeinsame Festlegung der formellen Arbeitsbedingungen durch Arbeitgeber und Betriebsrat für den einzelnen Arbeitnehmer eine Fremdbestimmung dar. Im Bereich der materiellen Arbeitsbedingungen sei diese Fremdbestimmung aber für den einzelnen Arbeitnehmer aufgrund des Günstigkeitsprinzips entgegen der Aussage *Richardis* weniger belastend. [138]

Die Auffassung Richardis konnte sich in der Literatur nicht durchsetzen, auch wenn an der Betriebsvereinbarung unter dem Aspekt einer Fremdbestimmungsordnung und einer im Einzelfall fehlenden parlamentsgesetzlichen Ermächtigungsgrundlage weiterhin Kritik geübt wird.[139]

2. Rechtsgeschichtliche Herleitung

Die von der herrschenden Meinung aus §§ 88, 77 Abs. 3 BetrVG begründete umfassende Regelungsbefugnis der Betriebsparteien lässt sich auch dadurch untermauern, dass sie bereits für die Vorläufergesetze des Betriebsverfassungsgesetzes von 1972, dem Betriebsrätegesetz von 1920 und dem Betriebsverfassungsgesetz von 1952, anerkannt war. Schon zum Betriebsrätegesetz von 1920 hatte sich als herrschende Meinung herausgebildet, dass die Betriebsparteien auf der speziellen Grundlage des § 78 Ziffer 2 BRG Löhne und sonstige Arbeitsbedingungen mit normativer Wirkung regeln konnten. Damals hatten sol-

[136] Kreutz, Grenzen der Betriebsautonomie, S. 210 f.
[137] Lieb ZfA 1978, 179, 184.
[138] Staschik, Grundfragen zur Betriebsvereinbarung, S. 133.
[139] Waltermann, Rechtsetzung durch Betriebsvereinbarung, S. 142 ff., 185.

che Betriebsvereinbarungen aber noch keine zwingende Wirkung. Durch eine Arbeitsordnung konnte bereits nach der Rechtslage des Betriebsrätegesetzes Beginn und Ende der regelmäßigen Arbeitszeit geregelt werden. Davon getrennt waren die Betriebsvereinbarungen über Löhne und sonstigen Arbeitsbedingungen, zu denen auch die Arbeitszeitdauer gezählt wurde.[140]

Das BetrVG von 1952 knüpfte an die Rechtsentwicklung aus der Zeit der Weimarer Republik an. Umstritten war zunächst die zwingende Wirkung der Betriebsvereinbarungen, die aber von der herrschenden Lehre bald bejaht wurde. Die herrschende Lehre und auch die Rechtsprechung waren weiterhin der Auffassung, dass Betriebsvereinbarungen grundsätzlich im gleichen Umfang wie Tarifverträge alle inhaltlichen Bereiche des Arbeitsverhältnisses festlegen können. Auch die Entstehungsgeschichte des § 57 BetrVG von 1952, der dem § 88 BetrVG weitgehend entspricht, deckt diese Auslegung, denn man ging davon aus, dass durch freiwillige Betriebsvereinbarung sämtliche sozialen Angelegenheiten geregelt werden können.[141]

3. Zwischenergebnis

Daher besteht heute im Ergebnis weitgehend Einigkeit, dass alle Arbeitsbedingungen, unabhängig davon ob materielle oder formelle vorliegen, durch Betriebsvereinbarung geregelt werden können.

II. Aufheben der Sperrwirkung

Die Befugnis der Betriebspartner, im Rahmen ihrer dargestellten funktionellen Zuständigkeit Regelungen zu setzen, ist jedoch begrenzt. Neben Einschränkungen aus höherrangigem staatlichem Recht besitzt der Tarifvorrang gemäß § 77 Abs. 3 BetrVG erhebliche Bedeutung. Die Sperrwirkung des § 77 Abs. 3 Satz 1 BetrVG wird durch die Öffnungsklausel aufgehoben. Die Regelung der Sperrwirkung dient der Sicherung der ausgeübten und aktualisierten Tarifautonomie und der Bewahrung der Funktionsfähigkeit der Koalitionen, indem bei einer abschließenden tariflichen Regelung andere kollektivvertragliche Vereinbarungen in dem betreffenden Bereich ausgeschlossen werden sollen.

1. Voraussetzungen der Sperrwirkung

Die Regelungssperre nach § 77 Abs. 3 Satz 1 BetrVG bezieht sich auf Arbeitsentgelte und sonstige Arbeitsbedingungen. Unter Arbeitsentgelt versteht man alle in Geld zahlbaren Vergütungen und Sachleistungen des Arbeitgebers. Ar-

[140] Buchner DB 1985, 913, 916.
[141] Sabel RdA 1952, 281, 289.

beitsbedingungen sind alle formellen und materiellen Arbeitsbedingungen.[142] Nur Arbeitsbedingungen, die tariflich geregelt sind oder üblicherweise tariflich geregelt werden, sperren eine betriebliche Regelung.

Arbeitsbedingungen sind durch Tarifvertrag geregelt, wenn ein Tarifvertrag über die betreffenden Arbeitsbedingungen abgeschlossen wurde und der Betrieb mit seinen beschäftigten Arbeitnehmern in den Geltungsbereich dieses Tarifvertrages fällt.[143] Die Sperrwirkung beschränkt sich auf den jeweiligen Bereich des Tarifvertrages, welcher zumeist einen bestimmten Wirtschaftszweig umfasst. Dieser Bereich ist zunächst betrieblich zu bestimmen, d. h. die Tarifregelung muss in der betreffenden Branche bestehen. Weiterhin ist der fachliche und geographische Geltungsbereich einer Tarifregelung zu beachten. Die Sperrwirkung tritt nach herrschender, aber nicht unbestrittener Meinung mit jeder bestehenden tariflichen Regelung ein, unabhängig ob ein Firmen- oder Verbandstarifvertrag vorliegt.[144] Nach der Rechtsprechung des Bundesarbeitsgerichts und herrschender Lehre greift die Sperrwirkung auch ohne Tarifbindung des Arbeitgebers ein, denn es handelt sich um eine Zuständigkeitsabgrenzung.[145] Regelungszweck des § 77 Abs. 3 BetrVG ist es, die Funktionsfähigkeit der Tarifautonomie zu gewährleisten. Diese sei auch gefährdet, wenn nicht tarifgebundene Arbeitgeber auf kollektivrechtlicher Ebene den Tarifverträgen mittels Betriebsvereinbarungen konkurrierende Regelungen entgegensetzen könnten.

Sogar wenn keine tarifliche Regelung besteht, greift die Sperrwirkung gleichwohl ein, falls die Arbeitsentgelte und sonstigen Arbeitsbedingungen üblicherweise durch Tarifvertrag geregelt werden.[146] Hinsichtlich der für Öffnungsklauseln relevanten Sperrwirkung ergeben sich jedoch keine Besonderheiten, so dass auf die nähere Behandlung der Voraussetzungen der Tarifüblichkeit verzichtet werden kann.

2. Abgrenzung von der Nichtregelung

Es ist jedoch fraglich, ob die Sperrwirkung auch dann eingreift, wenn der Tarifvertrag keine positive Sachregelung enthält. Dabei ist zwischen einer Negativregelung, einer Nichtregelung und einer Teilregelung zu unterscheiden.

---

[142] Fitting/Kaiser/Heither/Engels, BetrVG, § 77 Rz. 70 f.
[143] Kreutz in GK-BetrVG, § 77 Rz. 97.
[144] Kreutz in GK-BetrVG, § 77 Rz. 86; Matthes in Münchner Handbuch, Band 3, § 327 Rz. 69.
[145] Kreutz in GK-BetrVG, § 77 Rz. 99; Matthes in Münchner Handbuch, Band 3, § 327 Rz. 68.
[146] Fitting/Kaiser/Heither/Engels, BetrVG, § 77 Rz. 90 m. w. N.

Eine Negativregelung ist keine Sachregelung von Arbeitsbedingungen und bringt durch ihre Formulierung im Tarifvertrag den Willen der Tarifvertragsparteien zum Ausdruck, für einen gewissen Bereich der Arbeitsbedingungen eine tarifliche Regelung auszuschließen. Eine solche reine Negativregelung löst keine Sperrwirkung aus, da § 77 Abs. 3 Satz 1 BetrVG nur die ausgeübte aktualisierte Tarifautonomie sichern soll.[147]

Wenn sich die Tarifpartner über einen gemäß § 1 Abs. 1 TVG tariflich regelbaren Bereich nicht einigen konnten, fehlt es ebenfalls an der Sperrwirkung. Es liegt eine Nichtregelung vor.[148]

Umstritten ist das Gebiet der Teilregelungen. Dabei ist zunächst festzuhalten, dass eine tarifliche Regelung in den seltensten Fällen erschöpfend und allumfassend sein kann. Jede tarifliche Regelung enthält nicht nur positive Bestimmungen, sondern auch die negative Festlegung, dass die Tarifparteien damit eine bestimmte Sachfrage in einer gewissen Weise gelöst haben und keine detailliertere Regelung vornehmen werden. Das Bundesarbeitsgericht hat daher die unpräzise Voraussetzung einer „abschließenden" Regelung aufgestellt. Um den maßgeblichen negativen Regelungsanteil der tariflichen Regelung zu extrahieren, muss auf den Willen der Tarifvertragsparteien abgestellt werden. Auch bei bloßen Richtlinien und ergänzungsbedürftigen tariflichen Rahmenregelungen bleibe es bei der Sperrwirkung des positiven tariflichen Regelungsanteils.[149]

Nach einer anderen Ansicht setzt die Sperrwirkung des § 77 Abs. 3 Satz 1 BetrVG eine detaillierte, abschließende d. h. ohne Ergänzung Dritter durchführbare Regelung im Tarifvertrag voraus.[150]
Daher greife die Sperrwirkung bei Rahmenregelung des Leber-Rüthers-Kompromisses nicht ein, da gar keine tarifliche Regelung bezüglich der individuellen regelmäßigen wöchentlichen Arbeitszeit besteht.[151] Dementsprechend soll beim Leber-Rüthers-Kompromiss überhaupt keine tarifliche Öffnungsklausel vorliegen.

Diese Meinung kann jedoch keineswegs überzeugen, da nach dem Willen der Tarifvertragsparteien gerade eine tarifliche Öffnungsklausel geschaffen werden sollte. Nach dem Wortlaut der tariflichen Regelung soll „durch Betriebsvereinbarung" die individuelle wöchentliche Arbeitszeit geregelt werden. Die Ver-

---

147 Fitting/Kaiser/Heither/Engels, BetrVG, § 77 Rz. 85.
148 Fitting/Kaiser/Heither/Engels, BetrVG, § 77 Rz. 86.
149 Kreutz in GK-BetrVG, § 77 Rz. 110.
150 Ruoff, Flexibilisierung der Tarifverträge, S. 84.
151 Richardi ZfA 1990, 211, 223.

wendung des Begriffs der Betriebsvereinbarung ist im Sinne der gesetzlich geregelten Institution zu verstehen.[152] Damit wird eine ergänzende Betriebsvereinbarung im Sinne des § 77 Abs. 3 Satz 2 BetrVG ermöglicht, was zweifellos eine tarifliche Öffnungsklausel darstellt.

Ferner lässt sich aus § 77 Abs. 3 Satz 2 BetrVG ableiten, dass die Sperrwirkung durch Tarifverträge ausgelöst werden kann, die noch ergänzungsbedürftig sind. Der Wortlaut des Gesetzes spricht von „Dies gilt nicht,...“, was eine Aufhebung der in § 77 Abs. 3 Satz 1 BetrVG angeordneten Sperrwirkung durch Tariföffnungsklauseln darstellt. Eine Aufhebung der Sperrwirkung bei unvollständigen, nur ergänzungsbedürftigen Tarifverträgen setzt jedoch denknotwendig das Eingreifen der Sperrwirkung voraus. Ansonsten würde die Formulierung der Regelung ins Leere gehen.[153]

Damit lässt sich bereits feststellen, dass die tarifliche Rahmenregelung zur Arbeitszeit im Leber-Rüthers-Kompromiss grundsätzlich eine Sperrwirkung entfaltet.

3. Beseitigen der Sperrwirkung

Die Aufhebung der Sperrwirkung des § 77 Abs. 3 Satz 1 BetrVG erfolgt durch ausdrückliche Zulassung ergänzenden Betriebsvereinbarungen gemäß § 77 Abs. 3 Satz 2 BetrVG. Eine wirksame tarifliche Öffnungsklausel hat im Bereich ihrer Reichweite die Beseitigung der Sperrwirkung zur Folge. Eine bestehende Sperrwirkung wird aufgehoben. Diese Sperrwirkung wurde auch für nur teilweise tarifliche Regelungen bejaht, wie sie zum Beispiel Korridorlösungen darstellen. Soweit keine Sperrwirkung bestünde, bedarf es keiner Freigabe. Eine Öffnungsklausel besitzt somit keinen sinnvollen Anwendungsbereich.[154]

Die Freigabe der originären Regelungskompetenz der Betriebsparteien würde auch zugunsten nicht tarifgebundener Arbeitgeber wirken.[155] Die Zulassung ergänzender Betriebsvereinbarungen im Rahmen des Leber-Rüthers-Kompromisses wird also überwiegend als tarifliche Öffnungsklausel im Sinne des § 77 Abs. 3 Satz 2 BetrVG angesehen.

---

[152] BAG, 18. 8. 1987, BAGE 56, 18, 26.
[153] so auch Baumann, Die Delegation tariflicher Regelungsbefugnisse, S. 96 f.
[154] Kreutz in GK-BetrVG, § 77 Rz. 147.
[155] Natzel SAE 2000, 115, 118 f. m. w. N.

III. Zwischenergebnis

Zusammenfassend lässt sich feststellen, dass die Rechtsprechung[156] und die überwiegende Meinung in der Literatur[157] die Ansicht vertreten, dass bei tariflichen Öffnungsklauseln gemäß § 77 Abs. 3 Satz 2 BetrVG die Sperrwirkung des § 77 Abs. 3 Satz 1 BetrVG aufgehoben wird und die originäre Rechtsetzungskompetenz der Betriebsparteien wieder auflebt.

B. Öffnungsklauseln als Form der Delegation

Es könnte eine Delegation tariflicher Regelungsbefugnisse in Frage kommen, wenn die Kompetenzen der Betriebsparteien im Vergleich mit der Tarifautonomie geringer ausfallen oder die Tarifvertragsparteien den Betriebspartnern nur eine Rechtsetzungsmöglichkeit gegenüber tarifgebundenen Arbeitnehmern einräumen wollen.

I. Definition der Delegation

Der Begriff der Delegation wird vor allem im Staatsrecht verwendet und bezeichnet dort die Übertragung von Zuständigkeiten eines Staatsorgans auf ein anderes.[158] Bei der Delegation überträgt der Delegant seine eigene Regelungsmacht auf den Delegatar, so dass dieser die Kompetenzen, die dem Deleganten zustehen, in eigenem Namen ausüben kann. Der Rechtsvorgang der Delegation kann also in einem weiteren als dem staatsrechtlichen Sinne gebraucht werden. Daher kann der Begriff der Delegation auch im Bereich der Verlagerung von Rechtsetzungsmacht von der tariflichen auf die betriebliche Ebene verwendet werden. Die Tarifvertragsparteien als Deleganten übertragen ihre Regelungsmacht an einen Delegatar. Der Delegatar setzt also im Falle der Delegation tariflicher Rechtsetzungsmacht Tarifnormen. Handelt es sich beim Delegatar um die Betriebsparteien, würden sie nicht aufgrund eigener Kompetenz, sondern aufgrund der Kompetenz der Tarifvertragsparteien tätig.

Teilweise wird jedoch der oben beschriebene Vorgang des Aufhebens der Tarifsperre und das Wiederaufleben der originären Kompetenz auch als „Delegation"

---

156 BAG, 18. 8. 1987, BAGE 56, 18, 29; BAG, 20. 8. 1991, EzA § 77 BetrVG 1972 Nr. 41 S. 14

157 Eichhorn Tarifvertragliche Bestimmungsklauseln, S.108; Heisig, Arbeitsentgelt und Arbeitszeitregelungen, S. 329; Maus, Erweiterung von Mitbestimmungsrechten des Betriebsrates, S. 82, 101; Meier-Krenz, Die Erweiterung der Beteiligungsrechte des Betriebsrates durch Tarifvertrag, S.6; Ruoff, Die Flexibilisierung der Tarifverträge, S. 93; Schacker, Öffnungsklauseln in Gesetzen und Tarifverträgen, S. 177; Staschik, Grundfragen zur Betriebsvereinbarung, S. 136; Sontowski, Löhne in der Unternehmenskrise, S. 107; Tyska ArbuR 1985, 276, 278.

158 Badura, Staatsrecht, F. Rz. 1.

bezeichnet.[159] Dies sollte aber wegen der sich daraus ergebenden begrifflichen Unklarheit scharf unterschieden werden, denn der methodische Nutzen von Begriffsbildungen liegt darin, dass Tatbestände präziser gefasst und Rechtsfolgen klarer gekennzeichnet werden können.[160]

II. Zulässigkeit der Delegation tariflicher Regelungskompetenz

Bevor eine Einordnung der tariflichen Öffnungsklauseln unter den Rechtsvorgang der Delegation überprüft werden kann, muss geklärt werden, ob eine Delegation tariflicher Rechtsetzungsbefugnis grundsätzlich möglich ist.

1. Fehlende Delegationsermächtigung

Das Tarifvertragsgesetz enthält keine ausdrückliche Aussage über die Delegation tariflicher Rechtsetzungsmacht. Auch im Betriebsverfassungsgesetz findet sich keine Rechtsnorm, aus der die Tarifvertragsparteien zur Übertragung ihrer Rechtsetzungsbefugnis ermächtigt werden. Daher könnte man mangels einer Delegationsnorm die Delegation tariflicher Rechtsetzungsbefugnis auf Dritte ablehnen.[161]

Entgegen der Staatsrechtslehre, die in Art. 80 GG eine Delegation nur aufgrund ausdrücklicher Ermächtigung zulässt, kann aus dem Schweigen des Gesetzes aber noch nicht der Schluss gezogen werden, dass den Tarifparteien eine Delegationsbefugnis fehlt. Denn der Schutzzweck des Art. 80 GG ist bei der Tarifautonomie nur eingeschränkt anwendbar. Während Art. 80 GG über die Bestimmtheit der gesetzlichen Ermächtigung die Legitimität der Normsetzung garantieren will, besteht bei den Koalitionen die Möglichkeit der Einflussnahme innerhalb des Verbandes .[162]

Aus dem Fehlen einer Delegationsnorm kann daher nicht auf eine Unzulässigkeit einer Delegation tariflicher Regelungsbefugnis durch die Koalitionen geschlossen werden.

2. Keine unzulässige Subdelegation

Art. 9 Abs. 3 GG wird teilweise als Delegationsnorm verstanden, durch die der Staat die Rechtsetzungskompetenz im Bereich der Arbeits- und Wirtschaftsbedingungen auf die Koalitionen übertragen hat. Eine weitere Delegation von

[159] Schwarze, Der Betriebsrat im Dienste der Tarifvertragsparteien, S. 287.
[160] Larenz, Methodenlehre, S. 441.
[161] Bartholomä, Regelungsumfang und Geltungswirkung tarifergänzender Betriebsvereinbarungen, S. 58.
[162] Schwarze, Der Betriebsrat im Dienste der Tarifvertragsparteien, S. 294.

Rechtsetzungsmacht durch die Tarifpartner könnte sich daher als eine unzulässige Subdelegation nach dem Grundsatz „delegata potestas non potest delegari" darstellen.[163] Grundlage dieser Argumentation ist die Meinung, dass eine Delegation der tariflichen Rechtsetzungsbefugnis von Seiten des Staates an die Koalitionen vorliegt. Es besteht aber Streit darüber, ob die tarifliche Rechtsetzungsbefugnis durch Delegation vom Staat auf die Tarifpartner übertragen wurde.

Den Koalitionen könnte bereits originär die Befugnis zur Rechtsetzung zustehen. Diese sogenannte Originärtheorie[164] berücksichtigt zutreffend die geschichtliche Entwicklung der Tarifordnung ohne staatliche Mitwirkung. Bereits vor einer staatlichen Regelung hatten die Tarifvertragsparteien diese Aufgabe übernommen. Eine Ordnung des Bereiches der Arbeitsbedingungen durch Tarifverträge war zeitlich vor einer gesetzlichen Regelung des Tarifwesens erfolgt. Daher sei die Tarifautonomie originär entstanden und nicht vom Staat delegiert, sondern nur respektiert.[165] Dem ist aber entgegenzuhalten, dass das Tarifvertragssystem sich nicht hätte durchsetzen können, wenn es seitens der staatlichen Rechtsordnung nicht anerkannt worden wäre.[166] Folglich scheint die Delegationstheorie überzeugender, nach der den Koalitionen ihre Kompetenz durch den Staat eingeräumt wurde.

Die früher vorherrschende Meinung vertritt die Ansicht, dass die Regelungskompetenz der Tarifpartner auf staatlicher Delegation beruht. Die Geltung der Tarifverträge liegt nach Auffassung des Bundesarbeitsgerichts in der Koalitionsmittelgarantie des Art. 9 Abs. 3 GG begründet.[167] Auch eine gewichtige Meinung in der Arbeitsrechtswissenschaft teilt diese Ansicht.[168] Allerdings geben ihre Vertreter verschiedene Begründungen. Gemeinsam ist allen Ausformungen der Delegationstheorie, dass der Staat seine Rechtsetzungsbefugnis an die Sozialpartner übertragen habe und diese von den Koalitionen wie staatliche Gewalt in ihrem eigenen Namen ausgeübt wird. Die Delegationstheorie sagt

---

[163] Baumann, Die Delegation tariflicher Rechtsetzungsbefugnisse. S. 42 f. m. w. N.

[164] Herschel in Festschrift für Bogs, S.130; Schneider in Festschrift für Möhring, S. 524; Söllner ArbuR 1966, 257, 259 ff.

[165] Söllner ArbuR 1966, 257, 260.

[166] Adomeit, Rechtsquellenfragen, S. 134 ff.

[167] BAG, 15. 1. 1955, AP Nr. 4 zu Art. 3 GG; BAG, 23. 3. 1957, AP Nr. 16 und 18 zu Art. 3 GG; BAG, 20. 6. 1958, AP Nr. 2 zu § 1 TVG Rückwirkung; BAG., 16. 2. 1962, AP Nr. 12 zu § 3 TVG Verbandszugehörigkeit; BAG, 29. 11. 1967, AP Nr. 13 zu Art. 9 GG.

[168] Adomeit, Rechtsquellenfragen, S. 134 ff.; Biedenkopf, Tarifautonomie, S. 103 ff.; Gamillscheg, Kollektives Arbeitsrecht, § 15 III 2 a, S. 557; Nipperdey in Hueck/Nipperdey, Arbeitsrecht, Band II 1, , § 15 I , S. 239 f., § 18 III, S. 346 ff.; Nikisch, Arbeitsrecht, Band 2, § 61 II 1 S. 68, § 69 II 4, S. 216; Säcker, Grundprobleme der kollektiven Koalitionsfreiheit, S. 74 f.; Säcker/Oetker, Tarifautonomie, S. 102 ff.

jedoch nicht notwendigerweise aus, dass dem Koalitionsbeitritt keine legitimierende Wirkung mehr zukomme. Neben der staatlichen Anerkennung kann als weiterer zusätzlicher Geltungsgrund der Koalitionsbeitritt stehen.[169]

Die Delegationstheorie wird aber auch kritisch hinterfragt. Dabei wurde vorgebracht, dass die Delegationstheorie nicht befriedigend erklären könne, warum Tarifnormen nur für die Mitglieder der Koalitionen unmittelbar und zwingend wirken. Ein weiteres Argument gegen die Delegationstheorie sei, dass die Voraussetzungen des Art. 80 GG nicht gewahrt sind[170] und auch keine Staatsaufsicht im Bereich des Tarifvertragswesens eingerichtet wurde. Insbe-sondere die Vertreter der Lehre von der mitgliedschaftlichen Legitimation wenden sich gegen die Delegationstheorie, da sie die Vereinbarung von Regelungen durch die Tarifvertragsparteien und die Wirkungen der Tarifverträge in der privatautonomen Unterwerfung der Koalitionsmitglieder begründet sehen.[171] In zwei neueren Entscheidungen hat sich das Bundesarbeitsgericht dieser Auffassung angeschlossen.[172] *Waltermann* lehnt die Delegationstheorie ab, weil die Regelung der Arbeits- und Wirtschaftsbedingungen keine primäre Staatsaufgabe ist sondern dafür bereits gem. Art. 9 Abs. 3 GG die Koalitionen zuständig sind.[173] Mit der fehlenden Übertragbarkeit der Voraussetzungen und Rechtsfolgen des Delegationsbegriffs aus dem Staatsrecht auf das Tarifvertragswesen begründet *Kirchhof* seine Kritik an der Delegationstheorie.[174]

Es wird zudem eingewendet, dass Art. 9 Abs. 3 GG den Staat nur verpflichte, den Koalitionspartnern Mittel zur effektiven Gestaltung der Arbeits- und Wirtschaftsbedingungen zur Verfügung zu stellen. Es werde keine staatliche Kompetenz übertragen, sondern private Rechtsetzungsmacht anerkannt und mit rechtlicher Verbindlichkeit versehen.[175]

Auch nach der Anerkennungstheorie des Bundesverfassungsgerichts erkennt das Grundgesetz die Normsetzungsbefugnis der Koalitionen an und diese wird durch das Tarifvertragsgesetz ausgeformt.[176] Jene Auffassung ist zwar überzeugend, lässt letztlich aber die Entscheidung offen, ob die Normsetzung als hete-

---

169 Wiedemann in Wiedemann, TVG, § 1 Rz. 43.

170 Schneider in Festschrift für Möhring, S. 524.

171 Richardi in Münchner Handbuch, Band 3, § 240 Rz. 21, 25 m. w. N.

172 BAG, 25. 2. 1998, NZA 1998, 715, 716; BAG, 11. 3. 1998, NZA 1998, 716, 718 f.

173 Waltermann ZfA 2000, 53, 65; Waltermann in Festschrift für Söllner, S. 1251, 1256 ff.

174 Kirchhof, Private Rechtsetzung, S. 163 ff.

175 Scholz in Maunz/Dürig, GG, Stand: Februar 1999, Art. 9 Rz. 301.

176 BVerfG, 27. 2. 1973, BVerfGE 34, 307, 316 f.; BVerfG, 24. 5. 1977, BVerfGE 44, 322, 340; BVerfG, 14. 6. 1983, BVerfGE 64, 208, 215.

ronom staatlich oder als autonom privat anzusehen ist.[177] Daher kann sie die Frage nach einer Delegation nicht abschließend klären.

Die Kontroverse um die Delegationstheorie kann jedoch offen bleiben, denn auch wenn man der Delegationstheorie zustimmt, greift bei einer Delegation tariflicher Rechtsetzungsmacht das Verbot der Subdelegation nicht, denn es wird keine staatliche Kompetenz übertragen, sondern nur den Koalitionen eine Regelungsmacht verliehen. Die Tarifvertragsparteien vervollständigen keine staatlichen Gesetze, sondern setzen eigenes Recht. Es liegt daher keine Delegation im Sinne einer Kompetenzverlagerung vor. Eine in dieser Weise interpretierte „Delegationstheorie" hindert eine Delegation der tariflichen Rechtsetzungsbefugnis durch die Koalitionen nicht. In der Weise, wie der Gesetzgeber durch das Tarifvertragsgesetz die Tarifpartner mit Rechtsetzungsmacht ausgestattet hat, können sich die Koalitionen nicht verhalten, da sie nicht die Macht zur Gesetzgebung haben. Es wird durch eine Delegation der tariflichen Rechtsetzungskompetenz keine Rechtsetzungsautonomie gewährt, sondern es werden Dritte in die tarifliche Regelung einbezogen.[178]

So steht das Verbot der Subdelegation einer Delegation tariflicher Regelungsmacht nicht entgegen.

3. Art. 9 Abs. 3 GG als unabänderliche Kompetenzordnung

Die Delegation tariflicher Rechtssetzungsmacht könnte auch dann unzulässig sein, wenn durch Art. 9 Abs. 3 GG eine Kompetenz der Tarifvertragsparteien festgeschrieben ist, die nicht abgeändert werden darf. Eine Ermächtigung Dritter zum Abschluss von Tarifverträgen ist durch Art. 9 Abs. 3 GG ausgeschlossen. Einem Dritten kann nicht durch Ermächtigung die Tariffähigkeit zugesprochen werden. Die Delegation tariflicher Regelungskompetenz führt aber nicht dazu, dass der Delegatar selbst Tarifverträge abschließt, sondern er trifft Regelungen, die dem Rang nach unter dem Tarifvertrag stehen. Eine Ergänzung auf anderer Ebene ist also möglich.[179]

Diese Feststellung führt aber zur Frage, inwieweit Kompetenzen übertragen werden können und ob nicht eine sachliche Regelung durch die Tarifparteien selbst notwendig ist. Diese Frage ist getrennt von der Frage nach der Wirkungsweise tariflicher Öffnungsklauseln zu betrachten. Erst nach der Festlegung der Wirkungsweise können Grenzen einer Verlagerung tariflicher Rechtsetzungsmacht mittels tariflicher Öffnungsklauseln gründlich behandelt werden.

---

177 Wiedemann in Wiedemann, TVG, § 1 Rz. 46.

178 so auch Baumann, Die Delegation der tariflichen Rechtsetzungsbefugnisse, S. 43 ff.

179 Baumann, Die Delegation tariflicher Rechtsetzungsbefugnisse, S. 45 f.

Die Kompetenzordnung des Art. 9 Abs. 3 GG hindert damit nicht grundsätzlich eine Delegation tariflicher Regelungsmacht, sondern kann höchstens zur Bestimmung der Grenzen einer Verlagerung herangezogen werden.

III. Wirkungsweise dynamischer Verweisungen und tariflicher Bestimmungsklauseln als Anhaltspunkt

Im folgenden werden weitere mögliche Anwendungsbeispiele für eine Delegation tariflicher Rechtsetzungsmacht überprüft. Sowohl dynamische Verweisungen als auch tarifliche Bestimmungsklauseln könnten über eine Delegation tariflicher Rechtsetzungsmacht wirken. Wenn diese beiden Rechtsinstitute als Delegation tariflicher Rechtsetzungsmacht eingeordnet werden können, könnte sich die Wirkungsweise der Delegation als übergeordnetes Prinzip ergeben. Mittels so gefundener Ergebnisse ließe sich die Frage nach einer Einreihung tariflicher Öffnungsklauseln hinsichtlich der Wirkungsweise sicherer beantworten.

1. Dynamische Verweisungen

Wie bereits oben festgestellt, ergeben sich zumindest keine praktischen Abgrenzungsprobleme zwischen dynamischen Verweisungen und tarifvertraglichen Öffnungsklauseln zugunsten der betrieblichen Ebene, da ein Tarifvertrag nicht auf eine Betriebsvereinbarung verweisen wird.

Es könnte aber sowohl den dynamischen Verweisungen in Tarifverträgen als auch den tariflichen Öffnungsklauseln eine gemeinsame Wirkungsweise zugrunde liegen. Dabei könnte es sich um das Prinzip der Delegation handeln. Wenn aber sowohl dynamische Verweisungen in Tarifverträgen als auch tarifliche Öffnungsklauseln als Delegation tariflicher Rechtsetzungsmacht einzuordnen sind, könnte die Grenzziehung bei der Zulässigkeit tarifvertraglicher Öffnungsklauseln anhand der gleichen Kriterien wie bei dynamischen Verweisungen erfolgen.

In der früheren Rechtsprechung des Bundesarbeitsgerichts wurde bei dynamischen Verweisungsnormen vom Vorliegen einer Delegation ausgegangen. Eine solche Delegation wurde als unzulässig angesehen, da die Tarifpartner selbst Normen setzen sollten und das Prinzip der Tarifeinheit gefährden würden.[180]

---

[180] BAG, 27. 7. 1956, BAGE 3, 303, 308.

In der neueren Rechtsprechung wird keine Delegation mehr angenommen, dennoch werden Grenzen für dynamische Verweisungen festgelegt.[181] Formal bestehen zwischen einer dynamischen Verweisung und einer Delegation gravierende Unterschiede. Durch eine Delegation wird der eigene Aufgabenbereich vollständig auf den Delegatar übertragen. Bei einer dynamischen Verweisung ändert sich zwar nichts an der Rechtsmacht der Beteiligten, aber die tatsächlichen Auswirkungen kommen der Rechtslage bei einer Delegation sehr nahe. Insoweit spricht ein Teil der Literatur auch von versteckter Delegation, da eine Übertragung von Rechtsetzungsbefugnis stattfindet.[182]

Eine vollständige Gleichsetzung von Delegation und Verweisung ist aber abzulehnen. Der Delegatar wird bevollmächtigt, eigene Normen für den Kompetenzbereich des Delegierenden zu setzen. Bei Verweisungsnormen begibt sich der Verweisende nicht seiner Regelungsbefugnis, er bleibt Herr der Verweisungsnorm. Zudem erlässt der fremde Rechtsetzer nicht vorrangig Normen im Bereich der Verweisungsnorm, sondern er kommt hauptsächlich seinen eigenen Aufgaben nach. Er handelt also primär in seinem originären Befugnisbereich. Es erscheint als unwahrscheinlich, dass die Tarifvertragsparteien eine Norm, auf die ein fremder Tarifvertrag Bezug nimmt, nur deshalb setzen, um auf einen fremden Regelungsbereich Einfluss zu gewinnen. Daher ist die Gefahr eines Missbrauchs beim Vorliegen einer Delegation als gering einzuschätzen.[183]

Dynamische Verweisungen sind daher nicht direkt als Delegation tariflicher Regelungsmacht einzuordnen. Ob eine entsprechende Anwendung der Grundsätze für dynamische Verweisungen auf tarifvertragliche Öffnungsklauseln, auch wenn eine unterschiedliche Wirkungsweise vorliegt, möglich ist, soll im Rahmen einer Regelungsverpflichtung aus Art. 9 Abs. 3 GG geklärt werden.

2. Tarifliche Bestimmungsklausel

Bevor auf die Wirkungsweise von tarifvertraglichen Bestimmungsklauseln eingegangen werden kann, sollen sie kurz dargestellt und von tariflichen Öffnungsklauseln abgegrenzt werden.

a) Abgrenzung zu Öffnungsklauseln

In einer Bestimmungsklausel wird üblicherweise der Arbeitgeber zur Konkretisierung einer Tarifnorm ermächtigt. Es können aber auch beide Betriebsparteien dazu ermächtigt werden.[184]

---

[181] BAG, 9. 7. 1980, AP Nr. 7 zu § 1 TVG ; BAG, 10. 11. 1982, AP Nr. 8 zu § 1 TVG.

[182] Hamacher, Deklaratorische und konstitutive Klauseln in Tarifverträgen. S. 89 f.

[183] Hamacher, Deklaratorische und konstitutive Klauseln in Tarifverträgen. S. 92.

[184] Kittner, Festschrift Schaub, S. 387, 401.

Nach der Auffassung von *Eichhorn* sollen sich Öffnungsklauseln von den Bestimmungsklauseln darin unterscheiden, dass sie Teil eines grundsätzlich alle Fragenbereiche abdeckenden Tarifvertrages sind, bestimmte Regelungen aber zur Abänderung freigeben. Demgegenüber fehle es bei Bestimmungsklauseln in der Regel an einer abschließenden Regelung aller Fragenbereiche im Tarifvertrag.[185]

Diese Abgrenzung ist m. E. nicht überzeugend, da sie beispielsweise Korridorlösungen nicht als Öffnungsklauseln anerkennen würde. Überzeugender erscheint die Ansicht, die in Bestimmungsklauseln nur den Vollzug und die Ausführung der Tarifnormen im konkreten Einzelfall durch einen Dritten sehen will.[186] Auch wird die Abgrenzung von *Eichhorn* nicht konsequent weiterverfolgt. Denn zutreffend wird erkannt, dass bei der tarifvertraglichen Öffnungsklausel die Ausfüllung eines offengelassenen Regelungsbereiches durch eine Betriebsvereinbarung vorgenommen wird. Die im Rahmen einer Bestimmungsklausel getroffenen Absprachen für die betriebseinheitlichen Regelungen sind einer Betriebsvereinbarung nur ähnlich. Es liegt eine Ähnlichkeit aber lediglich dem äußeren Anschein nach vor. Es handelt sich nicht um Betriebsvereinbarungen im Sinne des Betriebsverfassungsgesetzes mit der normativen Wirkung gemäß § 77 Abs. 4 Satz 1 BetrVG. Bei tariflichen Bestimmungsklauseln sei der Arbeitgeber rechtstechnisch der alleinige Adressat und der Betriebsrat sei lediglich zur Mitwirkung berufen. Bei einer Betriebsvereinbarung im betriebsverfassungsrechtlichen Sinne treten sich die Betriebsparteien jedoch als formal gleichberechtigte Abschlussparteien gegenüber.[187]

b) Frage nach der Regelungsebene

Damit ergeben sich auch Vorgaben für die Frage, auf welchen Ebenen die durch das Gebrauchmachen von tariflichen Bestimmungsklauseln erzielten Regelungen Rechtswirksamkeit erlangen. Denkbar wären die Tarifebene oder die Betriebsebene, wenn Arbeitgeber und Betriebsrat die Bestimmung vornehmen. Das anerkannte Regelungsmodell für tarifliche Bestimmungsklauseln folgt den §§ 315ff BGB. Dies ist der Grund, warum eine Delegation tariflicher Regelungsmacht im Zusammenhang mit tariflichen Bestimmungsklauseln erst in jüngerer Zeit diskutiert wurde.

Die Zulässigkeit tariflicher Bestimmungsklauseln wird aus den §§ 315ff BGB hergeleitet. Tarifliche Inhaltsnormen können den gleichen möglichen Regelungsinhalt haben, wie der Inhalt, den Arbeitsvertragsparteien im Arbeitvertrag

[185] Eichhorn, Tarifvertragliche Bestimmungsklauseln, S. 23 f.
[186] Wiedemann in Wiedemann, TVG, § 1 Rz. 203, 211, 265.
[187] Eichhorn, Tarifvertragliche Bestimmungsklauseln, S. 32.

festlegen können. Wenn also die Arbeitsvertragsparteien die Konkretisierung des Arbeitsvertragsinhalts einer Vertragspartei oder einem Dritten übertragen können, sollen auch die Tarifvertragsparteien dazu befugt sein. Somit können die Tarifvertragsparteien dem Betriebsrat und dem Arbeitgeber die Bestimmung der Arbeitsbedingungen gem. §§ 315ff BGB übertragen. Da aber die tarifliche Normsetzung nach der Auffassung von *Schwarze* durch den Schutz der Arbeitnehmerinteressen begründet sein soll, die §§ 315ff BGB aber von Selbstbestimmung und Parität der Vertragspartner ausgehen, sollen die Zulässigkeit und der Umfang einer "Entscheidungsübertragung" nicht über §§ 315ff BGB bestimmt werden können.[188]

Dagegen ist aber einzuwenden, dass tarifliche Normen auch das Ergebnis tarifpolitischer Auseinandersetzungen sind und nicht stets als Schutznormen für Arbeitnehmerinteressen angesehen werden können.

Die Annahme einer Delegation bei tariflichen Bestimmungsklauseln könnte aber auch daran scheitern, dass dem Delegatar, also den Betriebsparteien, nur in sehr geringem Umfang Regelungsmacht übertragen wird. Wenn die Anwendung oder Konkretisierung einer unbestimmten tariflichen Norm im Einzelfall nur eine einzige Auslegung zulässt und diese zudem gerichtlich zu überprüfen ist, würde die Entscheidung über den betreffenden unbestimmten Rechtsbegriff bereits von den Tarifvertragsparteien getroffen und diese wird von den Betriebsparteien letztlich nur umgesetzt. Diese Erwägungen überzeugen *Schwarze* nicht. Er geht davon aus, dass jede noch so geringe Entscheidungsbefugnis die Übertragung von Regelungsmacht darstellt. Zwar könnte der betroffene Arbeitnehmer seinen Anspruch auf Lohn auch ohne eine Konkretisierung gerichtlich durchsetzen. Der Einigung zwischen Arbeitgeber und Betriebsrat komme aber eine faktische Wirkung zu.[189] Im Gegensatz dazu geht *Galperin* davon aus, dass nur bei einer tariflichen Bestimmungsklausel, die die Entscheidung des Arbeitgebers und des Betriebsrates ausdrücklich in deren freies Belieben stellt, eine Delegation vorliegen könne. Sofern aber in billigem Ermessen entschieden werden soll, scheide eine Delegation aus.[190]

Gegen die Annahme einer Delegation bei tariflichen Bestimmungsklauseln spricht auch, dass bei Bestimmungsklauseln bereits Rahmenvorgaben und Leitlinien vorgegeben sind. Diese legen fest, in welchem Umfang der vorgegebene Spielraum ausgefüllt werden darf. Daher ist die Handlungsebene maßgeblich, die die eigentliche Regelung trifft. Es handelt sich dabei um die Tarifebene, da

---

[188] Schwarze, Der Betriebsrat im Dienste der Tarifvertragsparteien, S. 292.
[189] Schwarze, Der Betriebsrat im Dienste der Tarifvertragsparteien, S. 289 f.
[190] Galperin BB 1960, 453, 455.

sie die Entscheidung der Betriebsparteien weitgehend vorgibt. Um so mehr gilt dies, wenn die Entscheidung sogar gerichtlich überprüft werden kann. Dann wird auch keine Rechtsetzungsbefugnis von der Tarifebene auf eine andere Ebene übertragen.[191]

Überzeugend ist die Ansicht *Wiedemanns*, der eine Delegation nur dann annehmen will, wenn eine eigenständige Regelung vorzunehmen ist. Als nicht ausreichend sieht er es an, wenn anderen Personen nur die Anwendung oder der Vollzug überlassen wird. Dazu zählt er auch die Bestimmungsklauseln. Hierbei entstehe keine rangniedere Regelung, sondern die Tarifnorm wird nur angewendet.[192]

Auch das Erklärungsmodell über die §§ 315ff BGB steht einer Delegation entgegen. Diese dogmatische Grundlage ist für eine Leistungsbestimmung im Einzelfall geeignet, jedoch nicht für eine Ermächtigung zur Eigenregelung. Die Rechtsprechung zieht die §§ 315, 317 BGB entsprechend heran. Zumindest von einer eingeschränkten Eignung ist sowohl aufgrund ihrer Voraussetzungen, als auch aufgrund ihrer Rechtsfolgen auszugehen.[193] Dem stimmt die Literatur weitgehend zu.[194] Ob Arbeitgeber und Betriebsrat Dritter im Sinne von § 317 BGB sind, könnte fraglich sein, da der Arbeitgeber zwar nicht Vertragspartei des Verbandstarifvertrages ist, aber Partei des Arbeitsvertrages, dessen Inhalt durch die Bestimmungsklausel festgelegt wird. Da zumindest der Betriebsrat als Dritter angesehen werden kann, ist es gerechtfertigt, den § 317 BGB entsprechend anzuwenden.[195] Bei einer entsprechenden Anwendung der §§ 315ff BGB ist ein Gleichklang mit der Ausübung des zivilrechtlichen Bestimmungsrechts herzustellen. Bei zivilrechtlichen Bestimmungsklauseln wird aber ebenfalls nicht von einer Rechtsetzung auf der Ebene des Bestimmungsadressaten ausgegangen.[196] Jedoch muss eine Bestimmungsklausel nach Adressat und Voraussetzungen hinreichend konkret sein, ansonsten ließe sie sich nicht aus- und durchführen.

Bei einer tariflichen Bestimmungsklausel wird folglich nur der Tarifvertrag mit seiner Bestimmung im Einzelfall angewendet. Die Betriebsparteien als Dritte nehmen keine eigene Regelung vor. Zusammengefasst stellt die Ausübung einer

---

[191] so auch Eichhorn, Tarifvertragliche Bestimmungsklauseln, S. 69.
[192] Wiedemann in Wiedemann, TVG, § 1 Rz. 203 f.
[193] Wiedemann in Wiedemann, TVG, § 1 Rz. 211 f. m. w. N.
[194] Eichhorn, Tarifvertragliche Bestimmungsklauseln, S. 66 f.; Spiler, Tarifliches Betriebsverfassungsrecht, S. 222 ff.; Staschik, Grundfragen zur Betriebsvereinbarung; S. 178; Wiedemann in Wiedemann, TVG, § 1 Rz. 212.
[195] Spiler, Tarifliches Betriebsverfassungsrecht, S. 225 f.
[196] Eichhorn, Tarifvertragliche Bestimmungsklauseln, S. 69.

Bestimmungsklausel den Vollzug einer tariflichen Norm dar und eine Öffnungsklausel ermöglicht den Betriebsparteien eine Regelung. Damit ist auch die Frage nach der Wirkungsweise tariflicher Bestimmungsklauseln geklärt. Es liegt bei einer tariflichen Bestimmungsklausel keine Delegation tariflicher Rechtsetzungsmacht vor.

Bei einer konkreten Ausformung des Tarifvertrages, in der der Betriebsrat mitwirkt, stellt sich nun die Frage, ob es sich um eine Ergänzung des Tarifvertrages durch Regelung oder nur um dessen Durchführung handelt. Danach bestimmt sich, ob eine tarifliche Öffnungsklausel oder eine tarifliche Bestimmungsklausel vorliegt. Eine Antwort kann im Einzelfall nur durch Auslegung des Tarifvertrages gefunden werden.

c) Zwischenergebnis

Damit ist als Ergebnis festzuhalten, dass beim Vollzug tariflicher Bestimmungsklauseln keine Regelung auf der betrieblichen Ebene getroffen wird. Vielmehr wird die Tarifnorm im Einzelfall vollzogen. Eine Delegation als Wirkungsweise bei tarifvertraglichen Bestimmungsklauseln scheidet daher aus. Die konkrete Zuordnung einer tarifvertraglichen Klausel, entweder als Bestimmungs- oder als Öffnungsklausel, kann nur mittels Auslegung geschehen. Hinsichtlich des Leber-Rüthers-Kompromisses wird dies im Rahmen der rechtlichen Einordnung erfolgen.

Da sowohl die dynamischen Verweisungen, als auch die tarifvertraglichen Bestimmungsklauseln hinsichtlich ihrer Wirkungsweise nicht als Delegation tarifvertraglicher Rechtsetzungsmacht anzusehen sind, kann zumindest ein den einzelnen Ausgestaltungen des Tarifvertrags übergeordnetes Prinzip ausgeschlossen werden. Damit ist auch kein Anhaltspunkt für eine gemeinsame Behandlung der verschiedenen Ausgestaltungsformen von Tarifnormen, die eine Mitwirkung Dritter ermöglichen, gefunden. Für die Einordnung der Wirkungsweise tarifvertraglicher Öffnungsklauseln konnte kein Anhaltspunkt erarbeitet werden, die Frage der Einordnung ist weiter offen.

IV. Einordnung tariflicher Öffnungsklauseln als Delegation

Einige Stimmen in der Literatur vertreten die Ansicht, dass der Leber-Rüthers-Kompromiss als Delegation einzuordnen ist. Davon ausgehend hat sich die Auffassung entwickelt, dass tarifliche Öffnungsklauseln nach § 77 Abs. 3 Satz 2 BetrVG als Delegation tariflicher Normsetzungsbefugnis anzusehen sind.

Obwohl das Bundesarbeitsgericht in der Entscheidung zum Leber-Rüthers-Kompromiss eine Delegation abgelehnt hat, ordnet ihn *Wiedemann* in diesen

Zusammenhang ein.[197] Er sieht im Urteil des Bundesarbeitsgerichts keine ausreichende Begründung für eine Ablehnung des Rechtsvorgangs der Delegation bei tariflichen Öffnungsklauseln. Er kritisiert, dass bei der vom Bundesarbeitsgericht beschriebenen Wirkungsweise die Folgen für Inhalt und Umfang der Öffnungsklauseln nicht nachgewiesen wurden. Die tariflichen Öffnungsklauseln sollen nicht nur eine Freigabe der Regelung durch die Aufhebung des Tarifvorrangs gemäß § 77 Abs. 3 Satz 1 BetrVG bewirken, sondern sie würden auch eine mit einem Auftrag verbundene Ermächtigung an die Betriebspartner enthalten, Regelungen nach tariflichen Vorgaben zu verfassen. Die Tarifvertragsparteien würden ihr Mandat zur Regelung an die Betriebsparteien weitergeben. Bei einer weiteren Fassung des Begriffs der Delegation lassen sich Öffnungsklauseln im Bereich der Delegation ansiedeln, die eine Auftragsermächtigung bezwecken und damit die Ergänzung oder Abänderung der ursprünglichen Regelung durch einen anderen Rechtsträger mit eigener Regelungsqualität ermöglicht.[198]

1. Begründung nach *Baumann*

Eine ausführlichere Begründung dafür, dass eine Öffnungsklausel im Sinne des § 77 Abs. 3 Satz 2 BetrVG als Fall der Delegation einzuordnen sein könnte, gibt *Baumann.*[199]

a) Der Wortlaut der Vorschrift spräche dafür, dass die Bedeutung „Zulassen" in diesem Rahmen einer tariflichen Ermächtigung entspricht. Aufgrund von fehlenden Unterscheidungsmerkmalen und vorhandenen Gemeinsamkeiten eines Bestimmungsrechts und einer ergänzenden Betriebsvereinbarung geht *Baumann* davon aus, dass beide als deckungsgleich anzusehen sind. Gegen diese Auffassung könnte aber der Wortlaut hinsichtlich des Begriffs der „Betriebsvereinbarung" sprechen. Nach der gesetzlichen Konzeption mit der Wirkung des § 77 Abs. 4 Satz 1 BetrVG würde bei einer Betriebsvereinbarung eine Delegation ausscheiden, da alle Arbeitnehmer eines Betriebes von der Wirkung einer Betriebsvereinbarung erfasst werden. Daher stellt sich die Frage, ob in der Beziehung zu § 77 Abs. 3 Satz 2 BetrVG der Begriff der „Betriebsvereinbarung" anders als im gesetzlichen Verständnis zu begreifen ist. *Baumann* vertritt die Auffassung, dass eine Betriebsvereinbarung zulässig ist, deren Geltung sich auf die tarifgebunden Arbeitnehmer beschränkt und ihre Grundlage nicht im Gesetz, sondern im Tarifvertrag findet. Eine solche Betriebsvereinbarung ist keine Al-

---

197 Wiedemann in Wiedemann, TVG, § 1 Rz. 204 ff. m. w. N.

198 Wiedemann, Festschrift Hanau, S. 611 ff.

199 Baumann, Die Delegation tariflicher Rechtsetzungsbefugnisse, S. 90 ff.

ternative zum Tarifvertrag, sondern als Ausführungsbestimmung kommen ihr tarifliche Rechtsfolgen zu.

b) Auch aus der Systematik zwischen Satz 1 und Satz 2 in § 77 Abs. 3 BetrVG soll die Bedeutung als Ermächtigung im Sinne einer Delegation zu erschließen sein. Aus Satz 2 ließe sich ableiten, dass die Sperrwirkung auch durch Tarifverträge ausgelöst werden kann, die noch ergänzungsbedürftig sind. Ohne eine solche Sperrwirkung würde dem Satz 2 kein Anwendungsbereich verbleiben, da er keine Sperrwirkung aufheben kann, sofern Satz 1 bei ergänzungsbedürftigen Tarifverträgen eine solche Sperrwirkung nicht entfalten würde.
c) Auch der Zweck des Tarifvorranges spreche dafür, die Öffnungsklausel des § 77 Abs. 3 Satz 2 BetrVG als Fall der Delegation zu interpretieren. Die Annahme über § 77 Abs. 3 Satz 2 BetrVG bedeute nur eine Aufhebung der Sperrwirkung, führe zu einer Verstärkung des gesetzlichen Betriebsverfassungsrechts, was dem Tarifvorrang nicht entspreche. Satz 2 sei keine Ausnahme, sondern Ausdruck, dass mittels tariflicher Regelungen die gesetzlichen Befugnisse völlig verdrängt wurden.
Damit ist für *Baumann* belegt, dass über § 77 Abs. 3 Satz 2 BetrVG neue Befugnisse des Betriebsrates begründet werden. Die im Wortlaut angesprochene Betriebsvereinbarung sei eine Betriebsvereinbarung kraft tariflicher Delegation.

2. Weitere Ansichten

Gamillscheg hält sowohl die bloße Freigabe eines Regelungsbereiches in tariflichen Öffnungsklauseln als auch eine Delegation durch Beauftragung für möglich. Bei der Ausgestaltung des Leber-Rüthers-Kompromisses liege eine solche Beauftragung der Betriebsparteien zum Vollzug des Tarifvertrages vor. Für die Durchsetzung dieser Beauftragung fehlten den Tarifvertragsparteien aber die Machtmittel.[200]

Nach der Auffassung von *Scholz*[201] sei eine Delegation wegen der Differenzierungsmöglichkeiten wünschenswert, wobei tarifliche Öffnungsklauseln ausdrücklich in diesem Zusammenhang genannt werden. *Scholz* bezeichnet aber bereits das Zusammenspiel zwischen Regelungen auf der Tarif- und der Betriebsebene als Delegation „in einem allgemeineren Sinne“. Jedoch lehnt er es ab, dass die Tarifpartner die Betriebspartner in die Pflicht nehmen und sie mit ihrer eigenen Regelungsmacht beleihen. Es fehlten alle Voraussetzungen der Beleihung als entsprechend staatsrechtlich zu qualifizierendem Kooperationsverhältnis. Es werden erhebliche Unstimmigkeiten zwischen Tarif- und Be-

[200] Gamillscheg, Kollektives Arbeitsrecht I, § 18 II 2b, S. 811.
[201] Scholz in „Arbeitnehmer oder Arbeitsteilhaber?“, S. 163, 173 f.

triebsautonomie gesehen. Es bestünden unterschiedliche Rechtsetzungsqualitäten, unterschiedliche Rechtsetzungslegitimationen und auch keine Identität der Normsetzungsobjekte sowie auch der Normunterworfenen. Damit wird aber eine Delegation nach der oben gefunden Begrifflichkeit gerade abgelehnt. Im Sinne einer aussagekräftigen Begriffsbildung sollte der Begriff der „Delegation" aber nicht für das Zusammenspiel oder lediglich für die Verlagerung von Kompetenzen zwischen den Tarif- und Betriebspartnern verwendet werden.

Linnenkohl geht bei der Einordnung des Leber-Rüthers-Kompromisses von einer abgeleiteten Regelungskompetenz der Tarifvertragsparteien aus, die Arbeitgeber und Betriebsrat mittels einer ergänzenden Betriebsvereinbarung wahrnehmen.[202] Eine Regelungsbefugnis der Betriebsparteien auf dem Gebiet von Arbeitsentgelt und Arbeitszeit gehöre nicht zu ihrer „eigentlichen Zuständigkeit". Nach der oben getroffenen Begriffsfestlegung entspricht eine abgeleitete Reglungskompetenz aber einer Delegation.

Im Rahmen seiner Bedenken zum Leber-Rüthers-Kompromiss ging auch *Kissel* von einer Wirkung mittels Delegation aus. Die Delegation der tariflichen Regelungskompetenz gefährde das Regelungsmonopol der Tarifvertragsparteien und laufe dem Sinn des Art. 9 Abs. 3 GG zuwider.[203] Mittlerweile dürfte sich aber die Vorstellung eines generellen Delegationsverbotes überholt haben, wie die beschriebenen Versuche, die Delegation rechtlich zu fassen, zeigen.

Frühere Aussagen von *Hoyningen-Huene*[204] ließen die Vermutung aufkommen, dass er hinsichtlich des Leber-Rüthers-Kompromisses von einer Delegation tariflicher Rechtsetzungsmacht ausginge. [205] Darauf deuteten Äußerungen hin, wie die behauptete Schaffung neuer Regelungskompetenzen für die Betriebsebene[206] und einer Ermächtigung der Betriebsparteien durch die Tarifparteien im Bereich der Arbeitszeitregelung[207]. In späteren Veröffentlichungen hat *Hoyningen-Huene* aber dann die originäre Rechtsetzungsbefugnis der Betriebsparteien deutlich bejaht.[208] Eine Delegation wurde ausdrücklich abgelehnt[209] und eine Regelungsbefugnis der Betriebsparteien direkt aus der Betriebsautonomie

---

202 Linnenkohl BB 1988, 1459, 1460; Linnenkohl BB 1989, 2472, 2473.
203 Kissel NZA 1986, 73, 79.
204 Hoyningen-Huene, NZA 1985, 9, 11; Hoyningen-Huene NZA 1985, 169, 170.
205 Buchner DB 1985, 913, 915; Schacker, Öffnungsklauseln in Gesetzen und Tarifverträgen, S. 176.
206 Hoyningen-Huene, NZA 1985, 9, 11.
207 Hoyningen-Huene NZA 1985, 169, 170.
208 Hoyningen-Huene Anmerkung zu BAG AP Nr. 23 zu § 77 BetrVG 1972; Hoyningen-Huene/Maier-Krenz ZfA 1988, 293, 304.
209 Hoyningen-Huene Anmerkung zu BAG AP Nr. 23 zu § 77 BetrVG 1972.

festgestellt[210]. Dieser scheinbare Widerspruch lässt sich dadurch auflösen, dass *Hoyningen-Huene* zunächst nicht ausreichend zwischen der Wirkungsweise der tariflichen Öffnungsklausel und der nachgelagerten Problematik der Erweiterung der Mitbestimmung differenziert hat.[211] Es handelt sich dabei um verschiedenene Problemkreise, da erst nach einer Klärung des Rechtsvorganges beim Vorliegen einer tariflichen Öffnungsklausel deren Grenzen in der Ausgestaltung überprüft werden können. Abschließend lässt sich aber eine Zustimmung von *Hoyningen-Huene* zu dem Erklärungsmodell über das Wiederaufleben einer originären Regelungsbefugnis feststellen.

Auch *Henssler* ordnet Öffnungsklauseln beim Rechtsvorgang der Delegation ein, trotz zwischen Bestimmungsklauseln und Öffnungsklauseln erkannter Unterschiede. Jedoch vermeidet er es, bei Öffnungsklauseln insbesondere von tariflicher Rechtsetzungsbefugnis auf betrieblicher Ebene zu sprechen, wie sie bei Bestimmungsklauseln ausdrücklich genannt wird. Da keine Klärung hinsichtlich des Begriffs der Delegation erfolgt ist, kann eine zweifelsfreie Einordnung der von *Henssler* vertretenen Wirkungsweise im Streit zwischen Delegation und dem Wiederaufleben einer originären betrieblichen Regelungskompetenz nicht vorgenommen werden. Allerdings spricht die Wortwahl als starkes Indiz für Einordnung als Delegation. [212]

Auch unter Berücksichtigung dessen, dass *Richardi* im Leber-Rüthers-Kompromiss überhaupt keine Öffnungsklausel sieht[213], ist die beschriebene Wirkungsweise dem Rechtsvorgang der Delegation zuzuordnen. Die Begründung für das Verneinen einer tariflichen Öffnungsklausel, der tariflichen Regelung zur Arbeitszeit gar keine Sperrwirkung nach § 77 Abs. 3 Satz 1 BetrVG zuzubilligen, da sie keine individuelle wöchentliche Arbeitszeit festlegt, wurde bereits widerlegt. Da *Richardi* auch eine umfassende Regelungsbefugnis der Betriebsparteien bestreitet, hat dies zur Folge, dass er bei tariflichen Öffnungsklauseln konsequent von einer Delegation tariflicher Rechtsetzungsbefugnis ausgeht. Im Leber-Rüthers-Kompromiss liege eine Übertragung der Befugnis der Tarifvertragsparteien auf die Betriebspartner zur Regelung der Arbeitszeit vor.[214] Die Betriebspartner erfüllten eine ihnen von den Tarifvertragsparteien übertragene Regelungsaufgabe. Die durch die Betriebsparteien konkretisierte Tarifvertragsregelung behalte ihren Charakter als Tarifnorm.[215] Auch sieht *Ri-*

---

[210] Hoyningen-Huene/Maier-Krenz ZfA 1988, 293, 304.
[211] so auch Schacker, Öffnungsklauseln in Gesetzen und Tarifverträgen, S. 176.
[212] Henssler ZfA 1994, 487, 497 f.
[213] Richardi ZfA 1990, 211, 223.
[214] Richardi NZA 1984, 387, 388; Richardi NZA 1985, 172, 173.
[215] Richardi ZfA 1990, 211,. 223.

chardi von den Tarifparteien den Betriebspartnern eine Pflicht zur Umsetzung im Leber-Rüthers-Kompromiss auferlegt.[216]

Weitere Autoren in der Literatur gehen ohne nähere Begründung von einer Delegation tariflicher Regelungskompetenz aus.[217] *Kittner* stellt unter Hinweis auf den bestehenden Streit fest, dass tarifvertragliche Öffnungsklauseln über die erweiterte Delegation wirken.[218] Weiterhin wird im Bericht der *Mitbestimmungskommission der Bertelsmann- und Hans-Böckler-Stiftung* im Rahmen einer möglichen Flexibilisierung der Tarifverträge beim Zusammenspiel von Tarif- und Betriebsebene von einer Delegation tariflicher Regelungskompetenzen ausgegangen[219], ohne andere Funktionsmöglichkeiten zu berücksichtigen.

Andere Autoren haben sich im Zusammenhang mit dem Leber-Rüthers-Kompromiss mit der Delegation tariflicher Rechtsetzungsbefugnis auseinandergesetzt und die Delegation als solche abgelehnt, ohne sich mit der Wirkungsweise explizit auseinander zu setzen. *Heinze* geht auf die Delegation ein, lehnt diese aber unter dem Gesichtspunkt der Selbstentmündigung ab.[220] Auch wegen der Inkompatibilität der Betriebsverfassung soll eine Delegation der tariflichen Rechtsetzungsmacht nicht möglich sein. Weiterhin läge ein Widerspruch gegen das Prinzip der Tarifverantwortung vor und die koalitionspolitische Neutralität des Betriebsrates wäre gefährdet.[221] Anderseits will *Zachert* den Rechtsvorgang der Delegation für tarifliche Öffnungsklauseln nicht gelten lassen, aber dennoch die zur Delegation entwickelten Grundsätze übertragen.[222]

V. Zwischenergebnis

Unabhängig von einzelnen Voraussetzungen lässt sich aussagen, dass eine Delegation tariflicher Rechtssetzungsmacht für zulässig erachtet wird. Weiterhin ist festzuhalten, dass eine starke Ansicht in der arbeitsrechtlichen Literatur eine Einordnung der tariflichen Öffnungsklauseln unter dem Gesichtspunkt der Delegation tariflicher Rechtsetzungsmacht auf die betriebliche Ebene vornimmt.

---

216 Richardi ZfA 1990, 211,. 225.

217 Becker AuA 2000, 18, 29; Bertelsmann- und Hans-Böckler-Stiftung, Bericht der Mitbestimmungskommission, 1998, S. 88 f.; Kittner, Festschrift Schaub, S. 387, 392.

218 Kittner, Festschrift Schaub, S. 387, 392.

219 Bertelsmann- und Hans-Böckler-Stiftung, Bericht der Mitbestimmungskommission, 1998, S. 88 f.

220 Heinze NZA 1995, 5, 7.

221 Rieble RdA 1996, 151, 153.

222 Zachert ArbuR 1995, 1, 5; Zachert RdA 1996, 140, 142 f.

C. Eigene Stellungnahme und Zusammenfassung

I. Unterschiede der Wirkungsweisen

Wie obige Ausführungen innerhalb dieses Paragraphen zeigen, kommt es darauf an, die Begriffe Öffnungsklausel und Delegationsklausel genau voneinander abzugrenzen. Es kann keinesfalls eine begründungslose Gleichsetzung dieser Begriffe erfolgen. Eine solche Gleichsetzung kann zum Teil auf der unpräzisen Verwendung des Begriffs der Delegation beruhen. Daher ist der oben beschriebenen Begriffsbildung einer Delegation zuzustimmen, die sich von der staatsrechtlichen Verwendung losgelöst hat. Delegation der tarifrechtlichen Regelungskompetenz bedeutet Übertragung der tariflichen Rechtsetzungsmacht durch die Tarifvertragsparteien auf die Betriebsparteien als Dritte.

Die bisherigen Ausführungen belegen zunächst, dass bei tariflichen Öffnungsklauseln hinsichtlich der Wirkungsweise zwischen dem Wiederaufleben einer originären Regelungsbefugnis der Betriebsparteien und einer Delegation tariflicher Regelungsmacht Unterschiede bestehen. Daher kann der Auffassung, dass es sich nur um ein semantisches Problem handelt, nicht gefolgt werden.[223]

II. Bejahung einer umfassenden Regelungskompetenz

Eine umfassende Regelungskompetenz der Betriebspartner in sozialen Angelegenheiten ist überzeugend. § 88 BetrVG und § 77 Abs. 3 BetrVG stellen im Zusammenhang gelesen eine überzeugende Grundlage für eine umfassende Regelungskompetenz dar. Es sprechen Argumente dafür, sowohl § 77 Abs. 3 BetrVG, als auch § 88 BetrVG jeweils als alleinige Grundlage für eine umfassende Regelungsbefugnis der Betriebsparteien anzusehen. Daher sollen diese beiden einzelnen Paragraphen auch als Ausgangspunkt einer Verknüpfung dienen.

Für § 88 BetrVG als Grundlage für eine umfassende Regelungsbefugnis der Betriebsparteien spricht der Wortlaut mit seiner Formulierung „insbesondere“, die der Beleg für eine nur beispielhafte und nicht erschöpfende Aufzählung von freiwilligen Betriebsvereinbarungen ist. Dagegen wird teilweise die Bedeutung des § 88 BetrVG lediglich als auf die Aufzählung von Beispielen für mögliche Betriebsvereinbarungen beschränkt angesehen.[224] Eine so geringe Bedeutung kann dem § 88 BetrVG aber nicht beigemessen werden, denn § 88 BetrVG wird als ein Ausdruck des Grundprinzips der Betriebsverfassung gesehen, dass Arbeitgeber und Betriebsrat eine umfassende Regelungskompetenz besitzen, wel-

[223] Reiß, Tarifautonomie im Spannungsverhältnis, S. 193.
[224] Matthes in Münchner Handbuch, Band 3, § 327 Rz. 50 f.

ches sich bereits aus der Entstehungsgeschichte des Betriebsverfassungsgesetzes ergeben soll.[225] Weitere Kritik an § 88 BetrVG als Grundlage der Regelungsbefugnis wird mit der systematischen Stellung im Bereich der „Sozialen Angelegenheiten“ innerhalb des Betriebsverfassungsgesetzes von 1972 begründet. Dies ist zumindest dann nicht durchschlagend, wenn zusätzlich der § 77 Abs. 3 BetrVG aus dem Abschnitt „Allgemeines“ zur Begründung herangezogen wird.

Der Umkehrschluss aus § 77 Abs. 3 BetrVG, der aus der Sperrwirkung des Tarifvorranges positiv gewendet eine originäre Regelungsbefugnis der Betriebsparteien herleitet, erscheint überzeugend. Hinsichtlich der Streitfrage, ob diese Regelungsbefugnis nur materielle oder auch formelle Arbeitsbedingungen umfasst, ist die Annahme einer umfassenden Regelungsbefugnis einleuchtend. Besonders plausibel erscheinen die Argumente, die sich aus dem Wortlaut und der Funktion des § 77 Abs. 3 BetrVG ergeben. Die Norm spricht von "sonstigen" und nicht von "ähnlichen" Arbeitsbedingungen, so dass eine Einschränkung auf materielle Arbeitsbedingungen als nicht gewollt anzusehen ist. Auch die zuständigkeitsabgrenzende Funktion des § 77 Abs. 3 BetrVG, die jegliche betriebliche Regelung bei tariflichen oder tarifüblichen Regelungsinhalten ausschließen soll, lässt keinen Freiraum für formelle Arbeitsbedingungen zu. Zudem wurde die Unterscheidung zwischen formellen und materiellen Arbeitsbedingungen mit dem Betriebsverfassungsgesetz von 1972 aufgegeben. Die Kritik an § 77 Abs. 3 BetrVG als Grundlage für eine umfassende Regelungsbefugnis der Betriebsparteien, die sich aus dessen negativer Formulierung oder aus dessen wichtiger Funktion als Kompetenzabgrenzungsnorm zwischen Tarif- und Betriebsebene speist, ist nicht durchschlagend. Die negative Formulierung ist durch die Kompetenzabgrenzung begründet. Zudem gibt § 88 BetrVG auch einen positiv formulierten Anhalt für eine umfassende Regelungskompetenz. Es ist ferner nicht einzusehen, warum die Funktion der Kompetenzabgrenzung, die zwar wichtig ist, die alleinige Bedeutung des § 77 BetrVG darstellen soll. Vielmehr ergänzen sich der Tarifvorrang und eine umfassende originäre Regelungsbefugnis der Betriebspartner wie zwei Seiten ein und derselben Medaille.

Wie gezeigt können mit einer Zusammenschau des § 77 Abs. 3 BetrVG und des § 88 BetrVG als gesetzliche Grundlage einer umfassenden originären Regelungsbefugnis die kritischen Argumente entkräftet werden, die bei einer separaten Betrachtung jeder einzelnen Norm als Grundlage einer Regelungsbefugnis zutreffend ins Feld geführt wurden. Daher ist es überzeugender, diese Regelungskompetenz in sozialen Angelegenheiten in der Gesamtschau beider Paragraphen des Betriebsverfassungsgesetzes zu sehen.

---

225 Fitting/Kaiser/Heither/Engels, BetrVG, § 88 Rz. 4.

III. Zurückweisung der Kritik an einer umfassenden Regelungsbefugnis der Betriebsparteien

Sofern man eine umfassende Regelungsbefugnis der Betriebspartner für möglich hält, ist auch eine Auseinandersetzung mit den Argumenten der Kritiker, hauptsächlich *Richardi*, notwendig. Er sieht eine Regelungsbefugnis der Betriebsparteien nur für den Bereich der formellen Arbeitsbedingungen gegeben.

Das Fehlen eines individuellen Unterwerfungsaktes des einzelnen Arbeitnehmers zur Anerkennung der Rechtsetzungsbefugnis der Betriebsparteien wird von *Richardi* herausgestellt. Dabei ist zumindest zu berücksichtigen, dass sich der Arbeitnehmer durch den Abschluss eines Arbeitsvertrags mit dem Arbeitgeber privatautonom in die betriebliche Ordnung eingliedert und sich der Möglichkeiten abzuschließender Betriebsvereinbarungen gewahr ist. Auch wenn man daraus nicht den weitreichenden Schluss ziehen kann, dass daher der Betriebsautonomie ein verfassungsmäßiger Schutz im Rahmen des Art. 2 Abs. 1 GG zukommt[226], ist die Behauptung einer Fremdbestimmung nicht völlig überzeugend.

Eine Differenzierung nach materiellen und formellen Arbeitsbedingungen ist, wie oben bereits erwähnt, als überholt anzusehen. *Richardi* lässt eine begrenzte Regelungsbefugnis im Bereich der formellen Arbeitsbedingungen zu. Für eine solche Differenzierung, für die sich im Gesetz kein Anhaltspunkt mehr findet und die die materiellen Arbeitsbedingungen außen vor lässt, besteht keine Bedürfnis.

Richardi stellt argumentativ vor allem auf die Privatautonomie ab, um eine Fremdbestimmung durch Betriebsvereinbarungen über materielle Arbeitsbedingungen abzulehnen. Auch wenn die Privatautonomie eine der Grundlagen der Betriebsautonomie ist, treten weitere tragende Prinzipien hinzu. Insbesondere wäre zu erwägen, ob über das Sozialstaatsgebot des Art. 20 Abs. 1 GG nicht der Einwand zu berücksichtigen ist, dass über die Möglichkeit, Betriebsvereinbarungen im Bereich der materiellen Arbeitsbedingungen abzuschließen, ein Ausgleich der strukturellen Unterlegenheit des Arbeitnehmers erreichbar ist.

Auch die beschränkte Auslegung des § 88 BetrVG auf Arbeitgeberleistungen ist nicht überzeugend. Bei einer Gesamtschau des § 88 BetrVG mit § 77 Abs. 3 BetrVG kann keine Beschränkung einer Regelungsbefugnis der Betriebsparteien überzeugen. Die Regelungsbefugnis der Betriebsparteien ist grundsätzlich ebenso umfassend wie die der Tarifvertragsparteien.

---

[226] so aber Ehmann/Lambrich NZA 1996, 346, 351.

Die kritischen Einwände von *Richardi* gegen eine umfassende Regelungsbefugnis der Betriebsparteien können daher insgesamt nicht überzeugen.

IV. Kein Raum für Delegation tariflicher Rechtsetzungskompetenz

Eine Heranziehung des Rechtsvorganges der Delegation für tarifliche Öffnungsklauseln ist nicht notwendig, wenn eine originäre Rechtsetzungsbefugnis der Betriebsparteien existiert. Fremde Rechtsetzungsmacht braucht nicht übertragen zu werden, wenn eine eigene Rechtsetzungsmacht der Betriebsparteien besteht. Eine Delegation liegt bei Öffnungsklauseln zugunsten der Betriebsparteien für den gesamten Betrieb nicht vor.

Gegen die Qualifizierung der tarifvertraglichen Öffnungsklauseln als Delegation spricht, dass in der betrieblichen Umsetzung eine Vielzahl von Betriebsvereinbarungen vereinbart wird. Diese wären bei Annahme einer Delegation als tarifliche Normen anzusehen. Dies würde aber zu einer „Atomisierung" der tariflichen Norm führen. Der Normcharakter des Tarifvertrages könnte einer solchen Delegation entgegenstehen. Dieses Problem ergibt sich bei einer Einordnung der Wirkungsweise tariflicher Öffnungsklauseln als Wiederaufleben einer originären Rechtsetzungsbefugnis der Betriebsparteien nicht und kann daher als Argument gegen eine Delegation herangezogen werden.

Sofern eine Pflicht zur Umsetzung der tariflichen Öffnungsklausel als Argument für die Einordnung in den Bereich der Delegation herangezogen wird[227], kann dieser Auffassung nicht gefolgt werden. Diese Pflicht kann von den Tarifparteien nicht durchgesetzt werden. Einflussmöglichkeiten innerhalb der Verbände auf die einzelnen Betriebe stellen kein ausreichendes Machtmittel für eine zwangsweise Durchsetzung dar. Auch die Einbeziehung der Einigungsstelle zur Konfliktlösung auf betrieblicher Ebene ist nicht im Zusammenhang mit der Wirkungsweise von tariflichen Öffnungsklauseln zu sehen, denn die Tarifvertragsparteien können diese nicht selbst anrufen. Daher existiert keine wirkliche Pflicht zur Umsetzung, sondern man könnte eher von einer Erwartungshaltung der Tarifparteien sprechen.

Auch die Problematik der Erweiterung der Mitbestimmung ist m. E. nicht als Argument bei der Wirkungsweise anzuführen. Die Verletzung höherrangigen Rechts, insbesondere der negativen Koalitionsfreiheit tariflicher Außenseiter, ist keine Frage der Wirkungsweise, sondern der Grenzen tariflicher Öffnungsklauseln. Dieses Problem ist also ebenso nachgelagert, wie das einer durch Art. 9 Abs. 3 GG möglicherweise vorgegebenen verbindlichen Kompetenzverteilung.

---

[227] Gamillscheg, Kollektives Arbeitsrecht I, S. 811; Richardi ZfA 1990, 211, 225; Wiedemann, Festschrift Hanau, S. 811 ff.

VI. Zusammenfassung

Ob eine Delegation der tariflichen Regelungsmacht möglich ist, kann dahinstehen. Es liegt bei tariflichen Öffnungsklauseln jedenfalls keine Delegation tariflicher Rechtsetzungsmacht, sondern ein Wiederaufleben der originären Regelungskompetenz der Betriebspartner vor. Unabhängig vom Ausgangspunkt des Leber-Rüthers-Kompromisses gilt diese Wirkungsweise grundsätzlich, wenn die Tarifvertragsparteien tarifvertragliche Öffnungsklauseln schaffen wollen.

Ausgehend von dieser Feststellung hinsichtlich der Wirkungsweise, soll eine Einordnung der konkreten tarifvertraglichen Normen des Leber-Rüthers-Kompromisses anhand gesetzlicher Kategorien vorgenommen werden, um sich den Problemen der Grenzen tariflicher Öffnungsklauseln zu nähern.

§ 6 Rechtliche Einordnung des Leber-Rüthers-Kompromisses

Untersuchungsobjekt für eine beispielhafte rechtliche Einordnung der tarifvertraglichen Öffnungsklauseln soll der Tarifvertrag in der Metallindustrie des Jahres 1984, der sogenannte Leber-Rüthers-Kompromiss, sein.

Nach einem der härtesten Arbeitskämpfe der Nachkriegszeit wurde die Tarifrunde 1984 in der Metallindustrie mit einer Vereinbarung beendet, die als tarifhistorisch bezeichnet werden kann. Der vom ehemaligen Verteidigungsminister Georg Leber und dem Konstanzer Arbeitsrechtler Prof. Dr. Rüthers verfasste Einigungsvorschlag der besonderen Schlichtungsstelle vom 28. 6. 1984, ermöglichte die geforderte Verkürzung der wöchentlichen Arbeitszeit auf durchschnittlich 38,5 Stunden mittels der Möglichkeit unterschiedlicher Arbeitszeiten für einzelne Arbeitnehmer.

Der Leber-Rüthers-Kompromiss bietet sich aus zwei Gründen außerordentlich für eine rechtliche Einordnung als Beispiel einer tariflichen Öffnungsklausel an. Zunächst sind in diesem bezüglich der individuellen wöchentlichen Arbeitszeit die tarifliche und die betriebliche Ebene so miteinander verflochten, dass die Probleme einer Einordnung unter bekannte rechtliche Begriffe sich besonders deutlich stellen. Zudem war der Leber-Rüthers-Kompromiss Gegenstand einer umfassenden Kontroverse in der Arbeitsrechtswissenschaft, so dass auf dieser aufgebaut werden kann und die verschiedenen Auffassungen kritisch gewürdigt werden können.

Daher sollen zunächst die einschlägigen tariflichen Normen in Auszügen wiedergeben werden.

"Manteltarifvertrag für die gewerblichen Arbeitnehmer in der niedersächsischen Metallindustrie vom 18.7.1984

§ 2
Arbeitszeit
(1) Die tarifliche wöchentliche Arbeitszeit ohne Pausen beträgt 38,5 Stunden.

Die Arbeitszeit im Betrieb wird im Rahmen des Volumens, das sich aus der für den Betrieb festgelegten wöchentlichen Arbeitszeit von 38,5 Stunden im Durchschnitt der vollzeitbeschäftigten gewerblichen Arbeitnehmer und Angestellten ergibt, durch Betriebsvereinbarung geregelt.

Bei der Durchschnittsberechnung bleiben Teilzeitbeschäftigte und Arbeitnehmer mit Arbeitsbereitschaft gemäß Ziff. (5) unberücksichtigt. Dabei können für

Teile des Betriebes, für einzelne Arbeitnehmer oder für Gruppen von Arbeitnehmern unterschiedliche wöchentliche Arbeitszeiten festgelegt werden.

Die individuelle regelmäßige wöchentliche Arbeitszeit beträgt für Vollzeitbeschäftigte zwischen 37 und 40 Stunden.

Die Spanne zwischen 37 und 40 Stunden soll angemessen ausgefüllt werden, dabei sind die betrieblichen Bedürfnisse zu berücksichtigen.

Wenn keine andere Regelung getroffen wird, beträgt für Vollzeitbeschäftigte die regelmäßige tägliche Arbeitszeit bis zu 8 Stunden.

(4) Kommt eine nach Ziff. (1) bis (3) erforderliche Einigung mit dem Betriebsrat nicht zustande, so entscheidet die tarifliche Schlichtungsstelle gemäß § 25 Ziff. (4).

[...]

§ 25

Beilegung von Streitigkeiten

I. Einzelstreitigkeiten

(4) Bei Streitigkeiten zwischen Betriebsrat und Geschäftsleitung in Fällen von Arbeitszeitregelungen (§ 2 MTV) und des § 87 Abs. 1 Ziff. (10) und (11) BetrVG tritt an die Stelle der Einigungsstelle gemäß § 76 Abs. 8 BetrVG die tarifliche Schlichtungsstelle (§ 14 Abs. 6 Ziff. (9))."

Es wurde hier die Fassung der niedersächsischen Metallindustrie gewählt, da diese Gegenstand der grundlegenden Entscheidung des Bundesarbeitsgerichts vom 18. 8. 1987 war.

A. Zulassungsnorm

Zunächst könnte die tarifvertragliche Öffnungsklausel als Zulassungsnorm qualifiziert werden. Tariföffnungsklauseln gestatten den Betriebspartnern vom Tarifvertrag abweichende Regelungen. Insofern ist es sprachlich gerechtfertigt von tariflichen Zulassungsnormen zu sprechen.[228]

[228] vgl. Hoyningen-Huene Anmerkung zu AP Nr. 23 zu § 77 BetrVG 1972 ; v. Sebut RdA 1976, 332, 340; Richardi, BetrVG, § 77 Rz. 303.

Hinsichtlich der Begrifflichkeit wird bei einer Orientierung an § 4 Abs. 3, 1. Alt. TVG der Begriff der "Gestattungsnorm" als moderner vorgeschlagen. Jedoch erscheint wegen des Wortlauts des § 77 Abs. 3 Satz 2 BetrVG mit seiner Formulierung "zulässt" auch der Begriff der Zulassungsnorm vertretbar.[229]

Allerdings wird der Begriff der Zulassungsnorm auch für Gesetzesvorschriften verwendet, die zwingendes Arbeitsschutzrecht enthalten und den Tarifvertragsparteien in gewissem Umfang eine Abweichung, auch zulasten der Arbeitnehmer, ermöglichen.[230] Daher ist die Auffassung von *Wiedemann* zu berücksichtigen, der den Begriff der tariflichen Zulassungsnorm auf Gesetzesvorschriften zu begrenzt, die den Tarifvertragsparteien ein Abweichen in den Fällen gestattet, die einer individualvertraglichen Regelung nicht zugänglich sind.[231] Häufig wird auch die Bezeichnung des tarifdispositiven Rechts in diesem Zusammenhang gebraucht.

Der Verzicht auf eine solche Einordnung tariflicher Öffnungsklauseln als Zulassungsklauseln im Sinne einer Zulassung einer betrieblichen Regelung durch die Tarifvertragsparteien würde einer begrifflichen Ungenauigkeit vorbeugen.

Im Rahmen der Qualifikation von tarifvertraglichen Öffnungsklauseln als Zulassungsnormen besteht ein Streit, ob eine Tarifbindung des Arbeitgebers erforderlich sei. [232] Eine Ansicht begründet allein aus der sprachlichen Qualifikation als Zulassungsnorm die Aufhebung der Sperrwirkung für alle Betriebe, unabhängig von der Tarifbindung des Arbeitgebers. Eine andere Ansicht fordert bereits für das Eingreifen der Sperrwirkung gemäß § 77 Abs. 3 Satz 1 BetrVG eine Tarifbindung des Arbeitgebers. Daher wirke die Öffnungsklausel folgerichtig nur für tarifgebundene Arbeitgeber. Es ist konsequenterweise der erstgenannten Ansicht zu folgen, da bereits bei § 77 Abs. 1 Satz 1 BetrVG eine Sperrwirkung für alle Betriebe, unabhängig von ihrer Tarifbindung, bejaht wurde.[233] Zudem kann dieser Streit dahinstehen, weil beide Ansichten zum gleichen Ergebnis gelangen.

Zusammenfassend handelt es sich bei tarifvertraglichen Öffnungsklauseln rein begrifflich stets um Zulassungsklauseln. Besonderheiten hinsichtlich des Leber-Rüthers-Kompromisses ergeben sich nicht. Dessen ungeachtet sind mit dem

---

[229] Ruoff, Die Flexibilisierung der Tarifverträge, S. 102.

[230] Wiedemann in Wiedemann, TVG, § 1 Rz. 266, Nipperdey in Hueck/Nipperdey, Lehrbuch des Arbeitsrechts, Band II, 1.Halbband, § 15 II 5 f, S. 260 ff.

[231] Wiedemann in Wiedemann, TVG, § 1 Rz. 266; anders aber Wiedemann, Festschrift Hanau, 1999, S. 607, 612.

[232] Ruoff, Die Flexibilisierung der Tarifverträge, S. 100 f. m. w. N.

[233] siehe § 5 A. II. 1. Voraussetzungen der Sperrwirkung.

Begriff der Zulassungsnorm im oben dargestellten Sinne keine weiterführenden rechtlichen Qualifizierungen verbunden. Bei einer Verwendung des Ausdrucks der Zulassungsnorm droht die Gefahr einer Verwirrung durch Verwechslung der verschiedenen Bedeutungen. Diese Gefahr ist um so größer, da es auch Bereiche gibt, in denen tarifdispositives Gesetzesrecht und tarifvertragliche Öffnungsklauseln miteinander verzahnt sind. Denkbar ist, dass die Tarifvertragsparteien ihnen durch tarifdispositives Gesetzesrecht eröffnete Regelungsbereiche mittels tariflicher Öffnungsklauseln der betrieblichen Ebene zugänglich machen wollen.[234]

B. Betriebsnorm

Die tarifvertragliche Öffnungsklausel könnte zumindest auch eine Betriebsnorm im Sinne des § 1 Abs. 1, 2.Halbsatz, 4. Variante TVG sein. In der Literatur wird teilweise vertreten, dass der Leber-Rüthers-Kompromiss in den Bereich der betrieblichen Normen einzuordnen sei.[235] Um diese Einordnung nachvollziehen zu können, muss zunächst der Begriff der betrieblichen Normen geklärt werden.

I. Begriffsbestimmung

§ 1 TVG bestimmt die Tarifmacht über betriebliche Normen nicht näher. Die Absicht des Gesetzgebers war es, Gegenstände zu erfassen, deren Bedeutung über das Einzelarbeitsverhältnis hinausgeht.[236]

Die betrieblichen Normen sind auf *Sinzheimer* zurückzuführen, dessen Solidarnormen 1949 in das TVG aufgenommen wurden. Dabei handelt es sich um kollektive Verpflichtungen, die den Arbeitgeber gegenüber der gesamten Belegschaft, nicht aber gegenüber dem einzelnen Arbeitnehmer binden. Später wurden in Anlehnung an *Nikisch* zu den Betriebsnormen auch die Ordnungsnormen gezählt, die die Ordnung des Betriebs regeln.[237] Als Unterfall der Ordnungsnormen sah *Nikisch* die Zulassungsnormen an, die eine Abweichung von öffentlich-rechtlichen Schutznormen für Arbeitnehmer erlaubten.[238] Daher wurden die Betriebsnormen nach früher h. M. in Solidar-, Ordnungs- und Zulassungsnormen aufgespaltet.[239]

---

[234] siehe § 7 E. V. Normsetzungsauftrag aus tarifdispositivem Recht.

[235] Linnenkohl/ Rauschenberg, BB 1984, 2197, 2202; Linnenkohl BB 1988, 1459, 1460; Weyland ArbuR 1989, 193, 197 f., Heinze NZA 1989, 41, 47 f.

[236] Löwisch/Rieble in Münchner Handbuch, Band 3, § 261 Rz. 1.

[237] Löwisch/Rieble in Münchner Handbuch, Band 3, § 261 Rz. 2 f. m. w. N.

[238] Wiedemann in Wiedemann, TVG, § 1 Rz. 559.

[239] Nipperdey in Hueck/Nipperdey, Lehrbuch des Arbeitsrechts, Band II, 1.Halbband, § 15 IV 1.- 4., S. 292 f.; Reiß, Tarifautonomie im Spannungsverhältnis, S. 71; Maus, Erweiterung von Mitbestimmungsrechten, S. 54.

Das Bundesarbeitsgericht hat in jüngerer Vergangenheit eine neue Definition der Betriebsnormen erarbeitet, da mit der Beschreibung als Ordnungs- und Solidarnormen der Inhalt des Begriffs nicht genau herausgearbeitet werden kann. Der sachlich-gegenständliche Bereich der Betriebsnormen reiche über das Einzelarbeitsverhältnis hinaus und sei nur unter dem Gesichtspunkt des Außenseiterschutzes einzugrenzen. Eine Rechtfertigung der Wirkung von Betriebsnormen sei nur bei Vereinbarungen über Regelungsgegenstände gegeben, die in der sozialen Wirklichkeit aus tatsächlichen oder rechtlichen Gründen nur einheitlich getroffen werden können. Das Bundesarbeitsgericht hat seine Rechtsprechung dahingehend konkretisiert, dass eine Regelung nur dann als Betriebsnorm anzusehen sei, wenn sie nicht Inhalt eines Individualarbeitsvertrages sein könnte. Jedoch sei das Nichtkönnen nicht im Sinne einer naturwissenschaftlichen Unmöglichkeit zu interpretieren, denn in der Theorie lässt sich nahezu jede Arbeitsbedingung in den Arbeitsvertrag aufnehmen. Daher sei es für eine Betriebsnorm ausreichend, wenn aufgrund einer evident sachlogischen Unzweckmäßigkeit eine Regelung im Individualarbeitsvertrag nicht sinnvoll erscheint. Dann sei auch ein Eingriff in die negative Koalitionsfreiheit von der Sache her geboten und damit gerechtfertigt.[240]

Das Bundesarbeitsgericht hat in seiner Rechtsprechung eine formelhafte Umschreibung für Betriebsnormen herausgearbeitet und sich dabei an der Rechtsfolge orientiert. Die Einschränkung wird nicht auf der sachlich-gegenständlichen Ebene des Tatbestandes versucht, sondern über die aus tatsächlichen oder rechtlichen Gründen einheitliche Rechtsfolge. Nur an der Realisierung der betrieblichen Planung wird als sachlichem Anknüpfungspunkt festgehalten.[241]

Die Unterteilung der Betriebsnormen nach Solidar-, Ordnungs- und Zulassungsnormen bietet sich für eine Untersuchung des Leber-Rüthers-Kompromisses dennoch an. Trotz aller Kritik an dieser Aufspaltung ermöglicht sie eine bessere Berücksichtigung der Tatbestandsseite. Dabei muss einbezogen werden, dass zum Zeitpunkt der wissenschaftlichen Diskussion über den Leber-Rüthers-Kompromiss diese Unterscheidung üblich war. Daher wird auf diese Aufspaltung zurückgegriffen und die neuere Rechtsprechung des Bundesarbeitsgerichts integriert.

II. Zulassungsnorm als Untergruppe der Betriebsnormen

Der Begriff der Zulassungsnorm wird als Untergruppe der Betriebsnormen eben für gesetzliche Bestimmungen gebraucht, die den Tarifvertragsparteien gestat-

[240] BAG, 26. 4. 1990, AP Nr. 57 zu Art. 9 GG.

[241] Wiedemann in Wiedemann, TVG, § 1 Rz. 561 f. m. w. N.

ten, in gewissem Umfang von zwingendem Gesetzesrecht abzuweichen.[242] Damit wird im Rahmen der Betriebsnormen der Begriff der Zulassungsnorm im Sinne von sogenanntem tarifdispositivem Gesetzesrecht verwendet. Die bereits vorgenommene begriffliche Präzisierung beschränkt die Bezeichnung Zulassungsnorm auf Normen, welche eine betriebliche Regelung durch Tarifvertrag zulassen.[243] Daher kann es sich bei den Regelungen des Leber-Rüthers-Kompromisses nicht um eine Regelung handeln, die sich auf tarifdispositives Gesetzesrecht bezieht.

Linnenkohl/Rauschenberg gehen davon aus, dass die tariflichen Arbeitszeitnormen des Leber-Rüthers-Kompromisses auch Rechtsnormen über betriebliche Fragen darstellen.[244] Dabei wird zur Begründung ihrer Auffassung auf eine Kommentierung *Meisel/Hiesemanns*[245] verwiesen, die sich auf einer Zulassungsnorm im Sinne von tarifdispositivem Gesetzesrecht in der Arbeitszeitordnung bezieht. Dabei verkennt diese Auffassung, dass es sich hier nicht um die Verlängerung der gesetzlichen Höchstarbeitszeit handelt, sondern um die Bestimmung der Dauer der Arbeitszeit.[246] Eine Vergleichbarkeit dieser verschiedenen Materien ist nicht ersichtlich. Damit handelt es sich bei den Arbeitszeitregelungen des Leber-Rüthers-Kompromisses um keine Zulassungsnorm im Sinne von tarifdispositivem Gesetzesrecht.

III. Solidarnorm

Unter Solidarnormen versteht man Bestimmungen, die dem Arbeitnehmer nicht als einzelnem, sondern als Mitglied der Belegschaft oder der betreffenden Berufsgruppe zugute kommen. [247] Geschützt wird durch Solidarnormen nicht der einzelne, sondern nur die Arbeitnehmerschaft in ihre Gesamtheit.[248] Als Beispiele für Solidarnormen werden typischerweise Betriebswohlfahrtseinrichtungen (Sozialeinrichtungen), Bestimmungen über Arbeitsschutzvorrichtungen, Bereitstellen von Unterkünften, Wasch- und Duschräume und ähnliches ge-

---

[242] Reiß, Tarifautonomie im Spannungsverhältnis, S. 71; Wiedemann in Wiedemann, TVG, § 1 Rz. 559

[243] siehe § 6 A. Zulassungsnorm.

[244] Linnenkohl/ Rauschenberg BB 1984, 2197, 2202.

[245] Meisel/Hiersemann, AZO, § 7 Rz. 12.

[246] Reiß, Tarifautonomie im Spannungsverhältnis, S. 71 f.

[247] Nipperdey in Hueck/Nipperdey, Lehrbuch des Arbeitsrechts, Band II, 1.Halbband,, § 15 IV 2, S. 292; Reiß, Tarifautonomie im Spannungsverhältnis, S. 72.

[248] Staschik, Grundfragen zur Betriebsvereinbarung, S. 173; Maus, Erweiterung von Mitbestimmungsrechten, S. 54.

nannt.[249] Die vorliegenden tariflichen Öffnungsklauseln bezüglich der Arbeitszeit sind offensichtlich keine Solidarnormen.

IV. Ordnungsnorm

Eine Einordnung des Leber-Rüthers-Kompromisses als Betriebsnorm ist somit nur über die Untergruppe der Ordnungsnormen denkbar. Ordnungsnormen sind alle formellen Arbeitsbedingungen bezüglich der allgemeinen Ordnung des Betriebs und des Verhaltens der Arbeitnehmer im Betrieb, die sinnvollerweise einheitlich geregelt werden müssen.[250] Beispielhaft sind hierfür Vorschriften über die Lage der täglichen Arbeitszeit, Lage der Pausen, Zeit und Art der Entrichtung des Arbeitsentgelts, Überwachungsmaßnahmen, tarifvertraglich geregelte Rauchverbote, Betriebsbußen, Abwicklungen von Krankmeldungen, Zusammensetzung des Mitarbeiterkreises, Betriebsmittel aus einer Vielzahl möglicher Ordnungsnormen zu nennen.[251]

Es wird von einer Meinung vertreten, dass die Regelungen über die Arbeitszeitdauer unter den Begriff der Betriebsnormen gefasst werden könnten, weil die Ordnung des Betriebes eine betriebseinheitliche Regelung der Arbeitszeit gebiete.[252] Begründet wird dies damit, dass durch die tarifliche Regelung zugleich das Gesamtvolumen der im Betrieb zu erbringenden Arbeitszeit festgelegt wird und eine Gleichbehandlung sämtlicher Belegschaftsmitglieder aus betriebsorganisatorischen Gründen geboten sei.[253] Das Abstellen auf das Gesamtvolumen korrespondiert direkt mit dem Betriebsdurchschnitt. Die Vorgabe für eine im gesamten Betrieb zu erreichende durchschnittliche Arbeitszeit sei eine Betriebsnorm, weil zur Berechnung des Betriebsdurchschnitts denknotwendigerweise alle Arbeitnehmer einbezogen werden müssten.[254] Eine weitere Ansicht sieht den Aussagegehalt der Rahmenregelung darin, dass sie einen einheitlichen Maßstab für alle Arbeitnehmer des Betriebes. bildet. Damit habe die Rahmenvorschrift einen Charakter als System- und Ordnungsvorschrift, die notwendigerweise betriebseinheitlich gelten muss. Deshalb sei eine Betriebsnorm gege-

---

[249] Nipperdey in Hueck/Nipperdey, Lehrbuch des Arbeitsrechts, Band II, 1.Halbband, § 15 IV 2, S. 292; Reiß, Tarifautonomie im Spannungsverhältnis, S. 72; Staschik, Grundfragen zur Betriebsvereinbarung, S. 173 f.

[250] Nipperdey in Hueck/Nipperdey, Lehrbuch des Arbeitsrechts, Band II, 1.Halbband, § 15 IV 3, S. 292 f.; Reiß, Tarifautonomie im Spannungsverhältnis, S. 73.

[251] Nipperdey in Hueck/Nipperdey, Lehrbuch des Arbeitsrechts, Band II, 1.Halbband, § 15 IV 3, S. 292 f.; Staschik, Grundfragen zur Betriebsvereinbarung, S. 174; Reiß, Tarifautonomie im Spannungsverhältnis, S. 73; Wiedemann in Wiedemann, TVG, § 1 Rz . 559.

[252] Linnenkohl BB 1988, 1459, 1460; Weyland ArbuR 1989, 193, 197 f.

[253] Weyland ArbuR 1989, 193, 197 f.

[254] Baumann, Die Delegation tariflicher Rechtsetzungsbefugnisse, S. 17.

ben.[255] Zudem wird vergleichend angeführt, dass bereits die Lage der täglichen Arbeitszeit und der Pausen als Betriebsnorm zu qualifizieren ist. Folglich sei auch die Festlegung des Arbeitszeitvolumens für einen gesamten Betrieb als Betriebsnorm anzusehen.[256]

Gemeinsames Merkmal aller Ordnungsnormen ist, dass sie aus tatsächlichen oder rechtlichen Gründen nur einheitlich gelten können. Bei der individuellen Arbeitszeit in den Betrieben liegt gerade keine einheitliche Arbeitszeitdauer vor. Es existiert eine Vielzahl verschiedener Teilzeitmodelle. Diese differenzierten Arbeitszeitmodelle zeigen, dass die wöchentliche Arbeitszeit nicht betriebseinheitlich ist.[257] Es droht kein organisatorisches Chaos[258], wenn die Belegschaftsmitglieder arbeitszeitrechtlich differenziert betrachtet werden. Für ein modernes Personalwesen ist es kein Problem, die unterschiedlichen individuellen Arbeitszeiten zu verwalten. Eine einheitliche Regelung der Arbeitszeit innerhalb der Betriebe ist weder rechtlich noch tatsächlich geboten.

Die Rahmenregelung ist keine Ordnungsnorm, da sie nicht den Anknüpfungspunkt der organisatorischen Planung des Betriebes im Auge hat, sondern der individuellen Arbeitszeit eines Vollzeitbeschäftigen Grenzen setzt. Auch aus einer Vergleichbarkeit der Lage der Arbeitszeit mit dem Betriebsvolumen der Arbeitszeit kann nicht der Charakter als Betriebsnorm abgeleitet werden. Gemeinsam ist beidem lediglich der Bezug zur Arbeitszeit, was für eine Vergleichbarkeit und gemeinsame Qualifizierung nicht genügt.

Die Festlegung eines Gesamtvolumens der regelmäßigen Arbeitszeit im Betrieb reicht für eine Betriebsnorm nicht aus. Das Gesamtvolumen hat keinen direkten Einfluss auf die Regelung der Wochenarbeitszeit im Einzelarbeitsverhältnis. Die individuelle wöchentliche Arbeitszeit kann verschieden ausgestaltet werden und der erforderliche Betriebsdurchschnitt dennoch erreicht werden. Es ist keineswegs eine einheitliche Regelung notwendig. Das Gesamtvolumen kann auch bei einer individuellen Arbeitszeitregelung Berücksichtigung finden.

Damit liegt die nach der Rechtsprechung des Bundesarbeitsgerichts erforderliche evident sachlogische Unzweckmäßigkeit[259] einer individuellen Regelung im Bereich der Arbeitszeit nicht vor. Folglich ist die Bestimmung der Arbeitszeitdauer keine Betriebsnorm.

---

[255] Heisig, Arbeitsentgelt- und Arbeitszeitregelung, S. 356 f.
[256] Rauschenberg, Flexibilisierung und Neugestaltung der Arbeitszeit, S.113 f.
[257] so auch Buchner, Anmerkung zu EzA § 99 BetrVG 1972 Einstellung Nr. 4.
[258] so aber Linnenkohl BB 1988, 1459, 1460.
[259] BAG, 26. 4. 1990, AP Nr. 57 zu Art. 9 GG.

C. Tarifliche Bestimmungsklausel

Während bereits im Rahmen der Wirkungsweise von tariflichen Öffnungsklauseln auch auf die abstrakte Wirkungsweise von tariflichen Bestimmungsklauseln eingegangen wurde, wird im folgenden eine konkrete Einordnung des Leber-Rüthers-Kompromisses vorgenommen. Als theoretisches Abgrenzungskriterium zwischen einer tariflichen Öffnungsklausel und einer Bestimmungsklausel gemäß §§ 315ff BGB wurde bereits die unterschiedliche Wirkungsweise herausgearbeitet. Eine Bestimmungsklausel überlässt die Konkretisierung der durch Rahmen oder Leitlinien vorgegebenen tarifvertraglichen Regelungen einem Dritten. Als dieser Dritte kann auch der Arbeitgeber zusammen mit dem Betriebsrat bestimmt werden. Die Konkretisierung bezieht sich aber direkt auf die tarifliche Norm, so dass die normative Wirkung nur aus dem Tarifvertrag gem. § 1 Abs. 2 und 3 TVG resultiert.

Die Bestimmungsklausel als Unterfall der Inhaltsnorm kann folglich nicht gemäß § 3 Abs. 2 TVG gegenüber Außenseitern normative Wirkung entfalten. Aufgrund ihrer besonderen Ausformung kann die Bestimmungsklausel aber unabhängig von der Klärung der weiteren Frage, ob eine Inhaltsklausel vorliegt, abgehandelt werden.

Zur Vermeidung von Unklarheiten bei der Auslegung ist es den Tarifvertragsparteien zu empfehlen die entsprechenden Klauseln klar und eindeutig zu formulieren. Auch eine Bezugnahme auf die einschlägigen betriebsverfassungsrechtlichen Normen ist von Vorteil. In der Praxis ist eine Unterscheidung trotzdem oftmals schwierig, da sich aus dem Wortlaut häufig ein eindeutiger Rückschluss auf die angestrebte Wirkungsweise nicht möglich ist. Entscheidend ist dann der Wille der Tarifvertragsparteien, der nötigenfalls durch Auslegung zu ermitteln ist. Dieser Wille kann darauf zielen, den Betriebsparteien eine eigene Regelung zu ermöglichen oder die tariflichen Regelungen zu konkretisieren.

I. Befürworter einer Bestimmungsklausel

Über die Einbeziehung der Einigungs- bzw. der tariflichen Schlichtungsstelle hinaus, geht eine Ansicht davon aus, dass die Metallarbeitszeitregelung hinsichtlich der Rahmenregelungen zur Konkretisierung der individuellen Arbeitszeit durch die Betriebsparteien eine tarifliche Bestimmungsklausel darstellt. Da die Tarifpartner den Bereich der Arbeitszeit im Tarifvertrag nur unvollständig geregelt haben und die Konkretisierung den Betriebsparteien überlassen haben, soll eine tarifliche Bestimmungsklausel vorliegen. Sofern nur Rahmenbedingungen und nicht abschließend alle Einzelheiten festgelegt seien, deren Konkretisierung Dritten überlassen würde, handele es sich um eine Bestimmungsklausel.[260] Die rechtsdogmatische Einordnung als Bestimmungsklausel (in Kombination mit einer betriebsverfassungsrechtlichen Norm) würde die unmittelbare Verantwortung der Tarifvertragsparteien besonders betonen, weil eine normative Wirkung nur von der tarifvertraglichen Bestimmungsklausel ausgehen würde.[261]

Andere Autoren gehen in ihren Argumentationen nur hilfsweise von eine Einordnung des Leber-Rüthers-Kompromisses als tarifliche Bestimmungsklausel aus. *Hanau* zieht eine Bestimmungsklausel nur in Betracht, um der Metallarbeitszeitregelung in jedem Falle zur Geltung zu verhelfen.[262] *Buchner* erscheint eine hilfsweise Annahme einer Bestimmungsklausel nur im Bereich der Einigungsstelle als notwendig, da die Betriebsparteien selbst auf ihre originäre Rechtsetzungsbefugnis zurückgreifen können.[263]

II. Berücksichtigung des Willens der Tarifvertragsparteien

Der diesem Abschnitt zugrundeliegende Leber-Rüthers-Kompromiss ist jedoch vor allem unter dem Gesichtspunkt des Willens der Tarifvertragsparteien zu untersuchen, um eine zutreffende Einordnung vornehmen zu können.

Der Wortlaut der tariflichen Regelung kann als Auslegungskriterium herangezogen werden, um den Willen der Tarifvertragsparteien zu erforschen. Beim Leber-Rüthers-Kompromiss ist es offensichtlich, dass keine Konkretisierung, sondern eine eigenständige Regelung der Betriebsparteien von den Tarifpartnern gewollt war.

Um die vorliegende tarifliche Arbeitszeitregelung als tarifliche Bestimmungsklausel zu interpretieren, müssten Arbeitgeber und Betriebsrat als Dritter im Sinne des § 317 Abs. 1 BGB anzusehen sein. Eine Betriebsvereinbarung läge dann nur der äußeren Form nach vor, denn die normative Wirkung könnte nur vom Tarifvertrag ausgehen. Die nichtorganisierten Arbeitnehmer würden bei einer solchen Interpretation nicht in die Regelungen und die Berechnungsvorgaben einbezogen. Dabei ist aber der Wille der Tarifvertragsparteien in eindeutiger Weise darauf gerichtet, Betriebsvereinbarungen im Sinne des Betriebsverfassungsgesetzes zu ermöglichen. Bereits die wörtliche Verwendung des Begriffes der Betriebsvereinbarung zeigt in diese Richtung.[264]

---

[260] LAG Schleswig-Holstein, 27. 8. 1986, DB 1986, 2438, 2440.
[261] Zachert NZA 1988, 185, 187.
[262] Hanau NZA 1985, 73, 76 f.
[263] Buchner DB 1985, 913, 923; Buchner NZA 1986, 377, 379.
[264] BAG, 18.8.1987, BAGE 56, 18, 27.

Auch die Festlegung betriebsdurchschnittlicher Wochenarbeitszeiten spricht als Indiz dafür, dass alle Arbeitnehmer eines Betriebes in die Regelungen einbezogen werden sollten. Diese Wirkung wäre aber durch eine Bestimmungsklausel nicht möglich.

Weiterhin weist die Errichtung der Einigungs- bzw. tariflichen Schlichtungsstelle als zusätzliches Indiz darauf hin, dass es nicht die Absicht der Tarifvertragsparteien war, eine Bestimmungsklausel zu schaffen. Denn die Einigungsstelle ist das gesetzlich angeordnete Instrument, wenn eine Einigung über eine Betriebsvereinbarung nicht erlangt werden kann. Auch daraus kann man schließen, dass eine Betriebsvereinbarung nicht nur der äußeren Form nach gewollt war, sondern dass das gesetzlich geregelte Instrument der Betriebsvereinbarung beabsichtigt war.[265]

Damit ergibt die Auslegung des Willens der Tarifvertragsparteien eindeutig, dass keine tarifliche Bestimmungsklausel vorliegen soll.

III. Zurückweisung der Kritik an Ablehnung einer Bestimmungsklausel

Die Auffassung, die den Willen der Tarifvertragsparteien so interpretiert, dass keine tarifliche Bestimmungsklausel gewollt war, ist in der Literatur ebenfalls auf Kritik gestoßen. Diese kritischen Stimmen nehmen trotz der Argumente der Gegenmeinung beim Leber-Rüthers-Kompromiss eine Konkretisierung der tariflichen Regelung auf Betriebsebene an. Wenn durch die tariflichen Vorgaben kein eigener Regelungsspielraum und eigene Gestaltungsmöglichkeiten für die Betriebsparteien eröffnet werden, liege eine Bestimmungsklausel und keine Öffnungsklausel vor.[266] Den Tarifparteien wird unterstellt, dass sie lediglich die tariflichen Regelungen mittels der normativen Wirkung von Betriebsvereinbarungen gem. § 77 Abs. 4 Satz 1 BetrVG in unzulässiger Weise auf alle Arbeitnehmer des Betriebes, also auch auf die Außenseiter erstrecken wollen. Dies könne aber auch nicht über die Mitwirkung des Betriebsrates im Rahmen einer Bestimmungsklausel beim Leber-Rüthers-Kompromiss bewirkt werden. [267]

Dieser Abgrenzungsversuch kann nicht überzeugen. Dabei werden zu hohe Anforderungen an den zu überlassenden Regelungsspielraum bei einer Öffnungsklausel gestellt, denn auch eine Festlegung der individuellen wöchentlichen Arbeitszeit zwischen 37 und 40 Stunden eröffnet Befugnisse für die Betriebsparteien. Die Tarifpartner können nicht gezwungen werden, in zentralen Bereichen eines Tarifvertrages, die sie flexibilisieren möchten, gar keine Regelungsvorga-

---

[265] Reiß, Tarifautonomie im Spannungsverhältnis, S. 69 f.
[266] Hoyningen-Huene/Meier-Krenz ZfA 1988, 293, 297.
[267] Hoyningen-Huene/Meier-Krenz ZfA 1988, 293, 315.

ben zu machen. Selbst wenn keine Gestaltungsfreiheit für die Betriebspartner vorhanden ist, entscheiden sie grundsätzlich autonom, ob sie von der ihnen eingeräumten Befugnis zum Abschluss einer Betriebsvereinbarung Gebrauch machen. Die Frage nach der Erzwingbarkeit ist nicht im Zusammenhang mit der Wirkungsweise zu sehen, sondern stellt sich erst bei den Außenseiterrechten.

Zusammenfassend ist also festzustellen, dass nach dem Willen der Tarifvertragsparteien mit dem Leber-Rüthers-Kompromiss keine tarifliche Bestimmungsklausel geschaffen werden sollte. Die Kritik an einer Ablehnung der Einordnung als tarifliche Bestimmungsklausel kann nicht überzeugen.

D. Betriebsverfassungsrechtliche Norm

Die einschlägigen Bestimmungen des Leber-Rüthers-Kompromisses könnten eine betriebsverfassungsrechtliche Norm im Sinne des §§ 1 Abs. 1, 3 Abs. 2 TVG darstellen, deren Geltung sich nach § 4 Abs. 1 Satz 2 TVG bestimmt.

I. Definition und Einordnung

Eine tarifliche Öffnungsklausel könnte unter den Begriff der betriebsverfassungsrechtlichen Norm gemäß § 1 Abs. 1, 3 Abs. 2 TVG zu subsumieren sein. Unter Betriebsverfassung versteht man die Gesamtheit der Regeln über die Rechtsstellung der Arbeitnehmerschaft im Betrieb einschließlich ihrer Organe, ihrer Rechte und Pflichten und ihrer Stellung zum Arbeitgeber.[268]

Durch den Leber-Rüthers-Kompromiss wurde die Rechtsstellung des Organs Betriebsrat im Betrieb bezüglich der individuellen Arbeitszeit geregelt. Hinsichtlich des Wiederauflebens von Regelungsbefugnis hinsichtlich der Arbeitszeit auf der betriebliche Ebene liegt ein spezifisch betriebsverfassungsrechtlicher Aspekt vor. Indem die Öffnungsklausel die Sperrwirkung des § 77 Abs. 3 Satz 1 BetrVG beseitigt und damit abweichende Betriebsvereinbarungen ermöglicht, ist sie eine betriebsverfassungsrechtliche Tarifnorm im Sinne des § 1 Abs. 1 TVG.

Gegen die Einordnung als betriebsverfassungsrechtliche Norm wird vorgebracht, dass das betriebsverfassungsrechtliche Verhältnis zwischen Arbeitgeber und Betriebsrat nicht geregelt werde, wenn eine tarifliche Öffnungsklausel vorliegt. Durch die Selbstbeschränkung der Tarifvertragsparteien verbleibe den Betriebsparteien ein größerer Regelungsspielraum. Das Verhältnis zwischen Arbeitgeber und Betriebsrat, der die Betriebsbelegschaft betrifft, bliebe unverän-

---

[268] Nipperdey in Hueck/Nipperdey, Lehrbuch des Arbeitsrechts, Band II, 1.Halbband, § 15 V, S.293; Wiedemann in Wiedemann, TVG, § 1 Rz. 587.

dert.[269] Nur der Ausschließlichkeitscharakter der tariflichen Regelungen werde eingeschränkt.[270] Daher könne auch keine betriebsverfassungsrechtliche Norm vorliegen.

Diese Auffassung kann nicht überzeugen, da zwar stets eine umfassende originäre Regelungsbefugnis der Betriebsparteien besteht, diese aufgrund der Sperrwirkung des Tarifvertrages aber nicht ausgeübt werden kann. Wenn nun eine tarifvertragliche Öffnungsklausel die originäre Regelungsbefugnis wieder aufleben lässt, verändern sich in dem betreffenden Reglungsbereich die tatsächlichen Regelungsmöglichkeiten auf der betrieblichen Ebene. Eine Änderung der betriebsverfassungsrechtlichen Verhältnisse ist somit gegeben. Daher ist eine tarifliche Öffnungsklausel eine betriebsverfassungsrechtliche Tarifnorm im Sinne des § 1 Abs. 1 TVG.[271]

Die Gegenauffassung nennt selbst ein weiteres Argument, welches eine Qualifizierung als betriebsverfassungsrechtliche Norm begründet. Betriebsverfassungsrechtliche Normen richten sich an Betriebsrat und Arbeitgeber. Dies sei auch bei tariflichen Öffnungsklauseln gegeben.[272] Dies stützt die Einordnung von Öffnungsklauseln allgemein und des Leber-Rüthers-Kompromisses im Besonderen, als betriebsverfassungsrechtliche Norm. Auch die neuere Rechtsprechung des Bundesarbeitsgerichts interpretiert tarifvertragliche Öffnungsklauseln als betriebsverfassungsrechtliche Normen.[273]

II. Geltung auch für Außenseiter

Nachdem festgestellt wurde, dass sich die tarifliche Öffnungsklausel unter den Begriff der betriebsverfassungsrechtlichen Norm fassen lässt, stellt sich die Frage, ob die Rechtsfolge des § 3 Abs. 2 TVG auch in diesem Fall eingreift. § 3 Abs. 2 TVG bestimmt für betriebliche und betriebsverfassungsrechtliche Normen eine Abweichung vom Grundsatz des § 3 Abs. 1 TVG, der die Wirkung des Tarifvertrages auf die Tarifangehörigen beschränkt. Als Anknüpfungspunkt für den Geltungsbereich einer betriebsverfassungsrechtlichen Norm wird die Tarifbindung des Arbeitgebers festgelegt und damit werden auch Arbeitnehmer, die nicht gewerkschaftlich organisiert sind, von der Normwirkung über §§ 1 Abs. 1, 4 Abs. 1 Satz 2 und Satz 1 TVG erfasst. Zunächst soll geklärt werden, auf wel-

---

[269] Ruoff, Die Flexibilisierung der Tarifverträge, S. 101.
[270] Buchner DB 1985, 913, 917.
[271] so auch Fitting/Kaiser/Heither/Engels, BetrVG, § 77 Rz. 123; Kreutz in GK-BetrVG § 77 Rz. 148; Maus, Erweiterung von Mitbestimmungsrechten; S.56; Reiß, Tarifautonomie im Spannungsverhältnis, S. 75.
[272] Ruoff, Die Flexibilisierung der Tarifverträge, S. 103.
[273] BAG, 18. 12. 1997, AP Nr. 46 zu § 2 KSchG 1969 m. w. N.

che rechtliche Weise , die Außenseiter in die Wirkung des Tarifvertrages einbezogen werden. Anschließend ist abstrakt die Verfassungsmäßigkeit des § 3 Abs. 2 TVG im Hinblick auf die negative Koalitionsfreiheit der Nichtorganisierten zu überprüfen.

1. Wirkungsweise

Die Wirkungsweise der betriebsverfassungsrechtlichen (und betrieblichen) Normen gemäß § 3 Abs. 2 TVG ist umstritten. Hinsichtlich der Wirkung haben sich zwei verschiedene Auffassungen ausgeformt.

a) Erweiterte Tarifgeltung

Eine Ansicht vertritt, dass über § 3 Abs. 2 TVG direkt auf die einzelarbeitsvertragliche Beziehung zwischen Arbeitgeber und (nichtorganisiertem) Arbeitnehmer eingewirkt wird. Damit wird das Arbeitsverhältnis des Außenseiters unmittelbar in den Geltungsbereich des Tarifvertrages einbezogen und damit der Normwirkung unmittelbar unterworfen. Es tritt also eine Erweiterung der Tarifgebundenheit im Sinne einer Allgemeinverbindlichkeit für den Betrieb ein.[274]

Ein Argument gegen die Ansicht der erweiterten Tarifgeltung ergibt sich aber daraus, dass § 3 Abs. 2 TVG sie im Gegensatz zu § 5 Abs. 4 TVG nicht ausdrücklich anordnet. Diese Ansicht kann auch durch die systematische Stellung als zweiter Absatz innerhalb des § 3 TVG gestützt werden. Weiterhin spricht auch der Wortlaut nicht von einer Ausdehnung der Tarifgebundenheit auf nichtorganisierte Arbeitnehmer, sondern stellt für die Geltung im Betrieb auf die Tarifgebundenheit des Arbeitgebers ab.[275] Es wird nicht die Tarifgebundenheit verändert, sondern nur die Auswirkung der Tarifgebundenheit.[276]

b) Betriebliches Rechtsverhältnis

Nach einer anderen Literaturmeinung wirken über § 3 Abs. 2 TVG betriebliche und betriebsverfassungsrechtliche Normen nur auf das „betriebliche Rechtsverhältnis" ein.[277] Folglich haben diese Normen nur zwischen dem Arbeitgeber und der vom Betriebsrat vertretenen Belegschaft als Gesamtheit eine Funktion. Die einzelnen Arbeitnehmer sind nicht Bestandteil im „betrieblichen Rechtsverhältnis". Die Systematik des § 4 TVG spricht für diese Ansicht. In § 4 Abs. 1 Satz 1

---

[274] Kempen/Zachert, TVG, § 3 Rz. 12; Nikisch, Arbeitsrecht, Band 2, § 73 IV. 1, S. 300; Säcker/Oetker, Tarifautonomie, S. 135.

[275] Oetker in Wiedemann, TVG, § 3 Rz. 128.

[276] Dieterich, Die betrieblichen Normen, S. 86.

[277] grundlegend: Hueck DB 1949, 530, 532.

TVG werden die Tarifnormen, die auf das Einzelarbeitsverhältnis direkt einwirken, mit unmittelbarer und zwingender Wirkung ausgestattet. Gemäß § 4 Abs. 1 Satz 2 TVG wird diese Wirkung für betriebliche und betriebsverfassungsrechtliche Tarifnormen nur entsprechend angeordnet. Würde aber bereits § 3 Abs. 2 TVG direkt auf das Einzelarbeitsverhältnis einwirken, wäre § 4 Abs. 1 Satz 2 TVG überflüssig.[278] Nur die Lehre vom „betrieblichen Rechtsverhältnis" kann daher die Notwendigkeit der Regelung des § 4 Abs. 1 Satz 2 TVG begründen.[279]

2. Verfassungsmäßigkeit des § 3 Abs. 2 TVG

Die Verfassungsmäßigkeit des § 3 Abs. 2 TVG ist in der Literatur seit langem Gegenstand heftiger Diskussionen. Dabei war der Anknüpfungspunkt meist die Einbeziehung der nichtorganisierten Arbeitnehmer im Hinblick auf eine Verletzung deren negativer Koalitionsfreiheit.

a) Verfassungswidrigkeit nach *Buchner*

Von einer Verfassungswidrigkeit des § 3 Abs. 2 TVG gehen nur vereinzelte Literaturstimmen aus.[280] Dabei wird vor allem eine fehlende Legitimation der Tarifvertragsparteien für eine Rechtsetzung gegenüber den tariflichen Außenseitern angeführt. Auch sei nicht ausreichend die Rechtstaatlichkeit der tariflichen Normsetzung gewährleistet.

b) Restriktive Interpretation des § 3 Abs. 2 TVG

Eine weitere Gruppe von Autoren geht trotz verfassungsrechtlicher Bedenken von einer Verfassungsmäßigkeit aus, wenn § 3 Abs. 2 TVG restriktiv interpretiert wird.[281] Innerhalb dieser Gruppe lassen sich wiederum verschiedene Ansätze unterscheiden.

Eine Ansicht möchte durch eine tatbestandliche Reduktion die Verfassungsmäßigkeit gewährleisten.[282] Durch Betriebsnormen sollen die nichtorganisierten Arbeitnehmer nicht belastet werden können.

---

[278] Maus, Erweiterung von Mitbestimmungsrechten, S. 70 f.

[279] so auch Dieterich, Die betrieblichen Normen, S. 85 ff.; Nipperdey in Hueck/Nipperdey, Lehrbuch des Arbeitsrechts, Band II, 1.Halbband, § 15 IV, S.291; Spilger, Tarifvertragliches Betriebsverfassungsrecht, S. 212.

[280] Buchner, Tarifvertragsgesetz und Koalitionsfreiheit, S. 67 ff.; Buchner RdA 1966, 208, 209.

[281] Biedenkopf, Grenzen der Tarifautonomie, S. 310; Lieb RdA1967, 441, 441 ff.; Reuter, Festschrift Schaub, S. 605, 616; Richardi, Kollektivgewalt, S. 229 ff.; Zöllner RdA 1962, 453, 453 ff.

[282] Lieb RdA1967, 441, 441 ff.; Richardi, Kollektivgewalt, S. 229 ff.; Zöllner RdA 1962, 453, 453 ff.

Eine besondere Legitimation durch den Gesetzgeber fordert *Reuter* für die Verfassungskonformität der bei der Regelung betrieblicher und betriebsverfassungsrechtlicher Fragen. Das Parlament müsse die Tarifvertragsparteien besonders ermächtigen und so eine demokratische Legitimation sicherstellen.[283] Auch diese Auffassung kann der tatbestandlichen Reduktion zugeordnet werden.

Biedenkopf verzichtet auf eine tatbestandliche Reduktion und möchte über eine verdichtete Rechtskontrolle den § 3 Abs. 2 TVG einschränken.[284] Er stellt auf eine besondere betriebsverfassungsrechtliche Zuständigkeit ab, die die Außenseiter kraft Betriebszugehörigkeit bindet.

Damit geht eine überwiegende Zahl von Autoren im Schrifttum[285] davon aus, dass die Verfassungsmäßigkeit durch das tatbestandliche Erfordernis der Notwendigkeit einer einheitlichen Geltung im Betrieb gewahrt wird. Das bedeutet, der Normzweck des § 3 Abs. 2 TVG gebietet einheitliche Bedingungen für alle Arbeitsverhältnisse nur dann, wenn es aus praktischen Erwägungen nur schwer durchführbar wäre, bestimmte Regelungen nur für organisierte Arbeitnehmer wirksam werden zu lassen.[286]

c) Verfassungsgemäße Anwendung nur in Randbereichen des Arbeitsverhältnisses

In der Literatur wird aber auch die Ansicht vertreten § 3 Abs. 2 TVG könne das Arbeitsverhältnis nur in Randbereichen erfassen. Bei einer tariflichen Regelung über die Arbeitszeit, von der direkt auch die Entgelthöhe abhängt, handelt es sich um die zentralen Bestandteile eines Tarifvertrages und keinesfalls um Randbereiche.[287] Dieser Ansicht ist entgegenzuhalten, dass der Wortlaut des § 3 Abs. 2 TVG eine solche Einschränkung keinen Anhaltspunkt enthält.

d) Auffassung der Rechtsprechung

In dem Beschluss vom 26. 4. 1990 bejahte der Erste Senat des Bundesarbeitsgerichts die Verfassungsmäßigkeit des § 3 Abs. 2 TVG. In diesem Beschluss wurden aber qualitative Besetzungsregeln überprüft, die den Betriebsnormen zuzu-

---

283 Reuter, Festschrift Schaub, S. 605, 616 f.

284 Biedenkopf, Grenzen der Tarifautonomie, S. 310 ff.

285 Adomeit, Rechtsquellenfragen, S. 157; Biedenkopf, Grenzen der Tarifautonomie, S. 310 ff.; Gamillscheg, Kollektives Arbeitsrecht I, § 17 I 2 d, S. 719; Hanau RdA 1996, 158, 165 ff.; Hueck/Nipperdey, Lehrbuch des Arbeitsrechts, Band II, 1.Halbband, § 23 II,S. 483; Kempen/Zachert, TVG, § 3 Rz. 17 ff.; Schneider, Festschrift Möhring, S. 521, 533; Oetker in Wiedemann TVG § 3 Rz. 138 f.

286 Eichhorn, Tarifvertragliche Bestimmungsklauseln, S. 73.

287 Löwisch DB 1984, 2457, 2457.

rechnen sind. Dabei wurde der sachlich-gegenständliche Bereich der Betriebsnormen restriktiv ausgelegt. Ein Eingriff in die negative Koalitionsfreiheit ist von der Sache her geboten, wenn die Regelung auf der Ebene des Individualarbeitsvertrages evident sachlogisch unzweckmäßig ist und daher eine einheitliche Regelung auf betrieblicher Ebene erforderlich wird.[288]

Ausdrücklich weist das Bundesarbeitsgericht jedoch in der Entscheidung vom 18. 12. 1997 die verfassungsrechtlichen Bedenken gegen § 3 Abs. 2 TVG im Zusammenhang mit einer betriebsverfassungsrechtlichen Norm zurück. Die Umsetzung der betriebsverfassungsrechtlichen Normen unter Beteilung des Betriebsrates führe zu demokratisch legitimierten Entscheidungen.[289]

Eine ausdrückliche Entscheidung des Bundesverfassungsgerichts zur Verfassungsmäßigkeit des § 3 Abs. 2 TVG liegt nicht vor. Die Rechtsprechung des Bundesverfassungsgerichts zur Vereinbarkeit der Allgemeinverbindlichkeit mit der Verfassung könnte entsprechend herangezogen werden, da auch in diesem Falle eine Einbeziehung von tariflichen Außenseitern vorgenommen wird.[290] Diese Entscheidung ist aber nur sehr eingeschränkt übertragbar, da der Gesetzgeber bei der Allgemeinverbindlichkeit in rechtstaatlicher Weise durch § 5 TVG die Erstreckung der von Tarifnormen auf Außenseiter angeordnet hat.[291] Auch weitere Entscheidungen des Bundesverfassungsgericht[292] legen den Schluss nahe, dass eine Beeinträchtigung der negativen Koalitionsfreiheit der tariflichen Außenseiter nicht zu einer Verfassungswidrigkeit führen.[293]

Es ist festzustellen werden, dass in der Rechtsprechung vor einer Verfassungsmäßigkeit des § 3 Abs. 2 TVG ausgegangen wird.

III. Eigene Stellungnahme und Zwischenergebnis

Wegen der tatsächlichen Veränderungen im Verhältnis zwischen dem Betriebsrat und dem Arbeitgeber hinsichtlich der originären Regelungsbefugnis auf der Betriebsebene liegt eine betriebsverfassungsrechtliche Norm vor.

Nach der positivrechtlichen Regelung des § 3 Abs. 2 TVG werden auch die tariflichen Außenseiter von betriebsverfassungsrechtlichen Normen erfasst.

---

[288] BAG, 26.4.1990, AP Nr. 57 zu Art. 9 GG.
[289] BAG, 18. 12. 1997, ArbuR 1998, 212, 245.
[290] BVerfG, 24. 5. 1977, BVerfGE 44, 322, 322.
[291] Kempen/Zachert, TVG, § 3 Rz. 18.
[292] BVerfG, 15. 7. 1980, BVerfGE 55, 7, 22; BVerfG, 14. 6. 1983, BVerfGE 64, 208, 213 f.
[293] Oetker in Wiedemann, TVG, § 3 Rz. 137.

Hinsichtlich der Verfassungsmäßigkeit des § 3 Abs. 2 TVG ist festzustellen, dass die überwiegende Meinung im Schrifttum und Rechtsprechung eine Vereinbarkeit mit der Verfassung grundsätzlich bejaht. Als einschränkendes Kriterium wird aber das Erfordernis einer aus rechtlichen oder tatsächlichen Gründen einheitlichen Geltung der betrieblichen Norm hervorgehoben, um die negative Koalitionsfreiheit der nicht gewerkschaftsangehörigen Belegschaftsmitglieder zu gewährleisten.

Auf der Grundlage der bisher erarbeiteten Meinungen ist davon auszugehen, dass beim Leber-Rüthers-Kompromiss zumindest ein tatsächlicher Anknüpfungspunkt für eine einheitliche Geltung vorhanden ist, da für die regelmäßige wöchentliche Arbeitszeit der Betriebsdurchschnitt maßgeblich ist. Entscheidend ist aber, dass die Umsetzung des Leber-Rüthers-Kompromisses durch die Betriebsparteien betriebseinheitlich geregelt wird, da die Umsetzung nach den Vorgaben des Tarifvertrages mittels Betriebsvereinbarung erfolgen soll. Das Gesamtvolumen betrieblicher Arbeitszeit ist zwar nicht ausreichend für eine Ordnungsnorm, da auch entsprechend individuelle Regelungen der Arbeitszeit denkbar sind[294], jedoch stellt dieses Gesamtvolumen einen Bezugspunkt dar, der einheitlich für den gesamten Betrieb gilt. Dabei ist zu berücksichtigen, dass die dargestellten Diskussionsbeiträge zur Verfassungsmäßigkeit des § 3 Abs. 2 TVG meist von betrieblichen Normen ausgingen. Durch das Wiederaufleben der originären Regelungskompetenz auf betrieblicher Ebene ist aber eine betriebsverfassungsrechtliche Norm gegeben. Diese Kompetenz kann nur durch Betriebsvereinbarungen, die alle Arbeitnehmer erfassen, ausgeübt werden. Hinsichtlich eines rechtlichen Grundes für eine betriebseinheitliche Geltung könnte sich die Frage stellen, ob eine Umsetzung der tariflichen Vorgaben mittels Betriebsvereinbarung nur für tarifgebundene Arbeitnehmer möglich wäre. Eine solche Lösung haben die Tarifvertragsparteien aber gerade nicht gewählt.

Grundsätzlich ist somit von einer Verfassungsmäßigkeit des § 3 Abs. 2 TVG auszugehen und damit ist die Möglichkeit der Einbeziehung tariflicher Außenseiter gegeben. Zudem wurde bereits durch die Wirkungsweise klargestellt, dass bei einer originären umfassenden Regelungskompetenz auf betrieblicher Ebene auch für die Erfassung die Nichtorganisierten eine zusätzliche Legitimation im Betriebsverfassungsgesetz gegeben ist. Insofern greift die Wirkungsweise und die rechtliche Einordnung als betriebsverfassungsrechtliche Norm ineinander.

Um die beschriebene Einschränkungen zu berücksichtigen, ist eine detaillierte Auseinandersetzung mit dem Problem der negativen Koalitionsfreiheit nicht tarifgebundener Arbeitnehmer im konkreten Einzelfall notwendig. Dies wird

---

[294] Siehe § 6 B. IV. Ordnungsnorm.

noch dringlicher, da sich dieses Problem bei dem Leber-Rüthers-Kompromiss in verschärfter Weise durch die Einschaltung einer Einigungsstelle oder tariflichen Schlichtungsstelle stellt. Dies Problematik führt aber über die rechtliche Einordnung des Leber-Rüthers-Kompromisses als betriebsverfassungsrechtliche Norm hinaus.

E. Inhaltsnorm

Es könnte sich aber bei den tariflichen Regelungen des Leber-Rüthers-Kompromisses auch um eine Inhaltsnorm handeln. Unter Inhaltsnormen versteht man alle Bestimmungen, die nach dem Willen der Tarifvertragsparteien den Inhalt von Arbeitsverhältnissen im Sinne des Arbeitsrechts regeln sollen.[295] Regelungen über den Bereich der Arbeitszeitdauer zählen regelmäßig zu den Inhaltsnormen.[296] Eine Argumentation, die aber ohne nähere Begründung das Vorliegen einer Inhaltsnorm annimmt, weil die Regelung des § 2 MTV/Niedersachsen vom 18. 7. 1984 die Dauer der Arbeitszeit betrifft,[297] greift zu kurz. Denn die tarifliche Regelung ist selbst aus sich heraus noch nicht umsetzbar und bedarf noch der ergänzenden Betriebsvereinbarung zu ihrer Vervollständigung. Es stellt sich nun die Frage, ob diese Unvollständigkeit dazu führt, dass keine Inhaltsnorm vorliegt.

I. Ablehnende Literaturstimmen

Eine Ansicht geht davon aus, dass die tarifliche Regelung selbst wegen Unvollständigkeit keine unmittelbare Rechtswirkung auf den Inhalt eines Einzelarbeitsverhältnisses haben kann. Eine tarifvertragliche Ermächtigung zur Regelung der individuellen Wochenarbeitszeit durch Betriebsvereinbarung könne nicht mehr als tarifvertragliche Regelung bezüglich der Arbeitszeit selbst interpretiert werden.[298] Die tarifliche wöchentliche Arbeitszeit (gemäß § 2 Abs. 1 Satz 1 MTV/Niedersachsen) sei nur noch eine rechnerische Größe, welche aus der durchschnittlichen Wochenarbeitszeit der Vollzeitbeschäftigten eines Betriebes gebildet wird.[299] Somit liege keine Inhaltsnorm vor, da der Inhalt des Arbeitsverhältnisses durch den Tarifvertrag selbst noch gar nicht festgelegt sei.[300]

Zweifel über das Vorliegen einer Inhaltsnorm könnten sich auch daraus ergeben, dass die vorliegende tarifliche Regelung mangels ausreichender Bestimmt-

---

[295] Kempen/Zachert, TVG, § 1 Rz. 27; Wiedemann in Wiedemann, TVG, § 1 Rz. 314.
[296] Wiedemann in Wiedemann, TVG, § 1 Rz. 319.
[297] Linnenkohl BB 1989, 2472, 2473.
[298] Richardi NZA 1988, 673, 673.
[299] Richardi ZfA 1990, 211, 214.
[300] Richardi NZA 1984, 387, 387; Ziepke BB 1985, 281, 284.

heit keine normative Kraft entfalten kann. Insoweit ist aber auf die unbestrittene Möglichkeit von tariflichen Bestimmungsklauseln hinzuweisen, die ebenfalls keine abschließende Bestimmung treffen. Allerdings wird bei Bestimmungsklauseln, die die tarifliche Regelung einen gewissen Bereich auslassen, um ihn zur Disposition der Vertragsparteien oder eines Dritten zu stellen, vertreten, dass es an der gesetzesgleichen Normqualität und an der Richtigkeitsgewähr durch eine Vereinbarung der Tarifvertragsparteien fehlt.[301]

Es stellt sich nun die Frage, ob beim Leber-Rüthers-Kompromiss entsprechend von einer fehlenden Normqualität ausgegangen werden kann. Von einer Auslassung des Bereiches der Arbeitszeit kann im vorliegenden Fall nicht gesprochen werden. Die relativ enge Rahmenvorgabe, in der die individuelle Arbeitszeit schwanken kann, ist bereits geeignet, den Betroffenen einen Anhaltspunkt über ihre zukünftige Arbeitszeit zu geben. Weiterhin ist die tarifliche Regelung durch die Betriebsvereinbarung zu ergänzen und im Zusammenspiel von Tarifvertrag und Betriebsvereinbarung ist eine ausreichende Bestimmtheit gegeben.

II. Auffassung der Rechtsprechung

Das LAG Schleswig-Holstein klassifiziert die tarifvertragliche Norm über die Einführung flexibler Arbeitszeiten als Inhaltsnorm. Dabei geht es davon aus, dass eine Tarifnorm über Arbeitszeit unabhängig von ihrer konkreten Ausgestaltung eine Inhaltsnorm ist.[302] Dem Beschluss des Bundesarbeitsgerichts vom 18. 8. 1987 lässt sich keine eindeutige Aussage über eine Qualifikation als Inhaltsnorm entnehmen. Das Bundesarbeitsgericht spricht davon, dass es offen bleiben kann, ob die Regelung, nach der die wöchentliche Arbeitszeit ohne Pausen 38,5 Stunden beträgt, eine Inhaltsnorm ist.[303] Daher kann der Aussage *Kempens*, das Gericht würde die tariflichen Rahmenvorschriften treffend als Inhaltsnormen qualifizieren,[304] nicht zugestimmt werden. Jedenfalls liefert die Rechtsprechung keine überzeugende Begründung für oder gegen die Qualifikation als Inhaltsnorm.

III. Zustimmende Literaturstimmen

Die überwiegende Meinung[305] in der Literatur geht davon aus, dass beim Leber-Rüthers-Kompromiss eine Inhaltsnorm vorliegt. Im Tarifvertrag sind inhaltliche

---

[301] Eichhorn, Tarifvertragliche Bestimmungsklauseln, S. 53.
[302] LAG Schleswig-Holstein, 27. 8. 1986, DB 1986, 2438, 2439.
[303] BAG, 18. 8. 1987, BAGE 56, 18, 29.
[304] Kempen RdA 1994, 152.
[305] Buchner DB 1985, 913, 917; Hoyningen-Huene NZA 1985, 9, 14; Löwisch NZA 1985, 170, 171; Löwisch/Rieble SAE 1988, 97, 104.

Fragen bezüglich der Arbeitszeit zumindest durch die obere und untere Grenze und die Modalitäten der genauen Festlegung geregelt.

Die Regelung der Arbeitszeit stellt zumindest ein Indiz für die Einordnung als Inhaltsnorm dar. Denn grundsätzlich muss der Rechtscharakter einer tariflichen Norm von ihrem Gegenstand her bestimmt werden.[306] Daher geht es der Sache nach um eine Norm über den Inhalt des Arbeitsverhältnisses.[307] Auch entspricht die gebrauchte Formulierung den bisherigen Formulierungen in Tarifverträgen, die generell als Inhaltsnormen angesehen wurden.[308]

Es wird auch darauf abgestellt, dass im konkreten Fall die verbindliche Vorgabe einer Bandbreite der Wochenarbeitszeit und der verbindlichen betrieblichen Durchschnittsarbeitszeit vorliegt und nur eine Anpassung der Tarifregelung an die betrieblichen Verhältnisse ermöglicht werden soll.[309] Diese Meinung berücksichtigt m. E. nicht ausreichend, dass eine Umsetzung auf die betriebliche Ebene notwendig ist, um den Tarifvertrag anwenden zu können. Dies stellt einen zentralen Punkt der Regelung dar und kann nicht mit einem Hinweis auf die relativ genauen Vorgaben des Tarifvertrages übergangen werden.

Nach einer weiteren Meinung in der Literatur ist es für die Qualifizierung einer tariflichen Regelung als Inhaltsnorm maßgeblich, dass nach dem Willen der Tarifvertragsparteien der Inhalt eines Arbeitsverhältnisses geregelt werden soll. Bei der vorliegenden Regelung wollten die Tarifvertragsparteien die betriebliche Durchschnittswochenarbeitszeit festlegen und den Betriebsparteien den Abschluss einer Betriebsvereinbarung ermöglichen. Somit haben die Tarifparteien ihren Willen bezüglich des Inhalts der Arbeitsverhältnisse hinsichtlich der Arbeitszeit geäußert.[310] Damit spricht auch der Wille der Tarifparteien als weiteres Indiz für das Vorliegen einer Inhaltsnorm.

Weiterhin könnte der Rechtscharakter als Inhaltsnorm nicht dadurch berührt werden, dass lediglich eine Rahmenregelung vorliegt. Gegen das Argument, die tarifliche Regelung sei nicht aus sich selbst heraus vollziehbar, kann eingewendet werden, dass auch bei tariflichen Bestimmungsklauseln eine unvollständige Regelung vorliege. Oben wurde bereits festgestellt, dass eine tarifliche Bestimmungsklausel beim Leber-Rüthers-Kompromiss nicht gegeben ist. Aber auch bei tariflichen Bestimmungsklauseln ist noch eine Konkretisierung durch Dritte

---

[306] LAG Schleswig-Holstein, 27.8.1986, DB 1986, 2438, 2440.
[307] Löwisch BB 1984, 2457, 2458.
[308] Buchner DB 1985, 913, 917.
[309] Weyland ArbuR 1989, 197
[310] Reiß, Tarifautonomie im Spannungsverhältnis, S. 67.

notwendig, bevor die tarifliche Regelung auf das einzelne Arbeitsverhältnis anwendbar ist. Dass tarifliche Bestimmungsklauseln im Bereich der Inhaltsnormen möglich sind, ist unbestritten[311]. Es ist nichts ersichtlich, was einer Vergleichbarkeit von tariflicher Öffnungsklausel (in der Ausgestaltung des Leber-Rüthers-Kompromisses) und Bestimmungsklausel hinsichtlich der Einordnung als Inhaltsnorm widerspricht. Insoweit ist dem Hauptargument der Literaturstimmen, die eine Qualifizierung als Inhaltsnorm mangels unmittelbarer Vollziehbarkeit ablehnen, die Spitze genommen.

IV. Zwischenergebnis

Die Argumente für eine Einordnung als Inhaltsnorm sind insgesamt überzeugend. Im Ergebnis ist daher die Arbeitszeitregelung des Leber-Rüthers-Kompromisses auch als Inhaltsnorm zu qualifizieren.

F. Doppelnorm

Es wurde bisher festgestellt, dass die untersuchte tarifliche Regelung sowohl als betriebsverfassungsrechtliche Norm gemäß §§ 1 Abs. 1, 2. Halbsatz, 3 Abs. 2 TVG, als auch als Inhaltsnorm gem. § 1 Abs. 1, 2. Halbsatz TVG qualifiziert werden können. In der Literatur ist der Begriff Doppelnorm für diese Konstellation gebräuchlich.[312] Betriebsverfassungsrechtliche Normen gelten gem. § 3 Abs. 2 TVG bereits, wenn der Arbeitgeber tarifgebunden ist. Durch die ergänzende Betriebsvereinbarung werden gem. § 77 Abs. 4 BetrVG alle betriebsangehörigen Arbeitnehmer erfasst. Inhaltsnormen gelten gemäß § 3 Abs. 1 TVG nur für Arbeitsverhältnisse, deren Parteien beiderseits tarifgebunden sind.

Es ist nun fraglich, welche Wirkung bei einer tariflichen Regelung zur Geltung kommt, die sowohl eine betriebsverfassungsrechtliche Norm als auch eine Inhaltsnorm ist. Der Streit über die Außenseiterwirkung des § 3 Abs. 2 TVG, der oben bereits kurz dargestellt wurde, gewinnt in dieser Konstellation zusätzliche Brisanz. Unbestritten ist bei Doppelnormen, dass wegen des inhaltlichen Zusammenhangs beider Regelungsbestandteile diese auch den gleichen personellen Geltungsbereich haben müssen.[313] Umstritten ist aber, welchen personellen Umfang Doppelnormen haben.

---

[311] Buchner DB 1985, 913, 917.

[312] Wiedemann in Wiedemann, TVG, § 1 Rz. 276 ff.

[313] Eichhorn, Tarifvertragliche Bestimmungsklauseln, S. 150 m. w. N.

I. Ablehnung der Anwendung des § 3 Abs. 2 TVG

Ein Teil der Literatur vertritt die Ansicht § 3 Abs. 2 TVG könne bei Doppelnormen in der vorliegenden Ausgestaltung nicht angewendet werden.[314]

Zunächst wird vorgebracht, dass der betriebsverfassungsrechtliche Charakter der Arbeitszeitregelung keine Rechtsetzungsbefugnis gegenüber tariflichen Außenseitern eröffnet.[315] Bezüglich der Außenseiter fehle die mitgliedschaftliche Legitimation, und deren Privatautonomie stehe entgegen.[316] Im „Gewand einer betriebsverfassungsrechtlichen Norm" würde der materielle Inhalt der Arbeitsverhältnisse der Außenseiter geregelt, wofür die Tarifmacht der Tarifvertragsparteien nicht ausreicht.[317] Es wird kritisiert, dass eine Anwendung des § 3 Abs. 2 TVG bei Doppelnormen zu einer faktischen Allgemeinverbindlichkeitserklärung über die Mitbestimmung auf der betrieblichen Ebene führen würde, die das Gesetz nicht vorsieht.[318] Damit würde das Prinzip der personell begrenzten Regelungskompetenz aufgehoben, wenn § 3 Abs. 2 TVG grundsätzlich gelten würde.[319]

Auch könne § 3 Abs. 2 TVG das Arbeitsverhältnis nur in Randbereichen erfassen. Somit kann die Wirkung des § 3 Abs. 2 TVG nicht auf die Arbeitszeit angewendet werden, die einen zentralen Bereich des Arbeitsverhältnisses darstellt.[320]

Weiterhin wird vorgebracht, dass die Qualifikation als Inhaltsnorm der hier untersuchten Doppelnorm das Gepräge gibt. Der inhaltsnormative Charakter als Arbeitszeitregelung dominiere, denn die betriebsverfassungsrechtlichen Elemente dienen lediglich zur Umsetzung auf die betriebliche Ebene.

---

[314] Richardi NZA 1984, 387, 388; Richardi NZA 1985, 172, 173; Ziepke BB 1985, 281, 286; Löwisch DB 1984, 2457, 2547; Ziepke NZA 1985, 170, 171; Löwisch/Rieble SAE 1988, 103, 105.

[315] Richardi NZA 184, 387, 388; Richardi NZA 1985, 172, 173.

[316] Ziepke BB 1985, 281, 286.

[317] Löwisch NZA 1985, 170, 171.

[318] Löwisch DB 1984, 2257, 2458.

[319] Richardi NZA 1985, 172, 173.

[320] Löwisch DB 1984, 2457, 2457 f.

II. Vorrang des betriebsverfassungsrechtlichen Charakters

Eine Mehrheit der Stimmen in der Literatur geht von einer Anwendbarkeit des § 3 Abs. 2 TVG bei Doppelnormen aus.[321] Auch das LAG Schleswig-Holstein billigt der vorliegenden Doppelnorm die Wirkung des § 3 Abs. 2 TVG zu.[322]

Die Befürworter einer Außenseiterwirkung betonen bei den Doppelnormen den betriebsverfassungsrechtlichen Charakter.[323] Dies wird damit begründet, dass im Bereich der Doppelnormen das Prinzip der beiderseitigen Tarifbindung zurücktrete und die einseitige Tarifbindung des Arbeitgebers genüge. Denn die durch § 3 Abs. 2 TVG vorgeschriebene einheitliche Wirkung für alle Betriebsangehörigen würde sonst unzulässiger Weise umgangen.[324]

Auch *Kempen* geht vom Grundsatz aus, dass die Inhaltsnormen nicht auf Außenseiter ausgedehnt werden dürfen.[325] Da in der tariflichen Regelung des Leber-Rüthers-Kompromisses keine kompletten Inhaltsnormen vorliegen, sei aber ein Spielraum für betriebsautonome Verhandlungen gegeben. *Kempen* behauptet eine schuldrechtliche Verpflichtung des Arbeitgebers zur Umsetzung der tariflichen Regelung mittels Angeboten und Verhandlungen mit dem Betriebsrat. Diese Verpflichtung soll aus der Mitgliedschaft des Arbeitgebers im Arbeitgeberverband herrühren. Aufgrund des Tarifabschlusses entstehe aus dem Mitgliedschaftsverhältnis ein Auftragsverhältnis zur Umsetzung des Tarifvertrages. Über diese Verpflichtung wird die einheitliche normative Geltung der Tarifverträge begründet. Auch die Bindung an die Einigungsstelle soll unproblematisch sein, da deren Spruch inhaltlich in den Einzelheiten durch die tariflichen Vorgaben nicht festgelegt ist.[326] Gegen diese Auffassung wird eingewendet, dass der Arbeitgeber nicht alleine die tarifliche Vorgabe umsetzen kann, sondern eine Vereinbarung mit dem Betriebsrat treffen muss. Der Betriebsrat besitzt aber eine Abschlussfreiheit, die weder vom Arbeitgeber noch von der Gewerkschaft beschränkt werden kann. Ein bloßer Einigungsversuch des Arbeitgebers er-

---

321 Hanau NZA 1985, 73, 75 f.; Linnenkohl/Rauschenberg BB 1984, 2197, 2202; Nipperdey in Hueck/Nipperdey, Lehrbuch des Arbeitsrechts, Band II, 1.Halbband ,§ 15 II 8 d, S. 282, § 15 II 10, S. 288; Wiedemann, TVG, 1977, § 1 Rz. 239, § 4 Rz. 177.
nach 1988: Linnenkohl BB 1988, 1459, 1460; Linnenkohl/Rauschenberg BB 1984, 2197, 2202; Heinze NZA 1989, 41, 47; Hanau NZA 1985, 73, 75 f.; Weyland 1989, 193, 197 f.

322 LAG Schleswig-Holstein, 27.8.1986, DB 1986, 2438, 2440.

323 Linnenkohl BB 1988, 1459, 1460; Linnenkohl/Rauschenberg BB 1984, 2197, 2202; Heinze NZA 1989, 41, 47; Hanau NZA 1985, 73, 75 f.; Weyland 1989, 193, 197 f.

324 Heinze NZA 1989, 41, 47.

325 Kempen ArbuR 1989, 261, 268 f.

326 Kempen ArbuR 1989, 261, 269 f.

scheint nicht ausreichend, um eine einheitliche normative Geltung der tariflichen Regelung zu rechtfertigen.[327]

Ein weiterer Ansatz geht vom Willen der Tarifvertragsparteien aus, welche Wirkung sie ihrer tariflichen Regelung im Einzelfall zubilligen wollten. *Schwarze* geht von der Besserstellung der organisierten Arbeitnehmer durch eine tarifliche Doppelnorm aus und legt den Willen der Tarifvertragsparteien so aus, dass diese regelmäßig eine bloße Inhaltsnorm gewollt haben, da sie bereits erhebliche Regelungsvorarbeit erbracht haben. Diese Verbandsarbeit soll meist nicht den Nichtorganisierten zu gute kommen.[328] Dieser Meinung ist aber im Zusammenhang mit dem Leber-Rüthers-Kompromiss nicht zuzustimmen, da eine Einbeziehung aller betriebsangehörigen Arbeitnehmer gerade gewollt war.Daher spricht der Wille der Tarifvertragsparteien für eine Anwendung des § 3 Abs. 2 TVG bei der vorliegenden Doppelnorm.

III. Vermittelnde Ansicht

Eine vermittelnde Ansicht geht davon aus, dass die Außenseitererfassung über § 3 Abs. 2 TVG auch bei tariflichen Regelungen mit inhaltlichen Komponenten dann möglich ist, wenn diese Regelungen notwendigerweise eine einheitliche Geltung für den gesamten Betrieb erfordern.[329]

Als argumentative Grundlage wird davon ausgegangen, dass der Charakter als Inhaltsnorm den personellen Umfang vorgibt. Doppelnormen können den Versuch darstellen, die Regelung des §§ 3 Abs. 1, 4 Abs. 1 Satz 1 TVG zu umgehen. Jedoch kann die Erfassung aller Arbeitnehmer eines Betriebes aus organisatorischen Gründen gerechtfertigt sein. Im vorliegenden Fall wird ein Gesamtvolumen der im Betrieb zu erbringenden Arbeitszeit bestimmt und es könnte eine Gleichbehandlung sämtlicher Belegschaftsmitglieder aus betriebsorganisatorischen Gründen geboten sein.[330]

Auch wird vertreten, dass der inhaltliche Schwerpunkt für die Wirkung einer Doppelnorm maßgeblich sei. Die Rechtsfolge soll hier wie bei den Regeln über den gemischten Vertrag danach bestimmt werden, ob mehr eine Inhaltsnorm oder eine betriebsverfassungsrechtliche Norm vorliegt. Dann wird der Norm der primäre Charakter einer betrieblichen Norm zugesprochen, da das verkürzte Ar-

---

[327] Bartholomä, Regelungsumfang und Geltungswirkung tarifergänzender Betriebsvereinbarungen, S. 76.

[328] Schwarze, Der Betriebsrat im Dienste der Tarifvertragsparteien, S. 346 f.

[329] Spilger , Tarifvertragliches Betriebsverfassungsrecht, S. 218.

[330] Weyland ArbuR 1989, 193, 197 f.

beitszeitvolumen nicht dem einzelnen Arbeitnehmer, sondern diesen nur als Mitglied der Belegschaft zugute kommen soll.[331]

IV. Eigene Stellungnahme

Das Argument, welches einen Vorrang des betriebsverfassungsrechtlichen Charakters betont, überzeugt ebenso wenig wie die Gegenauffassung, die ein Gepräge durch den inhaltlichen Charakter der Norm behauptet. Die Schwierigkeiten liegen bei einer Doppelnorm eben gerade darin, dass beide Elemente zugleich vorliegen, und die Behauptung eines überwiegenden Charakters scheint teilweise eine ergebnisorientierte Argumentation zu sein.

Die Behauptung, § 3 Abs. 2 TVG könne trotz des Vorliegens einer betriebsverfassungsrechtlichen (oder betrieblichen) Norm nicht angewendet werden, widerspricht aber dem klaren Wortlaut des Gesetzes. Wenn der Charakter als betriebsverfassungsrechtliche Norm bejaht wird, ist § 3 Abs. 2 TVG anzuwenden. Dafür spricht der Wortlaut des Gesetzes, der in § 3 Abs. 2 TVG die weitere personelle Reichweite anordnet. Lediglich eine Verfassungswidrigkeit im Hinblick auf die tariflichen Außenseiter könnte dieser Wirkung entgegenstehen, was aber im Einzelfall untersucht werden muss. Mit der bloßen Behauptung der Verfassungswidrigkeit und ohne Argumentation nimmt man das erwünschte Ergebnis dieser Prüfung vorweg und gibt keine eigenständige Begründung.

Der Argumentation *Kempens*[332] über eine schuldrechtliche Verpflichtung des Arbeitgebers kann nicht gefolgt werden. Bereits die Behauptung eines solchen Auftragsverhältnisses bei Abschluss des Tarifvertrages überzeugt nicht. Ein solches Auftragsverhältnis für den Arbeitgeber gibt den Willen der Tarifvertragsparteien nicht wieder. Zudem würde dem bloßen Einigungsversuch eine zu weitreichende rechtliche Wirkung zugebilligt werden.[333]

Auch der Auffassung von *Schwarze*[334] ist zu widersprechen. Sie beruht darauf, dass die vorliegende tarifliche Regelung ebenfalls als eine Inhaltsnorm zu qualifizieren ist. Daraus soll auf den Willen der Tarifvertragsparteien zu schließen sein, die tarifliche Norm solle nur für die organisierten Arbeitnehmer gelten. Es ist aus der Entstehungsgeschichte und dem Zweck des Leber-Rüthers-Kompromisses zu entnehmen, dass nach dem Willen der Tarifparteien zur betrieblichen Umsetzung alle Arbeitnehmer des Betriebes miteinbezogen werden

331 Rauschenberg, Flexibilisierung und Neugestaltung der Arbeitszeit, S.118 f.
332 Kempen ArbuR 1989, 261, 268 ff.
333 so auch Bartholomä, Regelungsumfang und Geltungswirkung tarifergänzender Betriebsvereinbarungen, S. 76.
334 Schwarze, Der Betriebsrat im Dienste der Tarifvertragsparteien, S. 346 f.

sollten. Denn nach dem langen Arbeitskampf sollte mit dem Schlichtungsvorschlag den Arbeitgebern als Gegenleistung für die Arbeitszeitverkürzung der flexible Einsatz ihrer gesamten Belegschaft ermöglicht werden und nicht nur der tarifgebundenen Arbeitnehmer. Insofern liegt hier zumindest eine Ausnahme zur behaupteten Regel vor. Daher spricht der Wille der Tarifvertragsparteien im Fall der hier untersuchten Doppelnorm eindeutig für eine Einbeziehung der tariflichen Außenseiter.

Der Auffassung von *Spilger*[335] ist soweit zuzustimmen, als eine nur vorgeschobene Kompetenz der betrieblichen Ebene mit dem rechtsmissbräuchlichen Ziel der Erstreckung von Inhaltsnormen auf Außenseiter rechtswidrig sein könnte. Im vorliegenden Fall gibt die tarifliche Regelung aber keine kompletten Inhaltsnormen vor, sondern es existiert ein tatsächlicher Spielraum auf dem Gebiet der Arbeitszeit für die betriebliche Ebene.

Daher ist der Leber-Rüthers-Kompromiss als Doppelnorm zu qualifizieren, wobei sich die Normwirkung über § 3 Abs. 2 TVG auch auf Außenseiter erstreckt.

G. Tarifregelung „sui generis“

Angesichts der bereits dargestellten Schwierigkeiten und vielfältigen Meinungen bei der dogmatischen Einordnung der tariflichen Arbeitszeitregelung von 1984, kommen einige Autoren zum Ergebnis, es läge ein rechtsdogmatisch nur unvollständig erfasster Normenkomplex vor.[336] Diese tariflichen Regelungen seien als solche eigener Art einzuordnen und stellten normative Tarifregelungen sui generis dar.[337] Eine solche Bezeichnung ist möglich, aber wenig hilfreich. Sie bringt weder die denkbaren Einordnungsmöglichkeiten des Leber-Rüthers-Kompromisses zum Ausdruck, noch deutet sie dadurch die möglichen Rechtsfolgen an. Mit einer solchen Bezeichnung ist nichts gewonnen.

H. Zusammenfassung

Die Beschreibung des Leber-Rüthers-Kompromisses als eine Zulassungsnorm ist möglich, wenn dieser Begriff in dem Sinne verwendet wird, dass Tariföffnungsklauseln den Betriebspartnern vom Tarifvertrag abweichende Regelungen gestatten.

Es handelt sich bei der vorliegenden tariflichen Regelung des Leber-Rüthers-Kompromisses sowohl um eine betriebsverfassungsrechtliche Norm, als auch

---

[335] Spilger , Tarifvertragliches Betriebsverfassungsrecht, S. 218.
[336] Reiß, Tarifautonomie im Spannungsverhältnis, S. 64 m. w. N.
[337] Ruoff, Die Flexibilisierung der Tarifverträge, S. 103.

um eine Inhaltsnorm. Da bei dieser Doppelnorm auch eine Einbeziehung der tariflichen Außenseiter gemäß § 3 Abs. 2 TVG vorliegt, ist eine Verletzung deren negativer Koalitionsfreiheit noch zu überprüfen.[338]

---

[338] siehe § 7 C. Negative Koalitionsfreiheit.

§ 7 Inhaltliche Grenzen tariflicher Öffnungsklauseln

Während die Wirkungsweise der tariflichen Öffnungsklausel geklärt und eine rechtliche Einordnung des Leber-Rüthers-Kompromisses vorgenommen wurden, zeigten sich bereits die grundlegenden Probleme einer Begrenzung der Reichweite. Zum einen stellt sich die Frage, ob eine verfassungsrechtliche Grenze für eine Verlagerung der Regelungskompetenz von der Tarif- auf die Betriebsebene existiert. Im Falle der Existenz einer Grenze wären deren Kriterien zu bestimmen. Eine weitere Einschränkung bei der Ausgestaltung tariflicher Öffnungsklauseln könnte sich aus der Einbeziehung tariflicher Außenseiter ergeben. Dabei ist die Ausgestaltung der tariflichen Arbeitszeiten im Rahmen des Leber-Rüthers-Kompromisses als Untersuchungsgegenstand heranzuziehen. Anschließend ist eine Untersuchung hinsichtlich weiterer möglicherweise berührter Verfassungsgrundsätze vorzunehmen. Auch aus den einfachgesetzlichen Vorgaben für tarifvertragliche Öffnungsklauseln könnte sich eine inhaltliche Begrenzung ergeben. Abschließend wird angeprüft, ob sich inhaltliche Grenzen aus internationalen Übereinkommen ergeben könnten.

A. Prüfungsmaßstab für die Grenzziehung

Gegenstand der Überprüfung hinsichtlich inhaltlicher Grenzen sind die tarifvertraglichen Öffnungsklauseln, die als Regelungen in den Tarifverträgen selbst enthalten sind. Als Prüfungsmaßstab für die inhaltlichen Grenzen tarifvertraglicher Öffnungsklauseln könnten die Vorschriften des Grundgesetzes und die einfachrechtlichen Gesetze, insbesondere das Betriebsverfassungsgesetz und das Tarifvertragsgesetz herangezogen werden. Dazu ist zunächst die Anwendbarkeit der Grundrechte und der einfachen Gesetze als Prüfungsmaßstab für tarifvertragliche Regelungen zu klären.

I. Untersuchungsgegenstände

Als konkreter Untersuchungsgegenstand ist eine tarifliche Ausgestaltung zu wählen, die eine möglichst große Freigabe von Regelungskompetenz auf der betrieblichen Ebene umfasst. Dabei ist weniger an die bisherige Tarifpraxis zu denken, sondern vielmehr auf theoretische Überlegungen einzugehen. Wenn sich gegen diese, bisher nur erwogene, umfassende tarifliche Öffnungsklausel keine verfassungsrechtlichen oder gesetzlichen Einwände erheben lassen, sind auch die rechtlichen Freiräume für zukünftige Öffnungsklauseln ausgelotet. Daher bietet sich als Untersuchungsgegenstand eine sogenannte umfassende Öffnungsklausel[339] für die Betriebsebene an. Damit wird der größt denkbare Bereich einer tariflichen Öffnungsklausel beschrieben.

---

[339] siehe § 3 A. VI. Umfassende Öffnungsklausel.

Weiterhin könnten sich durch die Kombination von tariflichen Öffnungsklauseln mit andern Elementen tarifvertraglicher Gestaltung rechtliche Grenzen ergeben. Dies gilt hinsichtlich der bereits beschriebenen Wirkungsweise und Normerstreckung über § 3 Abs. 2 TVG beim Leber-Rüthers-Kompromiss. Eine solche Ausgestaltung wirft die Frage nach den Rechten der nicht gewerkschaftlich organisierten Arbeitnehmer auf und damit nach einer inhaltlichen Grenze von tarifvertraglichen Öffnungsklauseln bezüglich der personellen Reichweite. Damit sind die beiden wichtigsten Anknüpfungspunkte einer Untersuchung der inhaltlichen Grenzen genannt.

II. Festlegung des Prüfungsmaßstabes

Ausgangspunkt für die inhaltliche Überprüfung der tariflichen Öffnungsklauseln ist, dass Tarifnormen Teil der Rechtsordnung sind und nicht gegen staatliches Recht verstoßen dürfen.[340] Die dogmatische Begründung und das genaue Ausmaß der Grundrechtsbindung der Koalitionen bei ihrer tariflichen Normsetzung ist jedoch umstritten.

Es entsprach seit mehr als 40 Jahren der gefestigten Rechtsprechung des Bundesarbeitsgerichts, dass Tarifverträge aufgrund ihrer normativen Wirkung wie Gesetze zu behandeln sind und daher in gleicher Weise am Maßstab der Grundrechte überprüft werden. Das Bundesarbeitsgericht begründete dies damit, dass der Abschluss von Tarifverträgen Gesetzgebung im Sinne von Art. 1 Abs. 3 GG darstelle.[341]

Dem hatte sich die arbeitsrechtliche Literatur weitgehend angeschlossen.[342] Eine Erklärung für die Anwendbarkeit der Grundrechte als Prüfungsmaßstab für Tarifverträge wird in der typischen Konstellation der tarifschließenden Verbände gesehen. Sowohl der einzelne Arbeitgeber als auch der einzelne Arbeitnehmer, sind als Mitglied der Befugnis der Koalitionen, Tarifverträge abzuschließen, unterworfen und können durch eine Mehrheit innerhalb des Verbandes überstimmt werden. Daher ist der Minderheitenschutz, der im Bereich der staatlichen Gesetzgebung durch die Grundrechte gewährleistet wird, auch gegenüber Tarifverträgen sicherzustellen. Die Tarifautonomie ist in der Funktion dem Gesetzgeber nachgefolgt, der seine eigene Regelungszuständigkeit in diesem Bereich zurückgenommen hat, was aber zu keiner Verminderung des Grundrechtschutzes für das Individuum führen darf.[343]

[340] Löwisch/Rieble, TVG, § 1 Rz. 137.
[341] BAG, 15. 1. 1955, AP Nr. 4 zu Art. 3 GG; BAG, 15. 1. 1964, AP Nr. 87 zu Art. 3 GG.
[342] Schaub, Arbeitsrechts-Handbuch, § 198 III 1 Rz. 16 f., S. 2042.
[343] Blomeyer ZfA 1980, 1, 22.

In der verfassungsrechtlichen und der neueren arbeitsrechtlichen Literatur herrscht die Auffassung vor, dass die Grundrechte die Tarifverträge nur mittelbar binden.[344] Es existiere keine unmittelbare Grundrechtsbindung der Tarifvertragsparteien durch Art. 1 Abs. 3 GG, da sie nicht als Grundrechtsadressaten genannt sind.[345] Die tarifvertragliche Rechtsetzung sei nicht Rechtsetzung im Sinne des Art. 1 Abs. 3 GG, da sich aus dem systematischen Zusammenhang des Grundgesetzes ergibt, dass nur der staatliche Gesetzgeber gemeint ist.[346] Aufgrund der autonomen Unterwerfung der Koalitionsmitglieder sei der Gestaltungsspielraum der Koalitionen größer als der des Gesetzgebers.[347] Die mittelbare Bindung an die Grundrechte kommt durch ein sogenanntes "Untermaßverbot" zustande, was bedeutet, dass in Art. 9 Abs. 3 GG zwar den Koalitionen ein Freiraum zur Gestaltung der Arbeits- und Wirtschaftsbedingungen bereit gestellt werden muss, aber aus den Grundrechten der Koalitionsmitglieder ein Schutzanspruch durch die staatliche Gewalt auch im Bereich des Tarifvertragsrechts besteht.[348]

Von der Auffassung einer unmittelbaren Grundrechtsbindung hat sich das Bundesarbeitsgericht in seiner neueren Rechtsprechung gelöst und sich der Lehre einer mittelbaren Grundrechtsbindung teilweise angeschlossen. Der 7. Senat des Bundesarbeitsgerichts verneint eine unmittelbare Anwendung der Grundrechte auf die Tarifverträge, gelangt aber über die Schutzpflichtfunktion der Grundrechte zu einer mittelbaren Bindung.[349] Der 4. Senat des Bundesarbeitsgerichts hat die Frage, ob eine unmittelbare Grundrechtsbindung der Tarifverträge von der Verfassung geboten sei, ausdrücklich offen gelassen.[350] Der 3. Senat des Bundesarbeitsgerichts geht einerseits von einer unmittelbaren Bindung an den Gleichheitssatz aus, schließt sich aber andererseits hinsichtlich der Individualgrundrechte der Lehre von der mittelbaren Grundrechtsbindung an.[351]

Gegen eine nur mittelbare Bindung an die Grundrechte wird vorgebracht, dass der Doppelcharakter der Tarifnormen, die auch Rechtsnormcharakter besitzen, nicht ausreichend berücksichtigt würde und die Tarifmacht "entgrenzt" würde.[352]

---

[344] siehe Darstellung bei: Wiedemann in Wiedemann, TVG, Einl. Rz. 202ff. m. w. N.
[345] Dieterich in Festschrift für Schaub , S. 117, 120.
[346] Waltermann in Festschrift für Söllner, S. 1251, 1274f.
[347] Dieterich in Festschrift für Schaub , S. 117, 121.
[348] Dieterich in Festschrift für Schaub , S. 117, 122; Dieterich RdA 2001, 113, 115.
[349] BAG, 25.2.1998, NZA 1998, 715, 715; BAG, 11.3.1998, NZA 1998, 716, 716.
[350] BAG, 5.10.1999, RdA 2000, 310, 312.
[351] BAG, 4.4.2000, RdA 2001, 110, 111.
[352] Söllner, NZA 2000, Sonderbeilage zu Heft 24, S. 33, 41.

Hinsichtlich der Auswirkungen des dogmatischen Streits wird die Meinung vertreten, eine mittelbare Grundrechtsbindung der Tarifverträge führe zu keinem anderen Ergebnis wie eine unmittelbare Grundrechtsbindung.[353] Das bedeutet vor allem, dass eine volle gerichtliche Nachprüfbarkeit der Tarifverträge gegeben sei. Nach der Gegenauffassung von *Dieterich* führt die Unterscheidung von unmittelbarer und mittelbarer Grundrechtsbindung zu erheblichen praktischen Konsequenzen. Zum einen betrifft dies die Kompetenz zur Kontrolle bei unmittelbarer Grundrechtsbindung. Es sei ausschließlich das Bundesverfassungsgericht in letzter Instanz zuständig, während bei mittelbare Grundrechtsbindung die Fachgerichte eine entsprechend weite Konkretisierungskompetenz besäßen. Zum anderen würde sich auch der materielle Inhalt der Grundrechtsbindung unterschiedlich darstellen, da bei einer unmittelbaren Grundrechtsbindung die Grundrechtsadressaten zum aktiven Schutz des Grundrechtsbereiches verpflichtet seien.[354]

Unabhängig von der konkreten dogmatischen Begründung der Grundrechtsbindung, die nicht Gegenstand der vorliegenden Arbeit ist, sind die Tarifverträge anhand der Grundrechte zu überprüfen. Die Überprüfung von Tarifverträgen anhand der Grundrechte entspricht der überwiegenden Meinung.[355] *Dieterich* selbst räumt ein Übergangsproblem für den Grundrechtschutz bei einer mittelbaren Grundrechtsbindung ein, solange noch kein klares Prüfungsprogramm für eine Kontrolle am Maßstab grundrechtlicher Schutzpflichten erkennbar ist.[356] Für die Frage nach einer inhaltlichen Grenzziehung ist eine Kontrolle anhand der Grundrechte vorzunehmen, da nur so diese Grenzziehung unter dem Aspekt der Rechtssicherheit für die Tarifvertragsparteien überzeugen kann. Da bislang als Konsequenz aus einer mittelbaren Grundrechtsbindung ein diffuser Prüfungsmaßstab folgt, sind im Hinblick auf die Rechtssicherheit und Grundrechtschutz die Grundrechte als Prüfungsmaßstab anzuwenden, wobei jedoch die freiwillige Mitgliedschaft der Koalitionsmitglieder stets zu berücksichtigen ist.[357]

Weiterhin stehen tarifvertragliche Normen in der Ordnung der Normen und Gestaltungsfaktoren des Arbeitsverhältnisses unter dem Gesetz. Sofern Tarifverträge das Gesetz verletzen, sind sie nichtig. Dies gilt auch für europäisches und internationales Recht.[358]

---

[353] Löwisch/Rieble in Münchner Handbuch, Band 3, § 246 Rz. 72.

[354] Dieterich RdA 2001, 113, 115.

[355] Gamillscheg, Kollektives Arbeitsrecht, S. 666; Löwisch/Rieble in Münchner Handbuch, Band 3, § 246 Rz. 71; Söllner, NZA 2000, Sonderbeilage zu Heft 24, S. 33, 41.

[356] Dieterich RdA 2001, 113, 116.

[357] so auch Wiedemann in Wiedemann, TVG, Einl. Rz. 209.

[358] Gamillscheg, Kollektives Arbeitsrecht, S. 666.

Der Tarifvertrag verdrängt nur in den ihm zur Alleinregelung überlassenen Bereichen das staatliche Gesetz, ansonsten ist das Gesetz die stärkere Rechtsquelle. Daher müssen die Tariföffnungsklauseln unabhängig von der dogmatischen Herleitung höherrangiges Recht beachten.[359] Daher sind die Prüfungsgegenstände am Maßstab der Verfassung, des einfachen Gesetzes und gegebenenfalls an überstaatlichem Recht zu messen.

B. Tarifautonomie

Durch die Vereinbarung von weitreichenden tariflichen Öffnungsklauseln könnte die Tarifautonomie verletzt werden, denn die Tarifvertragsparteien könnten durch ein Verlagern der Regelungsmacht auf die betriebliche Ebene sich selbst überflüssig machen. Zur Überprüfung einer möglichen Verletzung der Tarifautonomie müssen zunächst deren Grundlagen dargestellt werden. Dann soll der Bereich festgelegt werden, in dem die Tarifautonomie durch Art. 9 Abs. 3 GG überhaupt verfassungsrechtlich geschützt ist. Anschließend soll die These dargestellt werden, dass die Tarifvertragsparteien durch die Tarifautonomie verpflichtet sind, wesentliche Fragen des Tarifvertrages selbst zu regeln. Abschließend soll zu dieser These Stellung genommen werden und ein Fazit zur Frage einer möglichen Verletzung der Tarifautonomie durch Öffnungsklauseln gezogen werden. Dabei wird die denkbar weiteste Öffnungsklausel, die umfassende Öffnungsklausel, auf einen Verstoß gegen die Tarifautonomie überprüft. Denn wenn diese theoretisch erwogene umfassende Öffnungsklausel keinen Verstoß gegen die Tarifautonomie darstellt, ist keine Ausgestaltung einer Öffnungsklausel hinsichtlich der Reichweite denkbar, die die Tarifautonomie verletzt.

I. Herleitung der kollektiven Garantie des Art. 9 Abs. 3 GG

Der Begriff der Tarifautonomie enthält die Befugnis der Arbeitgeber und Gewerkschaften, die Arbeits- und Wirtschaftsbedingungen ihrer Mitglieder in kollektiven Verträgen selbständig und selbstverantwortlich zu regeln.[360] Für die Untersuchung, ob die Tarifautonomie durch Öffnungsklauseln verletzt sein könnte, ist es notwendig, auch die historische Entwicklung angemessen zu berücksichtigen. Für die heutige Form der Tarifautonomie sind deren Grundlagen von großer Bedeutung.

1. Historische Herleitung der Tarifautonomie

Für die Auslegung des Art. 9 Abs. 3 GG, der der verfassungsrechtliche Anknüpfungspunkt für die Tarifautonomie ist, soll in besonderem Maße die historische

[359] Schaub in Erfurter Kommentar, § 4 TVG Rz. 51.
[360] Wiedemann in Wiedemann, TVG, Einl. Rz. 1.

Entwicklung der Koalitionsfreiheit herangezogen werden. Darauf hat das Bundesverfassungsgericht wiederholt hingewiesen.[361]

Die Gewerbeordnung von 1869 brachte die Koalitionsfreiheit. Durch diese Koalitionsfreiheit konnte die Entwicklung zur Tarifautonomie beginnen. Sämtliche Verbote und Strafbestimmungen gegen Gewerbetreibende, Gehilfen, Gesellen und Arbeiter wegen Verabredung und Vereinigungen zur Erlangung günstiger Lohn- und Arbeitsbedingungen wurden aufgehoben. Nach § 152 Abs. 2 der Gewerbeordnung war aber der Rücktritt von solchen Vereinigungen und Verabredungen frei .[362]

Das Tarifrecht in Deutschland war bis ins Jahr 1918 nicht kodifiziert. Seit Ende des 19. Jahrhunderts hatten aber die Tarifverträge in der sozialen Wirklichkeit eine erhebliche Bedeutung erlangt, so dass sie auch von Rechtsprechung und Rechtswissenschaft behandelt wurden. Dabei bildete sich folgende Meinung als die herrschende, wenngleich nicht unbestrittene, heraus. Der Tarifvertrag sei ein rechtswirksamer, schuldrechtlicher Vertrag nach dem Bürgerlichen Gesetzbuch mit erzwingbaren Pflichten. Nur die abschließenden Verbände sind Vertragsparteien, für deren Mitglieder kann der Tarifvertrag als Vertrag zugunsten Dritter wirken. Der Tarifvertrag enthielt nur eine relative Friedenspflicht, das heißt der Tariffrieden wurde nicht verschuldensunabhängig garantiert, und enthielt noch nicht das Unabdingbarkeitsprinzip.[363]

Am 23. 12. 1918 wurde mit der „Verordnung über Tarifverträge, Arbeiter– und Angestelltenausschüsse und Schlichtung von Arbeitsstreitigkeiten“ die erste gesetzliche Regelung über Tarifverträge in Deutschland erlassen. Deren erster Teil, der die Tarifverträge betraf, wurde ohne wesentliche inhaltliche Änderungen durch die Verordnung über Tarifverträge vom 1. 3. 1928 erneuert. Durch diese Verordnungen wurden die Tarifverträge erstmals rechtsverbindlich, wodurch die tariflichen Regelungen unmittelbar und zwingend galten.

Die Weimarer Reichsverfassung vom 11. 8. 1919 birgt zwei Anknüpfungspunkte für die Tarifautonomie. Damit hatte sich das Tarifvertragsrecht vom einfachgesetzlichen Bereich zur einer verfassungsrechtlich garantierten Grundlage für die Tarifautonomie weiterentwickelt. Zum einen findet sich Art. 159 WRV, auf den der nahezu wortgleiche Art. 9 Abs. 3 GG zurückzuführen ist. Umstritten

[361] BVerfG, 18. 11. 1954, BVerfGE 4, 96, 106; BVerfG, 30. 11. 1965 ,BVerfGE 19, 303, 314; BVerfG, 24. 5. 1977, BVerfGE 44, 322, 347; BVerfG, 1. 3. 1979, BVerfGE 50, 290, 366 f.

[362] Neumann RdA 1990, 257, 257.

[363] Nipperdey in Hueck/Nipperdey Lehrbuch des Arbeitsrechts, Band II, 1.Halbband, § 13 I 1, S. 212 ff.

war damals, ob Art. 159 WRV den Schutz der Koalitionen selbst enthält. Zum anderen wurde in Art. 165 Abs. 1 WRV die Autonomie der Berufsverbände festgestellt. In Art. 165 Abs. 1 Satz 2 WRV wurden ausdrücklich die Organisationen und ihre Betätigung in Form von Vereinbarungen anerkannt. Die Rechtsprechung des Reichsgerichts hinsichtlich der Frage, ob die Vereinigung als solche durch das Grundrecht der Koalitionsfreiheit geschützt sei, war nicht einheitlich. Die Rechtslehre neigte der Ansicht zu, diese Frage zu bejahen, wobei insbesondere auf Art. 165 Abs. 1 WRV verwiesen wurde.[364]

Während der nationalsozialistischen Herrschaft konnte sich die Tarifautonomie nicht behaupten. Mit dem Gesetz zur Ordnung der nationalen Arbeit vom 20. 1. 1934 wurden die Gewerkschaften und Arbeitgeberverbände, die Träger der Tarifautonomie, aufgelöst. Nach dem Zusammenbruch der nationalsozialistischen Gewaltherrschaft erging noch vor dem Inkrafttreten des Grundgesetzes am 9. 4. 1949 das Tarifvertragsgesetz, welches eine bis heute gültige Grundlage der Tarifautonomie darstellt.

2. Entwicklung der Tarifautonomie unter Geltung des Art. 9 Abs. 3 GG

Die Tarifautonomie findet ebenso wenig eine Erwähnung im Grundgesetz, wie ein Tarifvertragssystem. Ausgangspunkt der aus Art. 9 Abs. 3 GG abgeleiteten Tarifautonomie ist die individuelle Koalitionsfreiheit. Darunter versteht man das Recht des Individuums, eine Vereinigung zur Förderung der Arbeits- und Wirtschaftsbedingungen zu gründen oder einer solchen beizutreten. Das Bundesverfassungsgericht hat das kollektive Verständnis des Art. 9 Abs. 3 GG begründet, als es den Berufsverbänden unter Heranziehung des Sozialstaatsprinzips aus Art. 20 Abs.1, 28 Abs. 1 Satz 1 GG und des Art. 19 Abs. 3 GG einen Bestandsschutz gewährte.[365] Damit wurde Art. 9 Abs. 3 GG ein Doppelcharakter als Individual- und Kollektivgrundrecht zugesprochen, den die spätere Rechtsprechung ständig bestätigte.[366]

In der Literatur wurde an dieser Auffassung Kritik geäußert. Der Bestand und die Betätigung der Koalition wurde nur als unselbständiger Ausfluss des Individualgrundrechts gesehen.[367] Der Wortlaut sowohl des Art. 9 Abs. 1 als auch des

---

[364] BVerfG, 18. 11. 1954, BVerfGE 4, 96, 101 m. w. N.
[365] BVerfG, 18. 11. 1954, BVerfGE 4, 96, 101 f.
[366] BVerfG, 14. 4. 1964, BVerfGE 17, 319, 333; BVerfG, 30. 11. 1965, BVerfGE 19, 303, 312; BVerfG, 1. 3. 1979, BVerfGE 50, 290, 373; BVerfG, 26. 6. 1991, BVerfGE 84, 212, 224.
[367] Scholz in Maunz/Dürig, GG, Art. 9 Rz. 23, 25; Scholz in „Arbeitnehmer oder Arbeitsteilhaber?“, S. 163, 171 f. ; Scholz in Handbuch des Staatsrechts VI, § 151; Rz. 73 ff.

Abs. 3 GG orientiere sich am Individuum und am individuellen Grundrecht.[368] Auch sollen verbandsrechtliche Gewährleistungen nach dem System des Grundgesetzes prinzipiell nur nach Art. 19 Abs. 3 GG möglich sein. Bei einer verbandsgrundrechtlichen Gewährleistung aus Art. 9 GG selbst würden sich Abgrenzungs- und Konkurrenzprobleme zwischen Art. 9 GG und Art. 19 Abs. 3 GG ergeben, die nur durch eine Interpretation des Art. 9 GG als Individualrecht und des Art. 19 Abs. 3 GG als korrespondierende verbandrechtliche Schutzbestimmung aufzulösen sein soll.[369] Praktische Unterschiede zwischen dieser und der herrschenden Meinung ergäben sich grundsätzlich nicht.

Diese Mindermeinung kann nicht überzeugen. Der Streit geht über die rechtstechnische Ebene hinaus, da nur eine kollektive Sicht des Art. 9 Abs. 3 GG den Schutz eigenständiger Koalitionsinteressen gegenüber Individualinteressen ermöglicht. Diese Verbandsinteressen könnten im Einzelfall gegenüber den Individualinteressen vorgehen, was bei Beschränkung auf ein Individualgrundrecht aus logischen Gründen nicht möglich wäre. Auch wird nicht die Bedeutung der Sozialpartner erkannt, wie sie sich historisch entwickelt hat und in der Verfassung mit der sozialen Selbstverwaltung anerkannt wird. Ihnen kommt ein Eigenwert zu. Weiterhin spricht die Gemeinschaftsgebundenheit des Individuums für ein Kollektivgrundrecht, denn die Stärkung durch die gemeinsame Ausübung führt zu einer eigenständigen, von den zusammengefassten Individualinteressen gelöste Grundrechtsverbürgung der Berufsorganisationen.[370]

Die bereits beschriebene institutionelle Garantie, die den Bestand und das Wohl der Koalitionen gewährleistet, wird auch als Koalitionsbestandsgarantie bezeichnet. Die Koalitionsfreiheit kann ihren Sinn nur dann entfalten, wenn den Koalitionen durch die Rechtsordnung gewährleistet wird, dass sie den in Art. 9 Abs. 3 GG genannten Zweck der Wahrung und Förderung der Arbeits- und Wirtschaftsbedingungen verfolgen können. Daher muss die Koalitionsfreiheit auch das Recht umfassen, den genannten Zweck durch spezifische koalitionsgemäße Betätigung zu realisieren. Dies nennt man die Koalitionsbetätigungsgarantie. Weiterhin wird die Koalitionsmittelgarantie anerkannt, die die Handlungsinstrumente schützt, die zur Verwirklichung der Ziele der Koalitionen nötig sind. Als rechtliches Mittel dafür hat sich der Tarifvertrag entwickelt.[371] Nach allgemeiner Ansicht gehört zu den grundrechtlich gewährleisteten Betätigungen der Sozialpartner auch und vor allem der Abschluss von Tarifverträgen, also die Tarifautonomie.

---

[368] Scholz in Maunz/Dürig, GG, Art. 9 Rz. 23 m. w. N.

[369] Scholz in Maunz/Dürig, GG, Art. 9 Rz. 25 m. w. N.

[370] Wiedemann in Wiedemann, TVG, Einl. Rz. 90.

[371] BVerfG, 6. 5. 1964, BVerfGE 18, 18, 26.

Folglich wird als Mittel zur koalitionsrechtlichen Gesamtvereinbarung auch die Tarifautonomie geschützt. Sie stellt ein funktionstypisches Instrument der Koalitionsbetätigungsgarantie dar. Nach Aussage des Bundesverfassungsgerichts gilt dieser Schutz aber „ganz allgemein und umfasst nicht die besondere Ausprägung, die das Tarifvertragssystem in dem zur Zeit des Inkrafttretens des Grundgesetzes geltenden Tarifvertragsgesetzes erhalten hat".[372] Daher wird dem Gesetzgeber ein breiter Gestaltungsspielraum bei der Ausformung der Tarifautonomie zugebilligt.

Neben Art. 9 Abs. 3 GG wird die Tarifautonomie durch das Sozialstaatsprinzip geschützt. Auch das Bundesverfassungsgericht zog ergänzend das Sozialstaatsprinzip aus Art. 20 GG und Art. 19 Abs. 3 GG zum Schutz der Koalitionen heran.[373] Da das Sozialstaatsprinzip gemäß Art. 20 Abs. 1, 28 Abs. 2 GG aber nur die staatliche Gewalt als Normadressaten anspricht, kann ein möglicher Verfassungsverstoß durch tarifvertragliche Öffnungsklauseln nur an Art. 9 Abs. 3 GG gemessen werden. Die tarifvertraglichen Öffnungsklauseln werden durch beide Tarifpartner in den Tarifverträgen vereinbart, ein Einwirken des Staates ist anders als bei gesetzlichen Öffnungsklauseln für Tarifverträge[374] nicht gegeben.

Es ist nun zu klären, welche der Garantien des Art. 9 Abs. 3 GG durch eine umfassende tarifliche Öffnungsklausel verletzt werden könnten. Es könnte eine Aushöhlung der Koalitionsbetätigungsgarantie und der Tarifautonomie in Betracht kommen, wenn die Tarifverträge wegen tarifvertraglicher Öffnungsklauseln keine inhaltlichen Regelungen vorsehen. Es könnte sogar der Bestand der Koalitionen bedroht sein, wenn die Betriebspartner als beitragsfreie Ersatzkoalitionen alle wesentlichen inhaltlichen Regelungen treffen.

II. Regelungsverpflichtung der Tarifvertragsparteien

Ein Verstoß gegen die Tarifautonomie, in ihrem oben dargestellten Umfang, durch die Vereinbarung umfassender tariflicher Öffnungsklauseln ist nur dann denkbar, wenn eine Verpflichtung der Tarifvertragsparteien aus der Tarifautonomie zur inhaltlichen Regelung von Sachfragen in Tarifverträgen existiert. Daher werden zunächst die verschiedenen Ansätze zur Begründung einer solchen Regelungsverpflichtung und deren notwendiger Umfang dargestellt. Anschließend werden kritische Auffassungen, die das Bestehen einer Regelungsverpflichtung verneinen, vorgestellt. Abschließend erfolgte eine eigene Stellungnahme zum Problem der Regelungsverpflichtung der Tarifvertragspar-

[372] BVerfG, 19. 10. 1966, BVerfGE 20, 312, 317.
[373] BVerfG 18. 11. 1954, BVerfGE 4, 96, 96 ff.
[374] siehe § 2 B. Beschränkung auf tarifvertragliche Öffnungsklauseln.

teien, unter besonderer Berücksichtigung der historischen Entwicklung der Tarifautonomie und der Rechtsprechung.

1. Begründungsansätze

In der Literatur werden verschiedene Begründungsansätze zur Herleitung einer Regelungsverpflichtung der Tarifvertragsparteien diskutiert. Dabei wird eine Darstellung der bedeutendsten Ansätze und eine Zusammenfassung ähnlicher Gedankengänge vorgenommen.

a) Regelungsverpflichtung aus der Ordnungsfunktion

Ein Begründungsansatz für die Existenz einer Regelungsverpflichtung der Tarifvertragsparteien will diese Regelungsverpflichtung aus der Ordnungsfunktion der Tarifautonomie herleiten. Eine solche Ordnungsfunktion der Tarifautonomie stellt auf den Tarifvertrag ab, dem diese Ordnungsfunktion zugeschrieben wird. Diese Ordnungsfunktion der Tarifverträge soll als Kehrseite eine Ordnungsaufgabe für die Tarifvertragsparteien einschließen. In der Literatur ist aber bereits die Existenz einer solchen Ordnungsfunktion umstritten.

Unbestritten ist, dass Tarifverträge meist auch ordnende Wirkung haben. Sie führen zu einheitlichen Arbeitsbedingungen und erleichtern den Abschluss von Arbeitsverträgen. Die in Deutschland üblichen Branchentarifverträge haben eine erhebliche wettbewerbssteuernde Wirkung. Eine tatsächliche Ordnungsfunktion ist unverkennbar gegeben.[375] Fraglich ist allerdings, ob sich daraus eine die Tarifautonomie inhaltlich einschränkende Ordnungsaufgabe ableiten lässt.

aa) Argumente der Befürworter

Eine Auffassung der Befürworter sieht den Kern der Ordnungsfunktion in der Schaffung einheitlicher Arbeitsbedingungen, an denen sowohl der Arbeitgeber als auch die Arbeitnehmer ein Interesse haben. Die Tarifnormen können so Regelungen im Arbeitsvertrag ersetzten und dessen Lücken ausfüllen.[376]

Auch eine geschichtliche Entwicklung der Ordnungsfunktion lässt sich nach der Auffassung *Herschels* aufzeigen. Der historische Rückblick auf die deutschen Gewerkschaften soll zeigen, dass die Ordnungsfunktion Bestandteil ihrer Geschichte ist. Als erstes herausragendes Beispiel führt er die Mitarbeit der Gewerkschaften im Rahmen des Hilfsdienstgesetzes vom 5. 12. 1916 an, dessen Zweck angesichts der Kriegslage über den sozialen Schutz hinausging. Noch deutlicher soll das Abkommen vom 15. 11. 1918 zwischen den Koalitionen als

[375] Kempen/Zachert, TVG, Grundlagen Rz. 91.

[376] Löwisch/Rieble, TVG, Grundlagen Rz. 5.

stabilisierender Ordnungsfaktor im Nachkriegschaos die Ordnungsaufgabe deutlich machen. Zum Schluss weißt *Herschel* noch auf die Rolle hin, die die Gewerkschaften beim Scheitern des Kapp-Putsches und später nach Ende des Zweiten Weltkrieges gespielt haben.[377]

Nach der Auffassung von *Reiß* ist Art. 9 Abs. 3 GG nicht nur ein Freiheitsrecht, sondern enthält auch die institutionelle Garantie eines grundsätzlich staatsfreien Tarifvertragssystems. Damit sei eine Ordnungsaufgabe der Tarifvertragsparteien intendiert. Im Umkehrschluss soll sich aus der Kompetenz zur staatsfreien, autonomen Regelung des Arbeitslebens durch die Koalitionen eine entsprechende Regelungsaufgabe ergeben.[378]

Die Befürworter einer solchen Ordnungsaufgabe sehen sich durch die Rechtsprechung des Bundesverfassungsgerichts und des Bundesarbeitsgerichts bestätigt.[379] Erstmalig sah das Bundesverfassungsgericht in der Entscheidung vom 18. 11. 1954 den Zweck des Tarifvertragsystems darin, eine sinnvolle Ordnung des Arbeitslebens zu schaffen.[380] Eine weitere Grundlage um den Begriff der Ordnungsfunktion zu fassen, findet sich in der Aussage des Bundesverfassungsgerichts vom 6. 5. 1964[381], nach der der Zweck der Koalitionsfreiheit darin besteht, das Arbeitsleben im einzelnen durch Tarifverträge sinnvoll zu ordnen, insbesondere die Höhe der Arbeitsvergütung für die verschiedenen Berufstätigkeiten festzulegen und so letztlich die Gemeinschaft sozial zu befrieden. Auch im Mitbestimmungsurteil[382] wird darauf hingewiesen, dass es Art. 9 Abs. 3 GG um die sinnvolle Ordnung und Befriedung des Arbeitslebens geht.

Auch nachfolgende Aussagen des Bundesarbeitsgerichts werden als Beleg für die Ordnungsfunktion der Tarifverträge und die Ordnungsaufgabe der Tarifvertragsparteien herangezogen. Zum einen sieht das Bundesarbeitsgericht die Aufgabe der Tarifvertragsparteien darin, dass sie durch Tarifverträge die Arbeits- und Wirtschaftsbedingungen fördern und wahren sollen und bezeichnet dies als nicht näher beschriebene Ordnungsaufgabe.[383] Weiterhin spricht das Bundesarbeitsgericht in anderem Zusammenhang davon, dass die Stellung der Tarifparteien als Ordnungsfaktoren ein für die gewillkürte Prozessstandschaft erforderliches eigenes rechtliches Interesse nicht zu begründen vermag. Die Ordnungs-

[377] Herschel in: Verhandlungen des 46. Deutschen Juristentages, Band 2, 1967, Sinn und Grenzen der Vereinbarungsbefugnis der Tarifvertragsparteien, S. 12 ff.
[378] Reiß, Tarifautonomie im Spannungsverhältnis, S. 200 ff.
[379] Wiedemann in Wiedemann, TVG, Einl. Rz. 16 f. m. w. N.
[380] BVerfG, 18. 11. 1954, BVerfGE 4, 96, 107 ff.
[381] BVerfG, 6. 5. 1964, BVerfGE 18, 18, 28.
[382] BVerfG, 1. 3. 1979, BVerfGE 50, 290, 371.
[383] BAG, 9. 6. 1982, AP Nr. 1 zu § 1 TVG Durchführungspflicht.

funktion der Koalitionen wird abermals mit der Schaffung von Kollektivvereinbarungen, die für ihre Mitglieder normativ wirken, begründet. Daraus resultiere eine Ordnungsaufgabe, die tariflichen Normen auch zur Anwendung zu bringen.[384] Deutlicher in Richtung einer Regelungsverpflichtung äußert sich das Bundesarbeitsgericht in einem Urteil vom 25. 9. 1987[385]: *„Die Tarifvertragsparteien sind aufgrund ihrer von der Verfassung (Art. 9 Abs. 3 GG) zugewiesenen Tarifautonomie in erster Linie berufen, die Arbeitsbedingungen ihrer Mitglieder zu regeln. Art. 9 Abs. 3 GG gewährleistet eine Ordnung des Arbeits- und Wirtschaftslebens, bei der der Staat seine Zuständigkeit zurückgenommen und die Bestimmung der regelungsbedürftigen Einzelheiten des Arbeitsvertrages grundsätzlich den Koalitionen überlassen hat. Diesen ist durch die genannte Verfassungsnorm die im öffentlichen Interesse liegende Aufgabe zugewiesen und in einem Kernbereich garantiert, insbesondere die materiellen Arbeitsbedingungen in einem von staatlicher Rechtsetzung freien Raum in eigener Verantwortung und im wesentlichen ohne staatliche Einflussnahme sinnvoll zu ordnen."*

bb) Gegenauffassung

Es findet sich im Schrifttum aber auch eine gewichtige Ansicht, die die Ordnungsfunktion des Tarifvertrages verneint. Es wird von den Gegnern einer Ordnungsfunktion als verfehlt angesehen, die zweifelsfrei bestehende Ordnungswirkung der Tarifverträge in eine die Tarifautonomie begrenzende Ordnungsfunktion umzuformen. Bezüglich der geschichtlichen Entwicklung wird eingewendet, dass die Wahrnehmung von Ordnungsaufgaben durch die Tarifpartner in den historischen Ausnahmesituationen von 1918 und 1945 nicht als Belege gewertet werden können. Denn diese Zeitpunkte staatlichen Versagens und der daraus resultierenden „Nothilfe" der Tarifvertragsparteien als Grundlage für eine normativ zwingende Verpflichtung heranzuziehen, sei geradezu widersinnig. Auch die Herkunft des Tarifgedankens aus der Arbeiterbewegung als Mittel zur Besserung der sozialen Lage widerspricht der Verpflichtung zur Wahrnehmung einer Ordnungsfunktion. Weiterhin lässt sich die Formulierung des Bundesverfassungsgerichts vom 6. 5. 1964 auch so interpretieren, dass der Zweck einer angestrebten Ordnung nicht im Tarifsystem selbst, sondern in der damit beabsichtigten sozialen Wirkung liegt. Das System des (Flächen-)Tarifvertrages ist nur Mittel zu diesem Zweck und nicht der Zweck selbst. Die Ordnungsfunktion ist nur eine Auswirkung des Tarifvertrags, nicht aber dessen Intention oder gar eine Grenze für seinen Inhalt.[386] Die Ordnungsfunktion soll also nur eine faktische Folge der Tarifpraxis sein, aber kein verfassungsrechtlich vorge-

---

[384] BAG, 21. 12 1982, AP Nr. 76 zu Art. 9 GG Arbeitskampf.
[385] BAG, 25. 9. 1987, AP Nr. 1 zu § 1 BeschFG 1985.
[386] Kempen/Zachert, TVG, Grundlagen Rz. 91.

schriebener Zustand.[387] Der Begriff der Ordnungsfunktion soll eine innere Legitimation des Tarifsystems darstellen, aber keine innere Grenze der Tarifautonomie.[388] Auch wird der Ordnungsfunktion vielmehr eine rechtspolitische Bedeutung zugeschrieben, als eine Schrankenwirkung für die Kompetenzverlagerung auf die betriebliche Ebene.[389]

cc) Folgerung aus der Ordnungsfunktion

Sofern die Ordnungsfunktion jedoch bejaht wird, folgert man, dass es dieser widerspricht, den Tarifvertrag mit allen seinen Bestimmungen zur Disposition zu stellen.[390] Der Tarifvertrag könne dann seine ordnende Funktion nicht mehr erfüllen, wenn alle Regelungen dispositiv gestaltet werden. Durch die Ausnahmevorschrift des § 4 Abs. 3 TVG soll das Wesen des Tarifvertrages als solches nicht angetastet werden können, indem keine Mindestlöhne festgesetzt werden. Zum Wesen des Tarifvertrages gehöre eindeutig eine Vereinbarung über Mindestlöhne, sofern der Bereich des Entgelts tariflich geregelt werden soll. Dies soll sich sowohl aus der historischen Entwicklung des Tarifvertragsrechts, als auch aus den Grundsätzen des Verfassungsrechts und der zwingenden Vorschrift des § 4 TVG ergeben. Einem Tarifvertrag ohne Mindestlohnvereinbarung fehle der immanente Schutzzweck und Ordnungszweck.[391] Auch wenn sich diese Ausführung auf die tarifliche Festlegung des Grundsatzes der freien arbeitsvertraglichen Lohnvereinbarung bezieht, wird sie auch zur Begründung einer Mindestregelungsverpflichtung durch die Tarifvertragsparteien bei Verlagerung von Regelungskompetenz auf die Betriebsebene herangezogen.

Es wurden zudem Befürchtungen geäußert, dass die Tarifverträge bereits ihre Ordnungsfunktion verlören, wenn die Ausnahmeregelungen zugunsten der betrieblichen Ebene bedeutender als die tariflichen Regelungen sein würden.[392] Öffnungsklauseln, die nicht auf Ausnahmefälle beschränkt sind, werden hinsichtlich der Ordnungsfunktion als systemsprengend angesehen.[393]

Gegen die Folgerung, aus der Ordnungsaufgabe der Koalitionen auf eine Regelungsverpflichtung zu schließen, wird aber eingewendet, dass dies nur dann zutreffend wäre, wenn die Koalitionen als einzige zur Normierung der regelungs-

387 Däubler, Tarifvertragsrecht, Rz. 18.
388 Wendeling-Schröder NZA 1998, 624, 627.
389 Zachert ArbuR 1995, 1, 6.
390 Müller ArbuR 1992, 257, 262.
391 Hueck/Nipperdey, Lehrbuch des Arbeitsrechts, 7. Aufl., Berlin, Frankfurt am Main, 1967, Band II, 1. Halbband, § 30 I 4, S. 577.
392 Kittner, Festschrift Schaub, S. 387, 397.
393 Lieb NZA 1994, 289, 291.

bedürftigen Bereiche des Arbeitslebens vorgesehen wären. Über die Rechtsgedanken des Kontrahierungszwanges des Monopolisten könnte man hier zu einem Regelungszwang der Monopolisten kommen. Eine solche Monopolstellung lässt sich aber aus dem Grundgesetz nicht begründen, da in Art. 74 Nr. 12 GG dem Bundesgesetzgeber die Kompetenz für das Arbeitsrecht einschließlich des Betriebsverfassungsrechts zugeordnet ist. Durch den Erlass des Betriebsverfassungsgesetzes hat der Gesetzgeber den Betriebsparteien bestimmte Angelegenheiten auf betrieblicher Ebene zur Regelung zugewiesen. Damit kann von einer Monopolstellung der Tarifvertragsparteien nicht gesprochen werden, da eine Ordnung des Arbeitslebens prinzipiell auch durch den Gesetzgeber oder die Betriebsparteien denkbar ist. Mangels Monopolstellung der Tarifvertragsparteien soll nach der Gegenmeinung die Herleitung einer Regelungsverpflichtung aus der Ordnungsaufgabe nicht möglich sein.[394]

b) Regelungsverpflichtung aus öffentlichem Interesse und sozialer Verantwortung

Ein weiterer Ansatz[395] zur Begründung einer Regelungsverpflichtung der Tarifvertragsparteien geht davon aus, dass sich diese Regelungsverpflichtung direkt aus dem öffentlichen Interesse ableite, welches die Übertragung der Regelungsaufgabe für den Bereich der Arbeits- und Wirtschaftsbedingungen auf die Koalitionen begründet. Eine klare Grenzziehung zu der Begründung über die Ordnungsaufgabe ist nicht möglich. Aber dieser Begründungsansatz stellt mehr auf eine aus der Kompetenz der Tarifvertragsparteien folgende soziale Verantwortung ab.

Das Bundesverfassungsgericht hat im Rahmen seiner Rechtsprechung zur Koalitionsbetätigungsgarantie die Aufgabe der Tarifpartner betont, insbesondere Lohn- und sonstige materielle Arbeitsbedingungen zu regeln.[396] Daraus wird zum Teil gefolgert, dass den Koalitionen durch Art. 9 Abs. 3 GG eine im öffentlichen Interesse liegende Aufgabe übertragen worden sei, da der Gesetzgeber seine Zuständigkeit zur Rechtsetzung im Bereich der Arbeits- und Wirtschaftsbedingungen zurückgenommen hat und in diesen Bereich den Koalitionen die sinnvolle Ordnung anvertraut wurde.[397] Autonomie bedeute auch Verantwortung der Tarifvertragsparteien für die ihnen überlassene Regelung von Arbeits-

---

[394] Ruoff, Die Flexibilisierung der Tarifverträge, S. 94 f.

[395] Löwisch/Rieble, TVG, 1992, § 1 Rz. 124; Maus, Die Erweiterung von Mitbestimmungsrechten, S. 44 f.; Maier-Krenz, Die Erweiterung von Beteiligungsrechten des Betriebsrates durch Tarifvertrag, S. 154 ff.; Zachert RdA 1996, 140, 142.

[396] BVerfG, 24. 5. 1977, BVerfGE 44, 322, 340 f. m. w. N.

[397] Maier-Krenz, Die Erweiterung von Beteiligungsrechten des Betriebsrates durch Tarifvertrag, S. 155.

bedingungen. Dieser Tarifverantwortung soll die Pflicht zum Tätigwerden entsprechen.[398] Da die Verhandlungen von Tarifvertragsparteien sich auf ganze Branchen und das gesamtwirtschaftliche Gleichgewicht auswirken, gehört zur sozialen Selbstverwaltung auch die soziale Verantwortung. Mit diesen wirtschafts- und gesellschaftspolitischen Außenwirkungen habe das Bundesverfassungsgericht den öffentlichen Status der Berufsverbände begründet und deren Bindung an das Gemeinwohl.[399]

Trotz der Aussage, Art. 9 Abs. 3 GG als Freiheitsrecht anzusehen, soll ein spezifischer Bereich existieren, in dem sich der Verfassungsauftrag zur freiwilligen Gestaltung der Wirtschafts- und Arbeitsbedingungen zu einer Regelungspflicht verdichtet. Die Berufsverbände müssen nach dieser Ansicht aus der Pflicht zur Wahrnehmung der Mitgliederinteressen in einem Kernbereich selbstverantwortlich handeln, entsprechend dem Gesetzgeber bei der Wesentlichkeitstheorie als Element des Demokratiegebots. Diese Verpflichtung Tarifverträge abzuschließen, soll zwar nicht justiziabel sein, aber dennoch ein Verbot umfassen, in einem Kernbereich der verfassungsrechtlichen Aufgabe der eigenen Normsetzung durch Verweis auf fremdes Rechtsgut zu entziehen.

c) Selbstentäußerung der Tarifvertragsparteien

Die in der Literatur am häufigsten angeführte Begründung für eine Regelungsverpflichtung der Tarifvertragsparteien geht davon aus, dass die Kompetenzübertragung an die Koalitionen in Art. 9 Abs. 3 GG einer Selbstentäußerung dieser Kompetenz entgegensteht.[400] Eine Andeutung für die Selbstentäußerung der Tarifvertragsparteien als Grenze einer umfassenden Öffnungsklausel findet sich auch in der Entscheidung des Bundesarbeitsgerichtes zum Leber-Rüthers-Kompromiss. Das Bundesarbeitsgericht erörtert die Möglichkeit, dass die Tarifvertragsparteien, die dem Tarifvertrag immanenten Grenzen der Regelungsbefugnis überschreiten könnten, falls sie im größeren Umfang keine Regelung der materiellen Arbeitsbedingung selbst vornehmen.[401]

Das verfassungsrechtlich gewährleistete System zur Wahrung und Förderung der Arbeits- und Wirtschaftsbedingungen könnte durch die Verlagerung der Regelungsbefugnis auf die Betriebspartner sich selbst in Frage stellen. Die Verlagerung von Regelungen auf die betriebliche Ebene stellt einen Verzicht der Koalitionen auf ihre originäre und verfassungsrechtlich anerkannte Regelungskompetenz dar. Sie könnte den Punkt erreichen, dass die verfassungsrechtliche

---

398 Löwisch/Rieble, TVG, 1992, § 1 Rz. 124.
399 Riester, Deregulierung und Flexibilisierung im kollektiven Arbeitsrecht, S. 162.
400 Wank in Wiedemann, TVG, § 4 Rz. 591 m. w. N.
401 BAG, 18. 8. 1987, AP Nr. 23 zu § 77 BetrVG 1972.

Gewährleistung sowohl der Tarifautonomie als auch der Koalitionsfreiheit aus Art. 9 Abs. 3 GG verletzt ist.[402]

In einer umfassenden Verlagerung der Regelungskompetenz auf die Betriebspartner durch tarifvertragliche Öffnungsklauseln wird dogmatisch ein Grundrechtsverzicht gesehen. Das Grundgesetz selbst enthält keine einheitliche Regelung, inwieweit ein Grundrechtsverzicht möglich ist. Ein Grundrechtsverzicht soll nach der Meinung von *Maus* im Bereich des Art. 9 Abs. 3 GG nicht möglich sein, da Art. 9 Abs. 3 Satz 2 GG die das Grundrecht der Koalitionsfreiheit behindernden Abreden für unwirksam erklärt. Daraus folgert er, dass die Koalitionen nicht vertraglich über ihre Grundrechtsposition verfügen oder auf sie verzichten können.[403]

Auch nach *Hanau/Kania* legt die Tarifautonomie den Tarifvertragsparteien die Verpflichtung auf, die ihnen übertragenen Rechte in effizienter Weise auszuüben. Die positive Koalitionsfreiheit stellt daher nicht nur ein Grundrecht, sondern auch eine Grundpflicht dar.[404] Bei Annahme dieser Grundpflicht müsste konsequenterweise eine Pflicht zur tariflichen Normsetzung für die Tarifvertragsparteien folgen. Dieser Schluss wird in den Ausführungen aber nicht ausdrücklich gezogen.

Henssler geht davon aus, dass die grundrechtsrelevanten Entscheidungen von den Tarifparteien selbst getroffen werden müssen. Eine umfassende Öffnungsklausel missachte das verfassungsrechtlich vorgeschriebene Regel-Ausnahme-Verhältnis, das in Art. 9 Abs. 3 GG die Regelung der Arbeits- und Wirtschaftsbedingungen grundsätzlich den Koalitionen zuweist. Eine allgemeine Aufhebung der Regelungssperre des § 77 Abs. 3 Satz 1 BetrVG verstößt gegen den in Art. 9 Abs. 3 GG den Tarifvertragsparteien ausschließlich zugewiesenen Regelungsbereich.[405]

Auch aufgrund der fehlenden Richtigkeitsgewähr von Betriebsvereinbarungen müssten Tarifvertragsparteien diejenigen Arbeitsbedingungen, die sie tariflich regeln wollen, im Kern selbst festlegen. Weder die Lohnfindung noch die Festlegung des Arbeitszeitumfangs dürften auf die Betriebspartner übertragen werden. Denn dadurch würden die Tarifvertragsparteien eingestehen, dass sie selbst überflüssig sind.[406]

---

402 Kissel NZA 1986, 73, 79.
403 Maus, Die Erweiterung von Mitbestimmungsrechten, S. 44 f.
404 Hanau/Kania NZA 1995, 1229, 1230.
405 Henssler ZfA 1994, 487, 498.
406 Rieble RdA 1996, 151, 153 f.

Ferner wird durch Öffnungsklauseln für die Betriebsparteien, die nicht auf Ausnahmefälle begrenzt sind, eine Beeinträchtigung der Funktionsfähigkeit des Tarifvertragssystems befürchtet.[407]

Es wurden bereits in der wissenschaftlichen Diskussion um den Leber-Rüthers-Kompromiss Befürchtungen geäußert, dass damit eine Entwicklung eingeleitet werden könnte, die zu einem Funktionsverlust des Tarifvertrages führen könnte.[408] Die bisherige Entwicklung hat aber gezeigt, dass diese Befürchtungen unbegründet waren. Es ist dennoch zu untersuchen, ob bei einem verstärkten Gebrauchmachen von tariflichen Öffnungsklauseln bis hin zu einer theoretisch denkbaren umfassenden Öffnungsklausel ein solcher Funktionsverlust des Tarifvertrages eintreten kann.

Die Dispositionsbefugnis der Tarifvertragsparteien soll dort ihre Grenze finden, wo ein Verzicht auf tarifliche Regelungen dazu führt, dass die Betriebsparteien faktisch die Funktion der Tarifparteien übernehmen. Dies soll aus der Gemeinwohlbindung folgen. Die behauptete Selbstentmündigung oder Selbstaufgabe der Tarifparteien soll eine Gefahr für die Rechtssicherheit im kollektiven Arbeitsrecht darstellen, was zugleich zu einer Gefahr für das Gemeinwohl führen soll. Die Erhaltung des betrieblichen Friedens erfordere, dass keine Verlagerung von Konfliktstoff in die Betriebe stattfinde. Zudem soll eine schwache Machtposition der Arbeitnehmer in manchen Betrieben einer Verlagerung („Delegation“) auf die betriebliche Ebene entgegen stehen.[409]

Weiterhin bestehe die Gefahr der Verwischung des Tarifvorrangs durch die verstärkte Verlagerung von Regelungsbefugnissen auf dem Gebiet der materiellen Arbeitsbedingungen auf die Betriebsebene. Eine größere Anzahl von Betriebsvereinbarungen auf Gebieten, die herkömmlicher Weise durch Tarifvertrag geregelt wurden, könnten die Grenzen verwischen, was nach § 77 Abs. 3 Satz 1 BetrVG „üblicherweise“ durch Tarifvertrag geregelt wird. Damit würden auch ohne Öffnungsklauseln weitere Bereiche der originären Regelungskompetenz der Betriebsebene freigegeben, da eine Üblichkeit der tariflichen Regelung nicht mehr vorliegt.[410]

Reiß befürchtet einen Autoritätsschwund bei den Tarifvertragsparteien, wenn eine Regelung bisher traditionell den Tarifparteien vorbehaltenen Gebiets auch durch Betriebsvereinbarungen erfolgen kann. Dieser Autoritätsverlust habe ei-

---

[407] Richardi, Festschrift Kehrmann, S. 263, 267 f.
[408] Kissel NZA 1986, 73, 79.
[409] Riester, Deregulierung und Flexibilisierung im kollektiven Arbeitsrecht, S. 165.
[410] Reiß, Tarifautonomie im Spannungsverhältnis, S. 215.

nen Funktionsverlust der Tarifautonomie zur Folge und verletze auch so Art. 9 Abs. 3 GG.[411]

Nach *Zachert* habe das Bundesarbeitsgericht im Zusammenhang mit den Verweisungsklauseln ausgeführt, dass die Koalitionsbetätigung nicht nur gegen Angriffe von außen geschützt sei, sondern sie dürfe auch nicht von innen durch die Tarifvertragsparteien selbst aufgegeben werden.[412] Diese Rechtsprechung soll ebenfalls für Öffnungsklauseln gelten und es sei daher unverzichtbar, dass der Tarifvertrag selbst substanzielle Vorgaben enthält.[413] Ein ähnlicher Ansatz geht davon aus, dass die Tarifvertragsparteien ihre Regelungsbefugnis nicht soweit aufgeben dürfen, dass in der Folge auf der betrieblichen Ebene Arbeitgeber und Betriebsrat faktisch die Funktion der Tarifpartner übernehmen und so die Sperrwirkung des § 77 Abs. 3 Satz 1 BetrVG, der die Tarifautonomie schützt, aufgehoben wird.[414]

Es wird zudem die Gefahr gesehen, dass schleichend und möglicherweise nicht reversibel Gestaltungsmacht und Regelungskompetenz auf die betriebliche Ebene verlagert wird und die Tarifparteien einen Autoritätsschwund erleiden, der die Tarifautonomie beeinträchtigt.[415]

Entsprechend dem Verhältnis von Legislative zur Exekutive, bei dem der Vorrang des Gesetzes ohne einen entsprechenden Vorbehalt des Gesetzes gefährdet wäre, wird vertreten, dass auch im Verhältnis von Tarif- zur Betriebsautonomie eine Gefährdung des Vorrangs der Tarifautonomie eintreten würde, wenn eine uneingeschränkte Verlagerung von Regelungsbefugnis auf die Betriebsebene möglich wäre. Der in § 77 Abs. 3 BetrVG niedergelegte Vorrang des Tarifvertrages müsse ebenfalls im Bereich der materiellen Arbeitbedingungen gewahrt sein. Auch sei die Betriebsebene insbesondere wegen dem Verbot von Arbeitskampfmaßnahmen, nicht geeignet zufriedenstellende Regelungen im Bereich der Arbeitsbedingungen zu treffen.[416]

Damit wurden die unterschiedlichen Ansätze zur Herleitung einer Regelungsverpflichtung der Tarifvertragsparteien dargestellt.

---

[411] Reiß, Tarifautonomie im Spannungsverhältnis, S. 216.
[412] BAG, 10. 11. 1982, AP Nr. 8 zu § 1 TVG.
[413] Zachert ArbuR 1997, 11, 13.
[414] Rauschenberg, Flexibilisierung und Neugestaltung der Arbeitszeit, S. 99.
[415] Zachert ArbuR 1995, 1, 4.
[416] Hoyningen-Huene/Meier-Krenz ZfA 1988, 293, 305 f.; Maier-Krenz, Die Erweiterung der Beteiligungsrechte des Betriebsrates durch Tarifvertrag, S. 156.

2. Umfang einer Regelungsverpflichtung

Sofern man mit den verschiedenen Begründungsansätzen von der Existenz einer Regelungsverpflichtung der Tarifvertragsparteien ausgeht, stellt sich die Frage nach dem Umfang der Bereiche, in denen die Tarifvertragsparteien selbst eine Regelung vorzunehmen haben.

a) Anwendung der Kernbereichslehre

In der Literatur wird teilweise die Auffassung vertreten, der Umfang, inwieweit von den Tarifvertragsparteien die Arbeitsbedingungen selbst zu regeln sind, bestimme sich nach einem „Kernbereich".

Nach einer Auffassung besteht die Regelungsobliegenheit der Tarifvertragsparteien nur in dem elementaren Kern des tarifgebundenen Arbeitsverhältnisses, in welchem das synallagmatische des Verhältnisses von Leistung und Gegenleistung festgelegt wird.[417]

Meist wird aber auf eine nähere Bestimmung dieses Kernbereiches verzichtet. Die Wortwahl lässt aber eine inhaltliche Anlehnung an die Kernbereichsrechtsprechung des Bundesverfassungsgerichts vermuten.

Das Bundesverfassungsgericht hatte in einer Reihe von Entscheidungen zu seiner sogenannten Kernbereichslehre ausgeführt, dass Art. 9 Abs. 3 GG die Koalitionsfreiheit und damit desgleichen die Betätigung der Koalitionen in einem Kernbereich geschützt ist. Die koalitionsmäßige Betätigung sei nur insoweit verfassungsmäßig garantiert, als diese für die Erhaltung und Sicherung der Koalitionen als unerlässlich betrachtet werden müsse.[418] Diese Rechtsprechung des Bundesverfassungsgerichts wurde derart interpretiert, dass nur in einem Kernbereich die spezifisch koalitionsmäßige Betätigung gegenüber der staatlichen Gesetzgebung geschützt sein sollte. Das Bundesverfassungsgericht stellt jedoch klar, dass damit das von ihm entwickelte Verständnis der Koalitionsfreiheit nur unvollständig wiedergegeben wurde. Mit dem Kernbereich wird derjenige Bereich der Koalitionsbetätigung umschrieben, in dem eine Ausgestaltung durch den Gesetzgeber zum Schutz anderer Rechtsgüter nicht geboten ist. Der Schutzbereich des Art. 9 Abs. 3 GG ist jedoch nicht auf diesen Kernbereich der unerlässlichen Koalitionsbetätigung beschränkt. Er verpflichtet den Gesetzgeber

---

[417] Rieble RdA 1996, 151, 154.

[418] BVerfG, 18. 11. 1954, BVerfGE 4, 96, 106; BVerfG, 14. 4. 1964, BVerfGE 17, 319, 333 f.; BVerfG, 19. 2. 1975, BVerfGE 38, 386, 393; BVerfG, 20. 10. 1981, BVerfGE 58, 233, 247.

darüber hinaus bei Regelungen außerhalb dieses Kernbereichs zur Rücksichtnahme auf die Koalitionen und ihre Mitglieder.[419]

Nach einer Auffassung sollte sich aus der Koalitionsbetätigungsgarantie ergeben, dass die Tarifvertragsparteien bezüglich eines Kernbereiches die Regelungen selbst vorzunehmen haben, in dem ihre Betätigung als unerlässlich anzusehen ist. Die Koalitionen würden anderenfalls ihre Funktionen, in dem von der staatlichen Rechtsetzung freigelassenen Raum die Arbeits- und Wirtschaftsbedingungen im öffentlichen Interesse zu wahren und zu fördern, nicht sinnvoll erfüllen können.[420]

Einen ähnlichen Ansatz vertritt das Bundesarbeitsgericht in seiner Rechtsprechung zu den dynamischen Verweisungen. Das Bundesarbeitsgericht vertritt im Hinblick auf sogenannte dynamische Verweisungen die Auffassung, dass es den Tarifvertragsparteien untersagt sei, den Kernbereich ihrer Normsetzungsbefugnis aufzugeben. Die Kernbereichsbetätigung sei einerseits gegen Angriffe von außen geschützt, anderseits dürfe sie jedoch nicht von den Tarifvertragsparteien selbst aus der Hand gegeben werden.[421] Dieser Rechtsgedanke könnte auch auf die tarifvertraglichen Öffnungsklauseln übertragen werden.

M. E. verliert die Argumentationslinie, die mittels Wortwahl auf die frühere Rechtsprechung des Bundesverfassungsgerichts bezug nimmt, bereits dadurch an Überzeugungskraft, dass das Bundesverfassungsgericht seit dem Aussperrungsbeschluss aus dem Jahre 1991[422] die Kernbereichsformel nicht mehr verwendet hat. Weiterhin wurde oben bereits ausgeführt, dass die dynamischen Öffnungsklauseln über Delegation tariflicher Rechtsetzungsmacht wirken, während Öffnungsklauseln im hier behandelnden Sinn ihre Legitimation aus eigener Rechtsetzungsmacht der Betriebsparteien ziehen. Somit ist ein Hinweis auf die Rechtsprechung des Bundesarbeitsgerichts nicht überzeugend. Durch die Klarstellung des Bundesverfassungsgerichts[423] zur Kernbereichsformel wird auch deutlich, dass die unerlässliche Koalitionsbetätigung nicht der einzige Bereich ist, indem Art. 9 Abs. 3 GG seine Schutzwirkung entfaltet. Daher ist eine Bezugnahme auf einen Kernbereich zur Bestimmung eines Bereiches von Regelungen, die in Tarifverträgen zwingend vorgenommen werden müssen, nicht überzeugend.

---

419 BVerfG, 14. 11. 1995, BVerfGE 352, 359.

420 Eichhorn, Tarifvertragliche Bestimmungsklauseln, S. 80.

421 BAG, 10. 11. 1982 AP Nr. 8 zu § 1 TVG Form.

422 BVerfG, 26. 6. 1991, BVerfGE 84, 212, 212 ff.

423 BVerfG, 14. 11. 1995, BVerfGE 352, 359 f.

b) Übertragung der Wesentlichkeitstheorie

Ein weiter Ansatz zur Bestimmung des Umfangs einer möglichen Regelungsverpflichtung geht von einer entsprechenden Anwendung der Wesentlichkeitstheorie aus dem Staatsrecht aus.

Zunächst soll kurz dargestellt werden, was im Staatsrecht unter der Wesentlichkeitstheorie verstanden wird. Der grundlegende Ansatz, dass die Inhalte von Gesetzen durch ihre Wichtigkeit, Bedeutung und Wesentlichkeit bestimmt werden, war bereits in früheren Verfassungsüberlegungen und der Rechtsprechung immanent enthalten. Der Wesentlichkeitsgedanke steht in engem Zusammenhang mit dem Vorbehalt des Gesetzes und ist als ebenso historisch verwurzelt anzusehen. Durch die Wesentlichkeitstheorie erhält der Parlamentsvorbehalt Substanz. Wesentliche Fragen sind allein vom Gesetzgeber zu behandeln, er ist insoweit zur Regelung verpflichtet. [424]Das Bundesverfassungsgericht hat die Wesentlichkeitstheorie so konkretisiert, dass alle „wesentlichen" Regelungen, die die Grundrechte des einzelnen betreffen, durch Gesetz zu treffen sind. „Wesentlich" sind Regelungen und Entscheidungen, die den Schutz- und Ordnungsbereich eines Grundrechts mit greifbarer Intensität berühren oder bei denen ein Ausgleich der grundrechtlichen Freiheit mit anderen Grundrechten notwendig ist.[425]

Diese Wesentlichkeitstheorie, die im staatlichen Bereich den Gesetzgeber anspricht, wird auf die Tarifvertragsparteien übertragen. Die wesentlichen Regelungen der materiellen Arbeitsbedingungen müssten nach der Auffassung von *Maier-Krenz* durch die Tarifvertragsparteien selbst getroffen werden. Dieser Bereich sei allerdings eng zu fassen, da das Tarifvertragssystem nicht als alleinige Form der Regelung von Arbeits- und Wirtschaftsbedingungen. anzusehen ist. Nach Meinung von *Maier-Krenz* sind lediglich in einem von ihm als "Kernbereich" bezeichneten Aufgabenkreis die Regelungen von den Tarifvertragsparteien selbst zu treffen. In diesen "Kernbereich" seien die Entlohnungshöhe und die Arbeitszeitdauer einzuordnen. Der Leber-Rüthers-Kompromiss sei aber zu Recht vom Bundesarbeitsgericht gebilligt worden, da die tariflichen Regelungen so detailliert waren, dass bei der Umsetzung den Betriebsparteien nur ein geringer Spielraum eingeräumt wurde.[426] Die Anknüpfung an einen "Kernbereich" lässt eine Ähnlichkeit mit der oben besprochen Kernbereichslehre vermuten. Dabei handelt es sich jedoch nur um eine begriffliche Ähnlichkeit, da der Begründungsansatz bei der Kernbereichslehre an den Schutzbereich des Art. 9

---

[424] Ossenbühl in Handbuch des Staatsrechts, Band 2, § 62 Rz. 41 f.

[425] Badura, Staatsrecht, F. Rz. 13 m. w. N.

[426] Maier-Krenz, Die Erweiterung der Beteiligungsrechte, S. 155 ff.

Abs. GG anknüpft, während der die Wesentlichkeitstheorie staatsrechtliche Überlegungen zu Grunde legt.

Obwohl der Einordnung *Baumanns* hinsichtlich der Wirkungsweise einer Öffnungsklausel als Delegation nicht gefolgt werden kann, könnten seine Schlussfolgerungen für eine Begrenzung der Reichweite tarifvertraglicher Öffnungsklauseln mittels der Wesentlichkeitstheorie[427] übertragen anzuwenden sein. Eine entsprechende Anwendung der Wesentlichkeitstheorie im Tarifrecht könne zwar die Entscheidung, was im Einzelfall als wesentlich anzusehen ist, nicht erleichtern. Aber gegenüber einer entsprechenden Anwendung der Kernbereichslehre für eine mögliche Regelungsverpflichtung der Tarifvertragsparteien habe sie den Vorteil, dass sie nicht von der Kernbereichslehre in der Rechtsprechung des Bundesverfassungsgerichts abhängt sei. Zudem stelle sie die Bedeutung der getroffenen Entscheidung in den Mittelpunkt. Eine Verlagerung grundrechtsrelevanter Materien wäre damit nicht zulässig. Nicht übertragbar sollen auch alle Fragen sein, die Art und Dauer der Geltung des Tarifvertrages zum Inhalt haben. Bei den Entscheidungen des Leber-Rüthers-Kompromisses sollen die Grenzen der Wesentlichkeitstheorie nicht verletzt worden sein, weil die Grundentscheidungen von den Koalitionen selbst getroffen worden sind.[428] Zur genaueren Bestimmung wie die übertragene Befugnis durch die Betriebsparteien ausgeübt werden soll, bedarf es konkreter und erkennbarer Anhaltspunkte. Daher wird Art. 80 GG entsprechend angewendet, der Inhalt, Zweck und Ausmaß der Ermächtigung bereits im Tarifvertrag fordert.[429]

c) Zwischenergebnis

Nach denjenigen Stimmen in der Literatur, die eine Regelungsverpflichtung annehmen, kann der Umfang einer solchen Regelungsverpflichtung der Tarifvertragsparteien entweder durch eine Anwendung der Kernbereichslehre oder Wesentlichkeitstheorie begrenzt werden.

3. Kritik an einer Regelungsverpflichtung

Sowohl die Annahme einer Regelungsverpflichtung, als auch die Versuche, den Umfang einer solchen mittels eines Kernbereichs oder der Wesentlichkeitstheorie zu bestimmen, wurden in der Literatur abgelehnt.

---

[427] Baumann, Die Delegation tariflicher Rechtsetzung, S. 59 ff., Baumann RdA 1987, 270, 274.

[428] Baumann, Die Delegation tariflicher Rechtsetzung, S. 60 f.

[429] Baumann, Die Delegation tariflicher Rechtsetzung, S. 63.

a) Ablehnung einer Regelungsverpflichtung

Eine gewichtige Ansicht in der Literatur[430] lehnt die Annahme einer Regelungsverpflichtung ab. Der behauptete Wandel von der durch das Grundrecht des Art. 9 Abs. 3 GG geschützten Normsetzungsbefugnis der Koalitionen hin zu einer Normsetzungsverpflichtung, der die Koalitionen nachkommen müssen, sei nicht überzeugend. Dabei werden verschiedene Argumentationslinien verfolgt, um die Kritik an einer Regelungsverpflichtung der Tarifvertragsparteien zu begründen.

Es wird von den Gegnern einer Regelungsverpflichtung auf den Wortlaut des Art. 9 Abs. 3 GG hingewiesen, aus welchem sich kein Anhalt dafür entnehmen lässt, dass eine Regelungsverpflichtung der Tarifvertragsparteien existiert. Darüber hinaus könne man dem Tarifvertragsgesetz oder dem Betriebsverfassungsgesetz eine Normsetzungspflicht ebenfalls nicht entnehmen. In der Entstehungsgeschichte des Art. 9 Abs. 3 GG finde sich ebenfalls kein Anhaltspunkt für eine solche Regelungsverpflichtung. Desgleichen spricht die systematische Auslegung des Art. 9 Abs. 3 GG zunächst dagegen, da er sich im Rahmen der Grundrechtsgewährleistungen und Freiheitsrechte befindet. Die Grundrechte sind vor allem Abwehrrechte gegen den Staat und es wäre widersprüchlich, aus einem solchen Abwehrrecht die Pflicht der Tarifparteien zur Normsetzung herzuleiten. Da grundsätzlich kein Grundrechtsträger zur aktiven Ausübung seines Grundrechts verpflichtet ist, könnten auch die Koalitionen nach ihrem eigenen Ermessen entscheiden, wie sie ihre Regelungsaufgabe erfüllen. Die Tarifparteien sollen daher auf die Regelung einzelner Fragen vollständig verzichten können, ohne die verfassungsrechtlichen Vorgaben zu verletzen.[431]

Etwas anderes könnte sich daraus ergeben, dass im Rahmen der Grundrechte des Grundgesetzes jedoch auch sogenannte „Pflichtenrechte" existieren, wie das Elternrecht des Art. 6 Abs. 2 GG. Bei einem „Pflichtenrecht" wird dem Rechtsträger das Recht nicht zum Zweck der freien Entfaltung, sondern zur Erfüllung einer bestimmten Aufgabe gewährt. Das Recht bezieht sich in diesem Zusammenhang vor allem auf die Freiheit vor staatlichen Eingriffen. Die den Koalitionen zugeschriebene öffentliche Aufgabe könnte eine dem Elternrecht entsprechende Pflicht zur Erfüllung gleichkommen. Eine Vergleichbarkeit zwischen Art. 6 Abs. 2 GG und Art. 9 Abs. 3 GG besteht aber nicht. Der Wortlaut von Art. 6 Abs. 2 Satz 1 GG enthält ausdrücklich eine „Pflicht" der Eltern zur Pflege und Erziehung der Kinder. Diese Pflicht findet ihre Entsprechung in Art. 6 Abs.

[430] Kreutz in GK-BetrVG, § 77 Rz. 157; Ruoff, Die Flexibilisierung der Tarifverträge, S. 94; Säcker/Oetker, Tarifautonomie, S. 93, 96; Schwarze, Der Betriebsrat im Dienste der Tarifvertragsparteien, S. 205; Wisskirchen, Festschrift Hanau, S. 622, 630

[431] Ruoff, Die Flexibilisierung der Tarifverträge, S. 94.

2 Satz 2 GG, der von einer Pflicht zur Überwachung seitens des Staates spricht. Ähnliche Ausführungen finden sich bei Art. 9 GG nicht.[432]

Aus der behaupteten Ordnungsaufgabe könnte nach *Ruoff* nur dann die Begründung einer Regelungsverpflichtung abgeleitet werden, wenn die Tarifparteien als einzige für die Normierung der zur Ordnung des Arbeitslebens notwendigen Materien zuständig wären. Er erwägt dann entsprechend den Kontrahierungszwang von Monopolisten anzuwenden. Die Untersuchung weiterer Verfassungsnormen zeigt aber, dass nicht nur die Koalitionen, sondern auch der Gesetzgeber zur Normierung der Arbeits- und Wirtschaftsbedingungen berufen ist. In Art. 74 Nr. 12 GG hat der Bundesgesetzgeber die Kompetenz für das gesamte Arbeitsrecht einschließlich des Bereichs der Betriebsverfassung erhalten. Die Kompetenz für die Betriebsverfassung wurde vom Gesetzgeber durch den Erlass des Betriebsverfassungsgesetzes wahrgenommen, in welchem den Betriebspartnern die Befugnis zur normativen Regelung bestimmter betrieblicher Angelegenheiten übertragen wurde. Daher kann sowohl durch Gesetz als auch durch Betriebsvereinbarung das Arbeitsleben geordnet werden und die Tarifparteien sind daher nicht als Monopolisten für die Regelung des Arbeitslebens anzusehen.[433]

Weiterhin erscheint eine Pflicht zur Normsetzung durch die Tarifvertragsparteien nur dann sinnvoll, wenn sie erzwingbar ausge-staltet ist. Neben einer ständigen Überwachung des Tarifgeschehens durch staatliche Stellen müssten diese letztlich auch durch eine staatliche Zwangsschlichtung zu einer Regelung des als regelungsnotwendig bestimmten Bereiches kommen. Dies steht aber dem Inhalt des Art. 9 Abs. GG diametral entgegen, der gerade von einer Ordnung des Arbeitslebens durch die Koalitionen frei von staatlicher Aufsicht und Einmischung ausgeht.[434]

Gegen die behauptete Selbstentäußerung der Tarifparteien wird eingewendet, dass die Tarifparteien die Öffnungsklauseln durch einen neuen Tarifvertrag wieder zurücknehmen können und so Herren des Tarifgeschehens bleiben.[435] Diese Reversibilität von tariflichen Öffnungsklauseln führt dazu, dass die Tarifvertragsparteien ihren Einfluss und ihre Funktionsfähigkeit beibehalten, da sie in der nächsten Tarifrunde die Öffnungsklauseln abändern oder eine eigenständige Regelung des Bereiches vornehmen können.[436]

---

[432] Schwarze, Der Betriebsrat im Dienste der Tarifvertragsparteien, S. 205.
[433] Ruoff, Die Flexibilisierung der Tarifverträge, S. 94.
[434] Schwarze, Der Betriebsrat im Dienste der Tarifvertragsparteien, S. 205.
[435] Tyska ArbuR 1985, 276, 278.
[436] Buchner NZA 1986, 377, 380.

b) Ablehnung der Wesentlichkeitstheorie

Auch die Begrenzungsversuche für den notwendigen Bereich einer eigenständigen Normsetzung der Tarifvertragsparteien über eine entsprechende Anwendung der Wesentlichkeitstheorie wurden angriffen. Die Verpflichtung des Gesetzgebers, die grundlegenden Entscheidungen selbst durch Gesetz zu treffen, könne nicht auf die Tarifvertragsparteien erstreckt werden. Denn es werde unzulässiger Weise versucht, Grundsätze einer freiheitlichen Demokratie auf den Tarifbereich zu übertragen. Koalitionen nehmen zwar eine im öffentlichen Interesse liegende Aufgabe wahr, handeln jedoch in einem grundsätzlich staatsfreien Bereich. Eine Bindung der tariflichen Rechtsetzung an rechtsstaatliche Grundsätze besteht zwar, aber die Ausdehnung der Wesentlichkeitstheorie (wie auch der Geltung des Art. 80 Abs. 1 GG) überspannt diese Bindung. Der Unterschied zwischen der staatlichen Gesetzgebung und dem Bereich der staatsfreien Tarifautonomie werde nicht ausreichend berücksichtigt.[437]

Es werden somit ebenfalls gravierende Argumente gegen eine Regelungsverpflichtung angeführt.

III. Eigene Stellungnahme

Um zwischen den widerstreitenden Argumenten der Befürworter und der Gegner einer Regelungsverpflichtung zu einem Ergebnis zu gelangen, sind die angeführten Grundlagen einer solchen Regelungsverpflichtung zu überprüfen. Ebenso sind aber auch die Gegenargumente auf ihre Stichhaltigkeit zu überprüfen.

1. Ablehnung einer Regelungsverpflichtung

Für eine eigene Stellungnahme zum Bestehen einer Regelungsverpflichtung der Koalitionen ist eine kritische Auseinandersetzung mit den verschiedenen Ansätzen zur Begründung einer solchen Regelungsverpflichtung notwendig. Mangels eindeutiger gesetzlicher Regelungen sind die in der Literatur veröffentlichten Argumentationslinien hinsichtlich ihrer Überzeugungskraft zu untersuchen.

a) Widerlegung der behaupteten Ordnungsaufgabe

Zunächst soll eine Auseinandersetzung mit der Herleitung einer Regelungsverpflichtung der Tarifvertragsparteien aus der behaupteten Ordnungsfunktion des Tarifvertrages erfolgen. Die Herleitung einer Regelungsverpflichtung aus der behaupteten Ordnungsaufgabe kann nicht überzeugen. Es ist festzuhalten, dass weder das Grundgesetz noch das Tarifvertragsgesetz im Wortlaut einen Anhaltspunkt für eine Ordnungsaufgabe oder daraus resultierende Regelungsver-

[437] Maus, Erweiterung von Mitbestimmungsrechten, S. 46.

pflichtung enthalten. In Ermangelung eines Anhaltspunktes für eine Regelungsverpflichtung im Grundgesetz und in den einschlägigen Gesetzen wird die behauptete Ordnungsaufgabe häufig mit Entscheidungen des Bundesverfassungsgerichts und des Bundesarbeitsgerichts belegt. Dabei wird oft der Zusammenhang, in dem diese Äußerungen stehen, nicht ausreichend berücksichtigt. Durch eine Interpretation der einschlägigen Textstellen in ihrem Zusammenhang könnte sich ergeben, dass mit der Ordnungsaufgabe zumeist eine selbstgestellte Ordnungsaufgabe der Koalitionen angesprochen wird. Eine Aufgabe, die sich die Tarifpartner selbst stellen, kann aber nicht als Grundlage für die Regelungsverpflichtung in Tarifverträgen angesehen werden, die in der Tarifautonomie und damit in Art. 9 Abs. 3 GG begründet sein soll.

Weiterhin kann mit der Ordnungsaufgabe und der daraus resultierenden Ordnungsfunktion auch die tatsächlich ordnende Wirkung von Tarifverträgen beschrieben werden. Die tatsächliche Wirkung kann aber keine rechtliche Verpflichtung zur Regelung von Bereichen des Arbeitslebens begründen. Die Beschreibung der tatsächlichen Verhältnisse ist keine ausreichende und tragfähige Begründung für eine Rechtspflicht.

Im folgenden werden die einschlägigen Zitatstellen in Rechtsprechung und Literatur dahingehend untersucht, ob sie als Beleg für die behauptete Ordnungsaufgabe dienen können und ob eine abweichende Interpretation im Sinne einer selbstgestellten Ordnungsaufgabe oder einer Darstellung der Tarifwirklichkeit möglich ist.

aa) Keine historische Begründung der Ordnungsaufgabe

Bereits aus der geschichtlichen Entwicklung vor Inkrafttreten des Grundgesetzes wollen die Befürworter einer Ordnungsaufgabe eine solche ableiten. Jedoch äußert sich *Herschel* ausdrücklich im Anschluss an die Darstellung der historischen Entwicklung der Ordnungsaufgabe der Koalitionen, in welchem Sinn er die Ordnungsaufgabe gebraucht. Wörtlich spricht *Herschel* von einer „selbstgewählten Ordnungsaufgabe".[438] Damit sind Verweisungen auf *Herschel* zur Begründung einer Regelungsverpflichtung über die Ordnungsaufgabe nicht statthaft. Aus einer selbstgewählten Ordnungsaufgabe kann keine Regelungsverpflichtung entstehen, die von außen an die Koalitionen gestellt wird. Zudem ist die Beschreibung des historischen Handelns der Koalitionen in den Jahren 1916, 1918 und nach 1945 eine Darstellung der geschichtlichen Wirklichkeit und gibt damit Tatsachen wieder. Die bloße Wiedergabe historischer Tatsachen

---

[438] Herschel in: Verhandlungen des 46. Deutschen Juristentages, Band 2, 1967, Sinn und Grenzen der Vereinbarungsbefugnis der Tarifvertragsparteien, S. 13 f.

ist nicht für die Begründung einer rechtlichen Verpflichtung für die Zukunft ausreichend.

bb) Kein Nachweis der Ordnungsaufgabe in den Entscheidungen des Bundesverfassungsgerichts

Zum Beleg für eine Ordnungsaufgabe, die eine Regelungsverpflichtung der Koalitionen zur Folge haben soll, werden häufig Entscheidungen des Bundesverfassungsgerichts zitiert. Bei einer kritischen Überprüfung ist der Zusammenhang der einzelnen Aussagen mit den Klagen, die zu den Äußerungen des Bundesverfassungsgerichts Anlass gaben, näher zu beleuchten.

Der frühesten Äußerung des Bundesverfassungsgerichts lag ein Streit um die Tariffähigkeit einer Arbeitgebervertretung zugrunde. Das Bundesverfassungsgericht stellt fest, dass einer der „Zwecke des Tarifvertragssystems eine sinnvolle Ordnung des Arbeitslebens"[439] ist. Der Zweck der Ordnung des Arbeitslebens bezieht sich also zunächst auf das Tarifvertragssystem. Diesen Zweck erfüllen die Tarifverträge in der Tarifwirklichkeit zweifellos. Ein Zweck ist aber von einer Aufgabe zu trennen. Weiterhin besteht zwischen einer Aufgabe und einer rechtlichen Verpflichtung ein Unterschied. Eine Aufgabe aus Art. 9 Abs. 3 GG an die Koalitionen, selbst zur Regelung einzelner Bereiche des Arbeitslebens tätig werden zu müssen, lässt sich dieser Entscheidung m. E. nicht entnehmen. Einer Bezugnahme auf diese Entscheidung des Bundesverfassungsgerichts liegt der nicht überzeugende Versuch zugrunde, von der Tarifwirklichkeit zu der erwünschten rechtlichen Fixierung des status quo zu gelangen.

In einer weiteren grundlegenden Entscheidung[440] hatte sich ein Verband katholischer Hausgehilfinnen und Hausangestellter darauf berufen, eine Koalition im Sinne des Art. 9 Abs. 3 GG zu sein. Der Verband hatte es sich zur Aufgabe gemacht Tarifverträge abzuschließen. Die diesbezüglichen Äußerungen des Bundesverfassungsgerichts zur Aufgabe von Koalitionen können m. E. nicht zur Begründung für eine Regelungsverpflichtung herangezogen werden. Soweit von einer Pflicht des zum Vollzug der von staatlicher Seite übertragenen Ordnungsaufgabe gesprochen wird[441], handelt es sich um eine Stellungnahme des Deutschen Gewerkschaftsbundes und nicht um eine Äußerung des Bundesverfassungsgerichtes. Damit dienten die Äußerungen in dem Verfahren dem speziellen Zweck die Rechtsauffassung des Deutschen Gewerkschaftsbundes zu belegen. Letztlich wurden in dieser Entscheidung die Urteile der Gerichte für Ar-

---

[439] BVerfG, 18. 11. 1954, BVerfGE 4, 96, 107.
[440] BVerfG, 6. 5. 1964, BVerfGE 18, 18, 18 ff.
[441] BVerfG, 6. 5. 1964, BVerfGE 18, 18 23.

beitssachen, die auf Antrag einer Mitgliedsgewerkschaft des Deutschen Gewerkschaftsbundes zur Aberkennung der Tariffähigkeit des besagten Verbandes ergingen, für verfassungswidrig erklärt. Daraus kann gefolgert werden, dass diese Argumente der Stellungnahme des Deutschen Gewerkschaftsbundes als nicht durchschlagend angesehen wurden.

Das Bundesverfassungsgericht spricht dem ungeachtet von „der im allgemeinen Interessen liegenden Aufgabe der Ordnung und Befriedung des Arbeitslebens“[442] und von der „im öffentlichen Interesse den Koalitionen übertragenen Aufgabe, im Verein mit dem sozialen Gegenspieler das Arbeitsleben zu ordnen“. Der Begriff der „übertragenen Aufgabe“ könnte als eine vom Staat an die Koalitionen herangetragene Aufgabe gedeutet werden, die zur Begründung einer Regelungsverpflichtung herangezogen werden kann. Dies ist der deutlichste Hinweis auf eine verfassungsrechtlich begründete Ordnungsaufgabe in der Rechtsprechung des Bundesverfassungsgerichts. Diese Auffassung ist aber nicht zwingend, da sie die Bedeutung des Art. 9 Abs. 3 GG als Freiheitsrecht nicht ausreichend würdigt. Inwieweit sich ein Freiheitsrecht mit einer Verpflichtung zur Regelung vereinbaren lässt, wird noch zu klären sein. Die Formulierung „übertragen“ könnte sich auch auf die Delegationstheorie[443] hinsichtlich der Befugnis der Koalitionen zur Ordnung des Wirtschafts- und Arbeitslebens beziehen, wodurch klargestellt werden sollte, dass die Kompetenz der Koalitionen eine vom Staat abgeleitete ist. Der Begriff der „Aufgabe“ kann in diesem Zusammenhang auch mit der selbstgestellten Aufgabe des Verbandes, der sich auf Art. 9 Abs. 3 GG beruft, in Verbindung gebracht werden. Dafür spricht m. E. der zugrunde liegende Sachverhalt, da sich der Verband gerade dieser Aufgabe zur Ordnung des Arbeitslebens seiner Mitglieder gestellt hat. Eine verfassungsrechtliche Ordnungsaufgabe ist demzufolge nicht überzeugend. Außerdem fehlt in dieser Entscheidung die genaue Herleitung einer Regelungsverpflichtung der Koalitionen aus der angedeuteten Ordnungsaufgabe. Die Koalitionen könnten eine als verfassungsrechtlich verstandene Ordnungsaufgabe auch erfüllen, indem sie die konkrete Ausgestaltung der Tarifverträge oder die Regelung ganzer Bereiche des Arbeitsrechts auf die Betriebe verlagern. Auch dadurch wird das Arbeitsleben geordnet, indem einer anderen Ebene Kompetenzen eröffnet werden. Diese Kompetenzen werden zudem nur für die Laufzeit des betreffenden Tarifvertrages freigebeben. Die betreffenden Bereiche können jederzeit durch eine neue tarifliche Vereinbarung von den Koalitionen wiederum selbst inhaltlich geregelte werden.

---

[442] BVerfG, 6. 5. 1964, BVerfGE 18, 18, 27.
[443] siehe § 5 B. II. 2. Keine unzulässige Subdelegation.

Ebenfalls lässt sich dem Beschluss des Bundesverfassungsgerichts vom 24. 4. 1996[444], der sich mit dem Schutz der Tarifautonomie beschäftigt hat, kein Anhaltspunkt dafür entnehmen, dass eine Regelungsverpflichtung in wesentlichen Materien der Arbeitsbedingungen besteht. Vielmehr betont das Bundesverfassungsgericht das freie Aushandeln der Tarifverträge, die autonome Regelung der Arbeits- und Wirtschaftsbedingungen, die die Koalitionen in eigener Verantwortung zu ordnen vermögen. Eine solche Freiheit steht zu einer Pflicht zur Regelung im Widerspruch.

Auch im Mitbestimmungsurteil des Bundesverfassungsgerichts wird gerade die Offenheit des Art. 9 Abs. 3 GG für andere Gestaltungsformen als den traditionellen Flächentarifvertrag betont. Die sinnvolle Ordnung des Arbeitslebens ist gerade nicht auf die Gestaltung, die wie das Tarifvertragssystem durch die Elemente der gegensätzlichen Interessen, des Konflikts und des Arbeitskampfes geprägt sind, festgelegt.[445] Diese Systemoffenheit steht einer Erstarrung durch die Annahme einer Regelungsverpflichtung entgegen.

An anderer Stelle spricht das Bundesverfassungsgericht von einer im öffentlichen Interesse liegenden Aufgabe, Löhne und sonstige materielle Arbeitsbedingungen durch unabdingbare Gesamtvereinbarungen sinnvoll zu ordnen.[446] Jedoch wird im Anschluss vom Mittel des Tarifvertrages gesprochen, mit dem die Koalitionen diese von Art. 9 Abs. 3 GG intendierte autonome Ordnung des Arbeitslebens verwirklichen können. Es wird also keine Pflicht zum Gebrauchmachen vom Mittel des Tarifvertrages erwähnt. Vielmehr wird in diesem Zusammenhang die Bedeutung des Art. 9 Abs. 3 GG als Freiheitsrecht betont. Freigebildete Koalitionen handeln in einem von staatlicher Rechtsetzung freigelassen Raum in eigener Verantwortung und im wesentlichen ohne staatliche Einflussnahme.

Der Kontext der Äußerungen des Bundesverfassungsgerichts, die als Begründung für eine die Regelungsverpflichtung auslösende Ordnungsaufgabe genannt werden, widerspricht einer solchen Interpretation. Es existiert eine Ordnungsaufgabe der Koalitionen, wie sie vom Bundesverfassungsgericht immer wieder angesprochen wird, dabei handelt es sich meist um die selbstgestellte Aufgabe der Koalitionen zur Ordnung des Wirtschafts- und Arbeitslebens beizutragen. Das Bundesverfassungsgericht betont dagegen häufig das Wesen des Art. 9 Abs. 3 GG als Freiheitsrecht. Inwieweit sich ein Freiheitsrecht mit einer Verpflichtung zur Regelung überhaupt vereinbaren lässt, wird noch zu klären sein.

---

[444] BVerfG, 24. 4. 1996, BVerfGE 94, 268, 283.
[445] BVerfG, 1. 3. 1979, BVerfGE 50, 290, 371.
[446] BVerfG, 24. 5. 1977, BVerfGE 44, 322, 340 f.

cc) Kein Nachweis der Ordnungsaufgabe über Entscheidungen des Bundesarbeitsgerichts

Auch die angeführten Entscheidungen des Bundesarbeitsgerichts, die als Beleg für eine Ordnungsaufgabe angeführt werden, können keine stichhaltige Begründung für eine aus Art. 9 Abs. 3 GG resultierenden Regelungsverpflichtung der Tarifvertragsparteien erbringen. Vielmehr weisen auch diese Entscheidungen auf die selbstgestellte Aufgabe der Koalitionen, die Arbeits- und Wirtschaftsbedingungen zu ordnen, hin.

Der Zusammenhang, in dem das Bundesarbeitsgericht in der Entscheidung vom 9. 6. 1982[447] von der Ordnungsaufgabe spricht, bestätigt diese Auslegung. Aus der genannten Ordnungsaufgabe folgt, dass aus Sicht des Bundesarbeitsgerichtes eine Pflicht der Tarifvertragsparteien besteht, für die Durchführung der tariflichen Regelungen zu sorgen. Mit dem Begriff Ordnungsaufgabe kann in diesem Zusammenhang nur die selbstgestellte Aufgabe, einen Bereich des Arbeitsrechts zu ordnen, gemeint sein. Denn der Anknüpfungspunkt für die Durchführungspflicht ist eine bereits getroffene Regelung und nicht die abstrakte Verpflichtung einen Bereich des Arbeitsrechts zu regeln. Die selbstgestellte Aufgabe, den betreffenden Bereich zu regeln, hat hier Niederschlag in der tariflichen Regelung gefunden. Auch dass in einer Anmerkung von *Grunsky*[448] zu der Entscheidung diese selbstverständliche Ordnungsaufgabe keine Erwähnung findet, ist ein Indiz für die untergeordnete Bedeutung dieser Aussage.

Ebenfalls wird in der Entscheidung vom 21. 12. 1982[449] die in der Praxis bestehende Ordnungsfunktion der Tarifverträge zunächst beschrieben und dann auf eine Ordnungsaufgabe übergeleitet, die in der Durchsetzung bereits vereinbarter tariflicher Regelungen besteht. Dies kann sich wiederum nur auf eine selbstgestellte Ordnungsaufgabe beziehen.

In der Entscheidung des Bundesarbeitsgerichts vom 25. 9. 1987[450] wird zwar von der Zuweisung einer Ordnungsaufgabe durch Art. 9 Abs. 3 GG gesprochen, auch dies könnte sich m. E. auf eine selbstgestellte Ordnungsaufgabe einer Koalition im Sinne des Art. 9 Abs. 3 GG beziehen. Dadurch dass eine Vereinigung sich als Koalition begreift, macht sie es sich selbst zur Aufgabe an der Ordnung der Arbeits- und Wirtschaftsbedingungen mitzuwirken, was wiederum durch Art. 9 Abs. 3 GG geschützt wird. Zudem wird in dieser Entscheidung der Freiraum betont, indem die Tarifparteien in eigener Verantwortung tätig werden. Zu

---

[447] BAG, 9. 6. 1982, AP Nr. 1 zu § 1 TVG Durchführungspflicht.

[448] Grunsky Anmerkung zu BAG AP Nr. 1 zu § 1 TVG Durchführungspflicht.

[449] BAG, 21. 12 1982, AP Nr. 76 zu Art. 9 GG Arbeitskampf.

[450] BAG, 25. 9. 1987, AP Nr. 1 zu § 1 BeschFG 1985.

der eigenen Verantwortung zählt es aber auch gegebenenfalls nicht tätig zu werden, was einer Regelungsverpflichtung widersprechen würde.

Damit ist festzustellen, dass sich mittels Entscheidungen des Bundesarbeitsgerichts kein überzeugender Nachweis für eine Ordnungsaufgabe führen lässt, die eine Regelungsverpflichtung der Tarifvertragsparteien begründen könnte.

dd) Zwischenergebnis

Weder die historische Entwicklung, noch der Wortlaut der Gesetze, noch die Entscheidungen des Bundesverfassungsgerichtes oder des Bundesarbeitsgerichtes lassen den zwingenden Schluss zu, es existiere eine Ordnungsaufgabe aus Art. 9 Abs. 3 GG für die Tarifvertragsparteien. Eine Ordnungsaufgabe der Koalitionen existiert lediglich als selbstgestellte Ordnungsaufgabe.

b) Soziale Verantwortung keine Grundlage für Regelungsverpflichtung

Ob die Begründung über ein öffentliches Interesse an der Kompetenzübertragung an die Koalitionen und eine daraus abzuleitende soziale Verantwortung der Koalitionen neben der Herleitung einer Regelungsverpflichtung aus der Ordnungsaufgabe einen eigenständigen Begründungsansatz darstellt, kann dahinstehen. Der Umkehrschluss aus der Regelungskompetenz der Tarifvertragsparteien auf eine Regelungsverpflichtung aus sozialer Verantwortung ist nicht tragfähig.

Aus der tatsächlichen Wirkung der Tarifverträge im Wirtschaftsleben kann ebenso keine rechtliche Verpflichtung zur tariflicher Regelung erwachsen. Die soziale Verantwortung der Tarifparteien hat sich historisch entwickelt. Diese soziale Verantwortung war aber nicht das angestrebte Ziel dieser Entwicklung, sondern ergab sich als Folge. Daher kann Art. 9 Abs. 3 GG, der die entstandene Tarifautonomie verfassungsrechtlich absichert, nicht als eine grundgesetzliche Übertragung der sozialen Verantwortung interpretiert werden. Insoweit ergeben sich argumentativ keine Veränderung zur obigen Ablehnung einer historisch begründeten Ordnungsaufgabe.

Die Argumentation von *Zachert*, der von der Verdichtung des Verfassungsauftrags zur freiwilligen Gestaltung der Wirtschafts- und Arbeitsbedingungen zu einer Regelungspflicht in einem spezifischen Kernbereich ausgeht[451], kann nicht überzeugen. Soweit er sich auf die Rechtsprechung des Bundesarbeitsgerichts[452] stützt, ist anzumerken, dass diese Ausführungen sich auf Äußerungen zum

[451] Zachert RdA 1996, 140, 142.
[452] BAG, 9. 7. 1980, AP Nr. 7 zu § 1 TVG Form, Anmerkung von Herbert Wiedemann.

Problem der Verweisungen in Tarifverträgen beziehen und insoweit die Rechtsfigur der Delegation Anwendung findet. Dabei werden m. E. wiederum die Unterschiede zwischen der Delegation tariflicher Regelungsmacht und dem Wiederaufleben der originären Regelungskompetenz der Betriebspartner[453] nicht ausreichend gewürdigt. Auch der Verweis auf die Anmerkung von *Wiedemann* ist nicht durchschlagend, denn *Wiedemann* selbst ist der Ansicht, dass Art. 9 Abs. 3 GG keine Verpflichtung für die Tarifvertragsparteien begründet, Tarifverträge abzuschließen und die ihnen eingeräumte soziale Selbstverwaltung auch tatsächlich auszuüben.[454] Weiterhin lehnt *Zachert* es, ab eine solche Verpflichtung zum Abschluss von Tarifverträgen als justiziabel anzusehen. Dies wäre aber eine Konsequenz einer Regelungsverpflichtung der Tarifparteien.

Folglich kann die soziale Verantwortung der Tarifvertragsparteien keine argumentativ tragfähige Grundlage für eine Regelungsverpflichtung bilden.

c) Keine Selbstentäußerung der Tarifvertragsparteien

Die im Rahmen des Schlagworts von der „Selbstentäußerung der Tarifparteien" vorgebrachten Argumente sind vielgestaltig. Es werden im folgenden einzelne Argumentationslinien aufgegriffen und widerlegt, um dann mittels einer abschließenden Betrachtung über das Wesen des Grundrechts aus Art. 9 Abs. 3 GG eine Regelungsverpflichtung der Koalitionen definitiv abzulehnen.

Die Behauptung, dass bei einem verstärkten Gebrauchmachen von tarifvertraglichen Öffnungsklauseln die Betriebsparteien faktisch die Rolle der Tarifparteien übernehmen und eine Gefährdung des Gemeinwohls durch eine Verlagerung von Konflikten in die Betriebe zu befürchten sei[455], kann m. E. nicht überzeugen. Auf der Betriebsebene finden sich bereits konfliktträchtige Verhandlungsthemen aus dem Bereich der durch das Betriebsverfassungsgesetz eingeräumten Mitbestimmungsrechte. Eine rechtliche Unzulässigkeit, durch mögliche Konflikte auf der Betriebsebene über die Bindung an das Gemeinwohl zu begründen, erscheint nicht tragfähig. Die vorgetragen Bedenken sind nicht als (verfassungs-) rechtlich zu qualifizieren , sondern als rechtspolitisch. Rechtspolitische Bedenken werden zu Ende der Arbeit diskutiert[456], sind im Zusammenhang mit den rechtlichen Grenzen tarifvertraglicher Öffnungsklauseln aber irrelevant.

Auch die Auffassung, nach der, entsprechend wie im Verhältnis der Legislative zur Exekutive der Vorrang des Gesetzes ohne den Vorbehalt des Gesetzes ge-

---

[453] siehe § 5 Wirkungsweise der tarifvertraglichen Öffnungsklausel.

[454] Wiedemann in Wiedemann, TVG, § 1 Rz. 205.

[455] Riester, Deregulierung und Flexibilisierung im kollektiven Arbeitsrecht, S. 165.;

[456] § 9 Rechtspolitische Bedenken und Folgeprobleme.

fährdet wäre, so auch der Vorrang der Tarifautonomie gegenüber der Betriebsautonomie schutzlos sein könnte, wenn die Regelungsbefugnis vollständig auf die Betriebspartner verlagert würde[457], greift nicht durch. Der Vorrang des Gesetzes ist m. E. in dieser Hinsicht nicht mit dem Vorrang des Tarifvertrages vergleichbar. § 77 Abs. 3 Satz 2 BetrVG enthält gerade die Öffnungsmöglichkeit für die betriebliche Ebene. Der Hinweis auf die Praktikabilität der Entscheidungsfindung auf der Betriebsebene ist ebenfalls rechts- und tarifpolitischer Art, er kann nicht eine rechtliche Grenze bestimmen.

Auch der befürchtete Funktionsverlust[458] seitens der Tarifvertragsparteien ist m. E. nicht überzeugend. Der Tarifvorrang bleibt weiterhin bestehen. Die Tarifvertragsparteien können jederzeit durch eine neuen Tarifvertrag die Öffnungsklauseln einschränken oder ganz streichen. Sie bleiben die „Herren des Verfahrens". Durch den vermehrten Einsatz von Betriebsvereinbarungen wird der Beratungsbedarf für Betriebsratsmitglieder durch die Gewerkschaften noch zunehmen. Damit wird sich die tatsächliche Funktion der Koalitionen, und die der Gewerkschaften im besonderen, ändern. Ein Funktionsverlust kann darin aber nicht pauschal gesehen werden. Aber selbst wenn ein tatsächlicher Funktionsverlust in geringen Umfange eintreten sollte, kann dies nicht zur Verfassungswidrigkeit nach Art. 9 Abs. 3 GG führen.[459]

Somit stellt es keine Selbstentäußerung der Tarifparteien dar, wenn sie auf die Regelung bestimmter Fragen in Tarifverträgen verzichten. Auch weite Öffnungsklauseln sind unter dem rechtlichen Aspekt der Tarifautonomie nicht unzulässig.[460]

d) Bedeutung des Charakters des Art. 9 Abs. 3 GG als Freiheitsrecht

In der Diskussion über eine Regelungsverpflichtung der Koalitionen ist m. E. die Bedeutung des Art. 9 Abs. 3 GG als Freiheitsrecht nicht gebührend gewürdigt worden. Bei Art. 9 Abs. 3 GG handelt es sich vor allem um ein Freiheitsgrundrecht. Dies zeigt bereits die obige Herleitung der Tarifautonomie aus dem Grundrecht der positiven Koalitionsfreiheit. Die Stellung der Koalitionsfreiheit unter den Abwehrrechten von Art. 1 bis 19 GG gegen den Staat spricht gegen eine Regelungsverpflichtung der Koalitionen. Es erscheint geradezu widersin-

---

[457] Hoyningen-Huene/Meier-Krenz ZfA 1988, 293, 305 f.; Maier-Krenz, Die Erweiterung der Beteiligungsrechte des Betriebsrates durch Tarifvertrag, S. 156.

[458] Kissel NZA 1986, 73, 79; Riester, Deregulierung und Flexibilisierung im kollektiven Arbeitsrecht, S. 165.

[459] so auch Buchner NZA 1986, 377, 379.

[460] so auch Fitting/Kaiser/Heither/Engels, BetrVG, § 77 Rz. 121, anders noch Fitting/Kaiser/Heither/Engels, BetrVG, 17. Aufl., § 77 Rz. 84.

nig, dass sie aus einem Freiheitsrecht ähnlich wie hoheitliche Selbstverwaltungskörperschaften in die Pflicht genommen werden sollen. Auch die historische Entwicklung mit einem Erkämpfen der Koalitionsfreiheit gegenüber dem Staat, die durch Art. 9 Abs. 3 GG verfassungsrechtlich abgesichert wurde, spricht nicht für eine verpflichtende Aufgabenübertragung durch die Verfassung an die Koalitionen.

Wenngleich die Funktion der Koalitionsfreiheit über die eines Abwehrrechts im status negativus gegenüber dem Staat hinausgeht und ein soziales Schutzrecht darstellt[461], ist doch das liberale Formprinzip maßgeblich[462]. Das Koalitionsrecht ist ein liberalverfasstes Freiheitsrecht, wenn auch mit sozialer Zwecksetzung.[463] Auch das Bundesverfassungsgericht stellt im Mitbestimmungsurteil vom 1. 3. 1979 Charakter des Art. 9 Abs. 3 GG als Freiheitsrecht deutlich heraus, indem es äußert, dass die „Koalitionsfreiheit in erster Linie ein Freiheitsrecht“ sei.[464]

Gegen das Argument der Selbstentäußerung der Tarifvertragsparteien ist unter dem Blickwinkel des Freiheitsrechts einzuwenden, dass nur bei unverzichtbaren Rechten die Ausübung verpflichtend sein kann. Die Unzulässigkeit des Grundrechtsverzichts aus Art. 9 Abs. 3 Satz 2 GG zu folgern[465], ist nicht überzeugend. Art. 9 Abs. 3 Satz 2 GG erklärt Abreden für nichtig, die die Koalitionsfreiheit einschränken oder zu behindern suchen. Die Koalitionsfreiheit besitzt gemäß Art. 9 Abs. 3 Satz 2 GG unmittelbare Drittwirkung, wodurch nicht nur die Träger öffentlicher Gewalt, sondern auch alle Privatrechtssubjekte einschließlich der Koalitionen das Grundrecht aus Art. 9 Abs. 3 GG beachten müssen.[466] Der Zweck des Art. 9 Abs. 3 Satz 2 GG ist es, vor jedem unmittelbaren als auch mittelbaren Koalitionszwang zu schützen.[467] Tarifverträge können als Abreden in diesem Sinne qualifiziert werden.[468] Damit könnten Tarifverträge mit weitreichenden Öffnungsklauseln als Verstoß gegen Art. 9 Abs. 3 Satz 2 GG gesehen werden. Es liegt aber keine Einschränkung des Grundrechts durch die Vereinbarung tarifvertraglicher Öffnungsklauseln vor, die eine objektive und effektive Beeinträchtigung voraussetzt. Die Koalitionen machen durch tarifvertragliche

[461] Höfling in Sachs, GG, Art. 9 Rz. 124; Scholz in Maunz/Dürig, GG, Stand: Februar 1999, Art. 9 Rz. 155.

[462] Scholz in Maunz/Dürig, GG, Stand: Februar 1999, Art. 9 Rz. 156; Scholz in Handbuch des Staatsrechts, Band 6, § 151 Rz. 6.

[463] Scholz in Maunz/Dürig, GG, Stand: Februar 1999, Art. 9 Rz. 158.

[464] BVerfG, 1. 3. 1979, BVerfGE 50, 290, 367.

[465] Maus, Erweiterung von Mitbestimmungsrechten, S. 44 f.

[466] Scholz in Maunz/Dürig, GG, Stand: Februar 1999, Art. 9 Rz. 333.

[467] Löwer in Münch, GG, 4. Aufl., Art. 9 Rz. 76 f.

[468] Scholz in Maunz/Dürig, GG, Stand: Februar 1999, Art. 9 Rz. 333.

Öffnungsklauseln gerade von ihrer Tarifautonomie Gebrauch. Auch eine Vereinbarung, die versucht die Koalitionsfreiheit zu behindern, ist nicht gegeben. Dass diese Tarifverträge von der Absicht getragen werden, eine diskriminierende Grundrechtsbeeinträchtigung hinsichtlich der aus der Koalitionsfreiheit abgeleiteten Tarifautonomie auszulösen, kann ausgeschlossen werden. Dadurch, dass Koalitionen als Grundrechtsträger Öffnungsklauseln in Tarifverträgen vereinbaren, üben sie gerade ihre Tarifautonomie aus.

Im Rahmen der individuellen Freiheitsrechte ist allgemein anerkannt, dass auch das Recht zur Nichtinanspruchnahme vom Schutzbereich des Grundrechts gedeckt ist. Es existiert keine Verpflichtung zur Grundrechtsausübung für den Grundrechtsinhaber. Dies gilt sowohl für Individual- wie auch Gruppengrundrechte.[469] In diesem Zusammenhang sei auch auf obige Darstellung verwiesen, in der überzeugend klargestellt wird, dass die Koalitionen im Bereich der Arbeits- und Wirtschaftsbedingungen keine Monopolstellung[470] haben, sondern auch die Möglichkeiten der Normsetzung auf dem Gebiet der Arbeitsbedingungen durch Gesetz und Betriebsvereinbarung bestehen. Auch die Vertreter einer solchen Monopolstellung schwächen ihr Argument dadurch ab, dass sie die Monopolstellung lediglich als "weitgehend"[471] bezeichnen, was dem Begriff des Monopols widerspricht.

Die Tariffreiheit wird durch die Möglichkeit tarifvertraglicher Öffnungsklauseln nicht eingeschränkt, sondern die Tarifparteien erweitern ihre Handlungsmöglichkeiten um die Option einer betriebsnahen Tarifpolitik. Das Freiheitsgrundrecht der Tarifautonomie ist anpassungsfähig und entwickelt sich im gesellschafts- und wirtschaftspolitischen Wandel fort. Die Befürchtung, dass die Tarifparteien in großem Ausmaß ihre Bedeutung verlieren und in der Folge nicht mehr in der Lage sind, ihre Aufgaben zu erfüllen[472], kann nicht geteilt werden. Der Tarifvorrang bleibt gesetzlich geschützt . Der Verzicht ist freiwillig und kann durch neue Tarifverträge ohne Öffnungsklauseln wieder zurück genommen werden.

Nicht nur die historische Entwicklung der Koalitionsfreiheit, sondern auch die gegenwärtigen Funktionen der Koalitionen und deren zukünftige reale Innovationsfähigkeit[473] können einen Maßstab für die Auslegung des Art. 9 Abs. 3 GG als Freiheitsrecht geben. Die Sozialpartnerschaft in ihrer bisherigen Form ist

---

[469] so auch Säcker/Oetker, Tarifautonomie, S. 93.
[470] Ruoff, Die Flexibilisierung der Tarifverträge, S. 91 ff.
[471] Berg in Däubler/Kittner/Klebe, BetrVG, § 77 Rz. 62.
[472] Heisig, Arbeitsentgelt- und Arbeitszeitregelungen, S. 338.
[473] Scholz in Handbuch des Staatsrechts, § 151 Rz. 16.

durch die Verfassung nicht fixiert. Insofern kann die Entwicklung in Richtung weitreichender Öffnungsklauseln zwar tarif- und rechtspolitisch bekämpft werden, aber nicht mit Hinblick auf Art. 9 Abs. 3 GG als verfassungsrechtlich ausgeschlossen angesehen werden.

2. Zwischenergebnis

Mangels einer Regelungsverpflichtung der Koalitionen, können die Tarifvertragsparteien auch auf die Regelung von Bereichen des Arbeitslebens verzichten. Eine Regelungsverpflichtung ist weder aus einer verfassungsrechtlichen Ordnungsaufgabe, noch aus dem öffentlichen Interesse, sozialer Verantwortung oder der Gefahr einer Selbstentäußerung der Tarifpartner herzuleiten. Art. 9 Abs. 3 GG als Freiheitsgrundrecht sichert daneben die Ausübung der Tarifautonomie durch die Vereinbarung von tariflichen Öffnungsklauseln. Folglich sind auch weite Öffnungsklauseln, bis hin zu einer umfassenden Öffnungsklausel, unter dem Gesichtspunkt der Tarifautonomie nicht als verfassungswidrig anzusehen.

Eine Widerlegung der vorgeschlagenen Theorien zur Bestimmung eines notwendigen Tarifvertragsinhalts ist unnötig, da bereits das Vorliegen einer Verpflichtung zur tariflichen Regelung durch die Koalitionen abgelehnt wird.

C. Negative Koalitionsfreiheit

Durch die Verlagerung von Rechtsetzungsbefugnis aus der tariflichen auf die betriebliche Ebene mittels tariflicher Öffnungsklauseln werden auch nichtorganisierte Arbeitnehmer im Betrieb von der durch den Tarifvertrag ermöglichten Betriebsvereinbarung erfasst. Da tarifliche Normen gemäß § 4 Abs. 1 TVG unmittelbar und zwingend nur für tarifgebundene Arbeitnehmer gelten, könnte die negative Koalitionsfreiheit der nichtorganisierten Arbeitnehmer verletzt sein. Dieses Problem stellte sich bereits im Zusammenhang mit dem Leber-Rüthers-Kompromiss und wurde in der Arbeitsrechtswissenschaft kontrovers diskutiert. Bei der Überprüfung einer möglichen Verletzung der negativen Koalitionsfreiheit durch tarifvertragliche Öffnungsklauseln soll als konkreter Untersuchungsgegenstand eine Ausgestaltung gewählt werden, die dem Leber-Rüthers-Kompromiss entspricht. Zwar war der Leber-Rüthers-Kompromiss aus einer einmaligen tarifgeschichtlichen Situation entstanden und ist mittlerweile tarifpolitisch überholt, aber die Problematik der Kombination einer Öffnung des Tarifvertrages für betriebliche Lösungen mit einer Erweiterung der erzwingbaren Mitbestimmung hat auch zukünftig Relevanz. Ein den Leber-Rüthers-Kompromiss entsprechender Untersuchungsgegenstand ist auch am geeignetsten, um exemplarisch das Problem einer Erstreckung von tariflichen Vorschriften auf Außenseiter durch tariflichen Öffnungsklauseln und sich möglicherweise daraus ergebende Gestaltungsgrenzen zu behandeln.

Die Anwendbarkeit der Grundrechte auf tarifliche Regelungen ist, wie oben bereits dargestellt wurde[474], im einzelnen umstritten. Auf genauere Ausführungen zur dogmatischen Begründung kann verzichtet werden, da im Ergebnis der Tarifvertrag die Grundrechte der Arbeitnehmer, hier also die negative Koalitionsfreiheit der Außenseiter, nicht verletzen darf. Die Grundrechtssphäre der nichtorganisierten Arbeitnehmer und der Vorrang der Tarifautonomie sind durch praktische Konkordanz in Ausgleich zu bringen.

I. Herleitung der negativen Koalitionsfreiheit

Der Begriff der negativen Koalitionsfreiheit beschreibt die individuelle Freiheit des einzelnen, einer Koalition fernzubleiben und aus ihr auszutreten.[475] Es ist aber umstritten, ob das Recht, sich einer Koalition nicht anzuschließen, verfassungsrechtlich verbürgt ist.

Die überwiegende Meinung in der Literatur[476], das Bundesarbeitsgericht[477] und das Bundesverfassungsgericht[478] leiten die negative Koalitionsfreiheit direkt aus

---

[474] siehe § 7 A. II. Festlegung des Prüfungsmaßstabs.

[475] Schaub, Arbeitsrechts-Handbuch, § 188 III 2 Rz. 5, S. 1972.

[476] Zöllner/Loritz , Arbeitsrecht, § 8 IV 5 m. w. N.

Art. 9 Abs. 3 GG her. Zwar enthält der Wortlaut des Art. 9 Abs. 3 GG die negative Koalitionsfreiheit nicht unmittelbar, sie lässt sich aber aus seinem Sinn und Gesamtzusammenhang erschließen. Die positive Koalitionsfreiheit, umfasst das Recht sowohl eine Koalition zu gründen, als auch einer bestehenden Koalition beizutreten, als auch Mitglied in einer Koalition zu bleiben. Die positive Koalitionsfreiheit wäre aber nicht vollständig gesichert, wenn Zwang hinsichtlich des Beitritts zu einer bestehenden Koalition ausgeübt werden dürfte. Zudem könnte nicht von einer wirklichen Freiheit ausgegangen werden, wenn die geschützte Handlung durch Zwang erreicht werden könnte.[479] Durch diese Ansicht wird dem Individualrecht eine starke Stellung eingeräumt, welche jedweden Zwang, einschließlich des mittelbaren, ausschließen soll.

Eine Literaturmeinung[480] vertritt die Auffassung, die negative Koalitionsfreiheit lasse sich aus Art. 2 Abs. 1 GG herleiten. Bestenfalls sei Art. 9 Abs. 1 GG die Grundlage für die negative Koalitionsfreiheit.[481] Neben dem Hinweis, dass der Wortlaut des Art. 9 Abs. 3 GG nichts über das Recht enthält, einer Koalition fernzubleiben, werden auch dafür historische, entstehungsgeschichtliche und systematische Gründe angeführt. Die historische Entwicklung zur Erlangung der Koalitionsfreiheit zielte auf das Recht der Arbeitnehmer ab, kampfkräftige Verbände zu bilden und nicht darauf solchen fernzubleiben.[482] Auch die Entstehungsgeschichte des Art. 9 Abs. 3 GG spreche gegen eine Herleitung der negativen Koalitionsfreiheit daraus, da in den Beratungen des Parlamentarischen Rates eine Streichung des ursprünglich vorgesehenen Verbots des Koalitionszwangs beschlossen wurde.[483] Hinsichtlich des Sinns dieses Grundrechts hat *Nipperdey* angemerkt, dass positive und negative Koalitionsfreiheit zwar miteinander korrelieren, aber insoweit unterschiedlich ausgestaltet sein müssen, da sie sich ansonsten gegenseitig ausschließen würden.[484] Ein Abstufen des Grund-

---

[477] BAG, 29. 11. 1967, AP Nr. 13 zu Art. 9 Abs. 3 GG; BAG, 21. 1. 1987, AP Nr. 46 zu Art. 9 Abs. 3 GG; BAG, 21. 1. 1987, AP Nr. 47 zu Art. 9 Abs. 3 GG.

[478] BVerfG, 19. 10. 1966, BVerfGE 20, 312, 321 f.; BVerfG, 1.3. 1979, BVerfGE 50, 290, 367; BVerfG, 15. 7. 1980, BVerfGE 55, 7, 21; BVerfG, 17. 2. 1981, BVerfGE 57, 220, 245; BVerfG, 14. 6. 1983, BVerfGE 64, 208, 213 f.; BVerfG, 23. 4. 1986, BVerGE 73, 261, 270.

[479] Zöllner/Loritz , Arbeitsrecht, § 8 IV 5.

[480] Hueck/Nipperdey, Lehrbuch des Arbeitsrechts, Band II, 1. Halbband, § 10 II 1, S. 155 ff.; Kittner, in Alternativkommentar GG, Art. 9 Abs. 3 Rz. 41; Söllner, Arbeitsrecht, § 9 IV, S. 59 f.

[481] Däubler, Das Arbeitsrecht 1, 1998; S. 112 m. w. N.; Kittner, in Alternativkommentar GG, Art. 9 Abs. 3 Rz. 41 m. w. N.

[482] Söllner, Arbeitsrecht, § 9 IV, S. 59.

[483] Hueck/Nipperdey, Lehrbuch des Arbeitsrechts, Band II, 1. Halbband, § 10 II 2, S. 157.

[484] Hueck/Nipperdey, Lehrbuch des Arbeitsrechts, Band II, 1. Halbband, § 10 II 2, S. 157 ff.

rechtsschutzes wird durch Art. 9 Abs. 3 GG für die positive Koalitionsfreiheit auf der einen Seite und Art. 2 Abs. 1 GG für die negative Koalitionsfreiheit auf der anderen Seite ermöglicht. Beim Aufeinandertreffen von positiver und negativer Koalitionsfreiheit wird der positiven Freiheit und damit den Trägen der Tarifautonomie einen Vorrang eingeräumt.[485] Konsequenz dieser Ansicht ist, dass die negative Koalitionsfreiheit im Verhältnis zur positiven Koalitionsfreiheit eine geringere Bedeutung besitzt.

Die Herleitung aus der negativen Koalitionsfreiheit aus Art. 9 Abs. 3 GG obsiegt m. E. argumentativ. Der Wortlaut von Art. 9 Abs. 3 GG gibt keinen Anhaltspunkt dafür, dass sich positive und negative Koalitionsfreiheit nicht zweifellos entsprechen. Die negative Koalitionsfreiheit bildet das freiheitsrechtliche Gegenstück zur positiven Koalitionsfreiheit und beide bedingen sich in einem freiheitsrechtlichen Sinnzusammenhang. Zwischen diesen beiden Freiheitsrechten kann es keinen Unterschied im Rang geben, wenn der Grundsatz der Freiheit an sich beachtet werden soll.[486] Auch werden die Auffassungen, die die Grundlage der negativen Koalitionsfreiheit in Art. 2 Abs. 1 oder Art. 9 Abs. 1 GG sehen, von dem Bestreben getragen, Differenzierungen zugunsten der gewerkschaftlich organisierten Arbeitnehmer zu ermöglichen.[487]

II. Schutzbereichseröffnung bei fremder Normsetzung

Nach der Auffassung, dass es sich bei tarifvertraglichen Öffnungsklauseln wie dem Leber-Rüthers-Kompromiss um eine Form der Delegation tariflicher Rechtsetzungsmacht handelt[488], besteht kein Problem mit der negativen Koalitionsfreiheit von Außenseitern, da diese gar nicht erfasst werden.

Da aber nach zutreffender Ansicht eine originäre Befugnis der Betriebsparteien zur Regelung der Arbeitsbedingungen durch Betriebsvereinbarungen freigegeben wird, sind nichtorganisierte Arbeitnehmer im Betrieb der Wirkung der Betriebsvereinbarung unterworfen. Die Einbeziehung der tariflichen Außenseiter, das heißt die Erstreckung der tarifvertraglichen Normsetzung auf ein Nichtgewerkschaftsmitglied, ist zu unterscheiden von der Freiheit, einer Koalition fern zu bleiben. Umstritten ist, ob aber auch die Freiheit vor fremder Normsetzung von der negativen Koalitionsfreiheit umfasst wird.

---

[485] Gamillscheg, Kollektives Arbeitsrecht I, S. 384.
[486] Scholz in Handbuch des Staatsrechts, Band 6, § 151 Rz. 83.
[487] so auch Löwer in Münch, GG, 4. Aufl., Art. 9 GG Rz. 79.
[488] Baumann, Die Delegation tariflicher Rechtsetzungsbefugnisse, S 147; Wank in Wiedemann, TVG, § 4 Rz. 592.

1. Keine Schutzbereichseröffnung bei Normerstreckung

Die Rechtsprechung des Bundesverfassungsgerichts schränkt den sachlichen Schutzbereich der negativen Koalitionsfreiheit auf die individuelle Freiheit ein, sich keiner oder einer anderen Koalition anzuschließen. Voraussetzung für eine Beeinträchtigung der negativen Koalitionsfreiheit soll es sein, dass ein Druck oder Zwang auf Nichtorganisierte zum Beitritt in eine bestimmten Organisation ausgeübt wird.[489] Die negative Koalitionsfreiheit soll generell nicht dadurch verletzt werden, dass für das Arbeitsverhältnis Inhaltsregelungen gelten, die fremde Verbände ausgehandelt haben.[490] Auch wenn die Erstreckung tariflicher Normen auf nichtorganisierte Arbeitnehmer einen gewissen Druck zum Koalitionsbeitritt bewirkt, so sei dieser Druck doch nicht so erheblich, dass damit die negative Koalitionsfreiheit verletzt wird.[491] Die Rechtsprechung, dass kein spezifisch koalitionsrechtlicher Aspekt betroffen ist, wenn jemand den Vereinbarungen fremder Tarifvertragsparteien unterworfen wird, wurde per argumentum a maiore ad minus bestätigt. Die Unterwerfung unter eine einzelne tarifliche Regelung soll noch weniger als bei der Allgemeinverbindlichkeitserklärung als unzulässiger Druck hinsichtlich eines Koalitionsbeitritts qualifiziert werden.[492]

Diese Auffassung des Bundesverfassungsgerichts fand in der Literatur teilweise Zustimmung.[493] Es liege kein Eingriff in die negative Koalitionsfreiheit vor, wenn jemand den Vereinbarungen fremder Tarifvertragsparteien unterworfen wird. Die negative Koalitionsfreiheit garantiere lediglich die Freiwilligkeit des kollektiven Zusammenschlusses in einer Koalition.[494] Sie stelle nur eine Reaktion des freiwilligen Zusammenschließens zu Koalitionen gegenüber staatlichem Druck dar. Nur wenn die Verbände einen dem staatlichen Beitrittszwang vergleichbaren Druck ausüben, der in der Praxis sich zu einer faktischen Pflichtmitgliedschaft erhöht, könne die negative Koalitionsfreiheit von Außenseitern gegen die Verbände selbst angeführt werden.[495]

Auch *Biedenkopf* differenziert bei der negativen Koalitionsfreiheit zwischen der Freiheit einer Koalition fernzubleiben und der Freiheit vor einer Unterwerfung des Außenseiters unter tarifliche Normsetzung. [496] Hinsichtlich der Freiheit einer Koalition nicht beizutreten, neigt *Biedenkopf* einer Herleitung aus Art.9

[489] BVerfG, 20. 7. 1971, BVerfGE 31, 297, 302.
[490] BVerfG, 24. 5. 1977, BVerfGE 44, 322, 352.
[491] BVerfG, 15. 7. 1980, BVerfGE 55, 7, 22.
[492] BVerfG, 14. 6. 1983, BVerfGE 64, 208, 213 f.
[493] Kempen/Zachert, TVG, § 3 Rz. 20, § 5 Rz. 39; Reiß, Tarifautonomie im Spannungsverhältnis; S. 93, Oekter in Wiedemann, TVG, § 3 Rz. 25.
[494] Kempen/Zachert, TVG, § 3 Rz. 20.
[495] Kempen/Zachert, TVG, § 5 Rz. 39.
[496] Biedenkopf, Grenzen der Tarifautonomie, S. 93 ff.

Abs. 3 GG zu, da er in ihr die Kehrseite der Verbandsautonomie sieht. Die negative Koalitionsfreiheit hinsichtlich der Freiheit von fremder Normsetzung wird enger verstanden als die Freiheit, einer Koalition nicht beizutreten. Es wird auf die Möglichkeiten der Erstreckung von tariflicher Normsetzung auf nichtorganisierte Arbeitnehmer durch die Allgemeinverbindlichkeitserklärung, betriebliche und betriebsverfassungsrechtliche Normen und die Nachwirkung der tariflichen Normen bei Verbandsaustritt hingewiesen.[497] *Biedenkopf* lehnt eine Gleichsetzung von Zwang zum Koalitionsbetritt und Unterwerfung der Nichtorganisierten unter tarifliche Normsetzung ab, weil die Normsetzung nicht der persönlichen Selbstentfaltung, sondern der Ordnung rechtlicher Beziehungen diene.[498]

2. Schutzbereichseröffnung bei fremder Rechtsetzung durch die Tarifparteien

Nach einer konträren Ansicht im Schrifttum enthält die negative Koalitionsfreiheit auch die Freiheit, nicht der tariflichen Rechtsetzungsmacht unterworfen zu sein.[499] Das Konzept in Art. 9 Abs. 3 GG geht von einer Gestaltung der Arbeits und Wirtschaftsbedingungen durch freie Verbände aus. Das Normsetzungsrecht der Koalitionen könne daher grundsätzlich nicht Personen außerhalb ihres Mitgliederbereichs erfassen. Eine Einbeziehung der Außenseiter sei bei Allgemeinverbindlicherklärung mittels Zusammenwirken von Staat und Koalitionen möglich. Die Funktion der Allgemeinverbindlicherklärung würde leer laufen, wenn man den Koalitionen gestatten würde, Außenseiter auf andere Weise in die Tarifverträge einzubeziehen. Als Ausnahme zu diesem Grundsatz wird aber auch § 3 Abs. 2 TVG genannt.[500]

Ein anderer Begründungsansatz geht von der Rechtsprechung des Bundesverfassungsgerichts aus, eine Druckausübung zum Koalitionsbeitritt sei nicht zulässig. Durch den erzwungen Beitritt würde man der Tarifgeltung unterworfen. Daraus wird gefolgert, dass erst recht eine Tarifgeltung ohne Beitritt zur Koalition unzulässig sei.[501] Diese Argumentation ist aber m. E. angreifbar, da eine Unterwerfung unter bestimmte Regelungen fremder Normgeltung nicht mit Druck zu einem Koalitionsbetritt gleichgesetzt werden kann. Bei einem er-

---

[497] Biedenkopf, Grenzen der Tarifautonomie, S. 99 ff.

[498] Biedenkopf, Grenzen der Tarifautonomie, S. 99.

[499] Henssler ZfA 1994, 487, 498; Hueck/Nipperdey, Lehrbuch des Arbeitsrechts, Band II, 1. Halbband, § 10 III 3, S.167; Lücke ZRP 1991, 205, 205, Schlüter in Festschrift für Lukes, 1989, S. 559, 567 f.; Zöllner/Loritz, Arbeitsrecht, § 8 IV 5; S. 121.

[500] Hueck/Nipperdey, Lehrbuch des Arbeitsrechts, Band II, 1. Halbband, § 10 III 3, S. 167 f.

[501] Lücke ZPR 1991, 205, 205.

zwungen Koalitionsbeitritt wird man kraft Gesetzes sämtlichen Tarifnormen unterworfen und darüber hinaus würde eine Pflicht zur Zahlung des Mitgliederbeitrags entstehen. Eine Gleichsetzung ist also offensichtlich nicht sachgerecht.

Nach einer weiteren Auffassung berühre eine nur faktische Betroffenheit durch eine tarifliche Regelung die negative Koalitionsfreiheit der Außenseiter. Mögliche Rahmenvorgaben im Tarifvertrag können eine Beeinflussung der Betriebsparteien darstellen, so dass der Schutzbereich der negativen Koalitionsfreiheit eröffnet sei.[502] Ebenfalls verliere der Außenseiter durch die faktische Tarifbindung einen Freiraum privatautonomer Vertragsgestaltung und dadurch könnte in seine negative Koalitionsfreiheit eingegriffen werden.[503]

3. Eigene Meinung

Um den Schutz der negativen Koalitionsfreiheit der tariflichen Außenseiter möglichst effektiv zu gewährleisten, erscheint es geboten, in den Schutzbereich auch die Freiheit vor tariflicher Rechtsetzung mit einzubeziehen. Ferner kann die zutreffende Feststellung, dass auch bei nicht gewerkschaftsangehörigen Arbeitnehmern durch eine arbeitsvertragliche Bezugnahme auf den Tarifvertrag eine Einbeziehung in die tariflichen Regelungen häufig vorhanden ist, den Schutzbereich der negativen Koalitionsfreiheit nicht enger fassen. Sofern auch nur die Möglichkeit eines Arbeitsverhältnisses ohne mitgliedschaftliche oder einzelvertragliche Einbeziehung existiert, muss der wirksame Schutz der negativen Koalitionsfreiheit die Freiheit vor tariflicher Rechtsetzung enthalten. Die Eröffnung des Schutzbereiches der negativen Koalitionsfreiheit enthält aber noch keine abschließende Beurteilung über eine dem Leber-Rüthers-Kompromiss entsprechende Tarifgestaltung. Es könnte auch möglich sein, dass der vorliegende Eingriff in die negative Koalitionsfreiheit gerechtfertigt ist.

III. Eingriff in die negative Koalitionsfreiheit und seine Rechtfertigung

Zunächst ist zu klären unter welchen Bedingungen ein Eingriff in die negative Koalitionsfreiheit der Außenseiter durch Öffnungsklauseln vorliegt. Anschließend stellt sich die Frage, ob dieser Eingriff gerechtfertigt ist.

1. Eingriff in den Schutzbereich der negativen Koalitionsfreiheit

Ein Eingriff in den Schutzbereich der negativen Koalitionsfreiheit liegt vor, wenn die tarifliche Rechtsetzung auf nicht gewerkschaftsangehörige Arbeitnehmer eines Betriebs erstreckt wird. Dies ist mittels einer Betriebsvereinbarung nur dann denkbar, wenn tarifliche Vorgaben durch die tarifvertragliche

---

[502] Henssler ZfA 1994, 487, 498.
[503] Schüren RdA 1988, 138, 143 f.

Öffnungsklausel inzident Bestandteil der Betriebsvereinbarung werden. Damit erlangen tarifliche Regelungen indirekt auch Geltung für die tariflichen Außenseiter. Obwohl der Geltungsgrund für solche Regelungen in der Betriebsvereinbarung liegt, handelt es sich in der Sache um eine tarifliche Regelung.

Damit wird in die negative Koalitionsfreiheit der Außenseiter selbst dann eingegriffen, wenn die Betriebsparteien in der Umsetzung der tariflichen Regelungen frei sind, da die fremde tarifliche Normsetzung im Gewand einer Betriebsvereinbarung auftritt. Man könnte insoweit argumentieren, dass es bereits an einem Eingriff in den Schutzbereich der negativen Koalitionsfreiheit fehle, da der Außenseiter nur von der Geltung der Betriebsvereinbarung betroffen sei, jedoch nicht direkt von einer tariflichen Regelung. Letztlich handelt es sich jedoch um Regelungen, deren inhaltliche Vorgaben bereits im Tarifvertrag getroffen wurden. Damit ist m. E. bereits bei tariflichen Vorgaben ein Eingriff in die negative Koalitionsfreiheit in der Ausprägung der Freiheit von fremder, tariflicher Rechtsetzung gegeben. Inwieweit es möglich ist, dass die Betriebsparteien solche tariflichen Vorgaben berücksichtigen, stellt eine Frage der Rechtfertigung des Eingriffs dar.

Auf den Umfang der tariflichen Vorgaben kann es dabei nicht ankommen. Sobald irgendwie geartete tariflichen Angaben den Inhalt der Betriebsvereinbarung vorprägen, ist ein Eingriff gegeben. Es existiert keine Schwelle hinsichtlich des Umfangs tariflicher Vorgaben, die hinsichtlich der Intensität überschritten werden muss, um einen Eingriff zu bejahen.

2. Begründungsansätze zur Rechtfertigung des Eingriffs

Eine Auffassung in der Literatur kommt zum Ergebnis, dass der Eingriff in die negative Koalitionsfreiheit gerechtfertigt ist. Dabei werden aber verschiedene Begründungen zur Rechtfertigung des Eingriffs in die negative Koalitionsfreiheit der Außenseiter gegeben.

a) Keine Rechtsetzungsmacht aus Art. 9 Abs. 3 GG

Nach einer Überlegung von *Reiß* könnte eine Rechtsetzungsmacht der Tarifpartner auch gegenüber Außenseitern in besonderen Fällen existieren, die sich aus den Grundsätzen der Tarifautonomie gemäß Art. 9 Abs. 3 GG ergibt.[504] Die bereits dargestellte historische Entwicklung und die verfassungsrechtlichen Grundlagen der Tarifautonomie lassen für eine Rechtsetzungsmacht der Koalitionen gegenüber nichtorganisierten Arbeitnehmern aber keine Grundlage erkennen. Die Rechtsetzung der Koalitionen war grundsätzlich auf ihre Mitglieder

[504] Reiß, Tarifautonomie im Spannungsverhältnis, S. 51.

beschränkt. Es existieren jedoch gesetzlich normierte Ausnahmen wie § 3 Abs. 2 TVG und § 5 TVG. Auch hinsichtlich der Grundsätze autonomer Rechtsetzung ist von einer Beschränkung auf die Verbandsmitglieder auszugehen. Autonomie umfasst die Berechtigung des Autonomieträgers, Rechtsnormen zur Regelung der eigenen Angelegenheiten zu erlassen. Autonome Rechtsetzung bedeutet Eigenrechtsetzung.[505] Damit existiert keine grundsätzliche Rechtsetzungsbefugnis der Koalitionen gegenüber tariflichen Außenseitern, die aus Art. 9 Abs. 3 GG oder den Grundsätzen der Tarifautonomie abzuleiten ist, da die kollektive Koalitionsfreiheit des Art. 9 Abs. 3 GG nur soweit geschützt ist, wie sie auf freiwilliger Unterwerfung der Verbandsmitglieder beruht.[506]

b) Umstrittene Rechtfertigung aus § 77 Abs. 3 Satz 2 BetrVG

Die fehlende Tarifbindung der Außenseiter könnte durch § 77 Abs. 3 Satz 2 BetrVG überwunden werden, wenn dieser Norm der Charakter einer Ermächtigungsnorm zur Erstreckung der Tarifwirkung auf die Nichtorganisierten beizumessen wäre.

aa) Befürworter einer Geltungserstreckung

Nach einer Auffassung haben die Tarifvertragsparteien gerade von ihrer in § 77 Abs. 3 Satz 2 BetrVG geschaffenen Möglichkeit der Kompetenzzuweisung an die Betriebspartner Gebrauch gemacht. Für eine sinnvolle Ergänzung der Tarifnormen müssten alle Arbeitnehmer eines Betriebes erfasst werden. Ansonsten soll eine Geltung der für die Arbeitnehmer günstigen Normen nicht erreichbar sein. Zwar bestehe folglich die Gefahr, dass die Tarifvertragsparteien über ergänzende Betriebsvereinbarungen nach § 77 Abs. 3 Satz 2 BetrVG, die nicht organisierten Arbeitnehmer benachteiligen, dies sei jedoch zur Erlangung der günstigeren Normen hinzunehmen.[507] § 77 Abs. 3 Satz 2 BetrVG stelle also eine Möglichkeit zur Geltungserstreckung über die einer Gewerkschaft angehörenden Arbeitnehmer hinaus dar. Dafür soll auch die Berücksichtigung der Lage nichttarifgebundener Betriebe sprechen, denen die Möglichkeit zur Ausübung dieser Kompetenzeröffnung gegeben werden soll.[508]

---

[505] im Ergebnis so auch Reiß, Tarifautonomie im Spannungsverhältnis, S. 55 ff.

[506] so auch Schlüter, Festschrift für Lukes, 1989, S. 559, 567 f.

[507] Küttner/Schlüpers-Oehmen/Rebel DB 1985, 172, 173.

[508] Heisig, Arbeitsentgelt- und Arbeitszeitregelung, S. 361.

bb) Gegner einer Geltungserstreckung

Die Gegenauffassung in der Literatur sieht in § 77 Abs. 3 Satz 2 BetrVG keine Ermächtigungsnorm zur Erstreckung der Tarifwirkung auf Außenseiter.[509] Um die Funktion der Tarifvertragsparteien zu wahren, solle verhindert werden, dass der persönliche Geltungsbereich in anderer Weise als durch die Allgemeinverbindlichkeitserklärung gemäß § 5 TVG ausgedehnt wird.[510] Zum gleichen Ergebnis kommt *Richardi*, der dazu die Rechtslage zu § 59 BetrVG 1952, nicht verwirklichte Gesetzentwürfe und die Begründung zum Regierungsentwurf heranzieht.[511]

cc) Eigene Stellungnahme

Soweit aus der sinnvollen Einbeziehung der Außenseiter und ihrem Schutz vor benachteiligenden Tarifnormen der Charakter des § 77 Abs. 3 BetrVG als Ermächtigungsnorm geschlossen wird, kann dem nicht gefolgt werden. Zum einen gilt die Einbeziehung der Nichtorganisierten nicht nur bei günstigeren, sondern auch bei belastenden Tarifnormen. Zudem wäre die Möglichkeit einer Einbeziehung über einzelvertragliche Vereinbarung denkbar, wenn auch umständlich zu verwirklichen. Letztlich bleibt die Gefahr der Benachteiligung, wobei zu berücksichtigen ist, dass gewisse Differenzierungen zwischen tarifgebundenen und nichttarifgebundenen Arbeitnehmern auch unter Berücksichtigung des § 75 Abs. 1 BetrVG möglich sind. Weiterhin kann das Argument, welches auf die rechtliche Lage für nicht tarifgebundene Betriebe abstellt, nicht durchdringen. Über § 77 Abs. 3 Satz 2 BetrVG wird der Tarifvorrang nach § 77 Abs. 3 Satz 1 BetrVG aufgehoben. Da der Tarifvorrang auch für nichttarifgebundene Betriebe gilt, muss die Aufhebung dieser Sperre ebenfalls für sie gelten. Eine Notwendigkeit für die Erstreckung tariflicher Normen auf nichtorganisierte Arbeitnehmer lässt sich somit durch die Norm des § 77 Abs. 3 Satz 2 BetrVG nicht herleiten.

Aber die Gegenauffassung kann ebenso wenig überzeugen. Eine Argumentation mit dem Schutz der Funktion der Tarifvertragsparteien kann m. E. nicht durchschlagen, wenn die Tarifvertragsparteien gerade eine Einbeziehung der Außenseiter durch die Betriebsvereinbarungen erreichen möchten. Ebenfalls erscheint die von *Richardi* vorgenommene Auslegung der Entstehungsgeschichte keineswegs zwingend. Da gerade kein eindeutiger Gesetzeswortlaut vorliegt, erscheint eine andere Auslegung zumindest denkbar.

---

[509] Galperin/Löwisch, BetrVG, § 77 Rz. 85; Richardi, BetrVG, § 77 Rz. 288 ff.; Weyland ArbuR 1989, 193, 197.

[510] Galperin/Löwisch, BetrVG, § 77 Rz. 85.

[511] Richardi, BetrVG, § 77 Rz. 288 f.

Daher ist § 77 Abs. 3 Satz 2 BetrVG weder als alleinige Ermächtigungsnorm für eine Erstreckung der tariflichen Rechtsetzungsmacht auf die nichtorganisierten Arbeitnehmer noch als völlig ungeeignet anzusehen, eine Normstreckung auf Außenseiter zu bewirken. Folglich kann § 77 Abs. 3 Satz 2 BetrVG nicht alleine als Ermächtigungsnorm angesehen werden, aber unter Berücksichtigung von § 3 Abs. 2 TVG und § 88 BetrVG könnte eine Normerstreckung möglich sein.

c) Keine Rechtfertigung durch § 3 Abs. 2 TVG

Eine weitere Norm zur Begründung, weshalb die tariflichen Vorgaben auf die Außenseiter zu erstrecken sind, könnte sich mit § 3 Abs. 2 TVG eröffnen. Nach dem Wortlaut ermöglicht es § 3 Abs. 2 TVG den Tarifvertragsparteien, unmittelbar für die nichtorganisierten Arbeitnehmer Normen zu vereinbaren. Dies ist anerkanntermaßen zugunsten und im gewissen Grenzen auch zu Lasten der Außenseiter möglich. So soll keine unzulässige Erstreckung der Tarifverträge auf unorganisierte Außenseiter vorliegen, weil sich deren Einbeziehung nur zum Teil aus dem Wegfall des § 77 BetrVG ergibt, denn der andere Teil beruht auf der Möglichkeit des § 3 Abs. 2 TVG.[512] Hier besteht aber die Gefahr des Zirkelschlusses, da die Verletzung der negativen Koalitionsfreiheit gerade erst durch eine Anwendung des § 3 Abs. 2 TVG möglich wird. Es werden an dieser Stelle die oben bereits angesprochenen verfassungsrechtlichen Zweifel an § 3 Abs. 2 TVG im Hinblick auf den Leber-Rüthers-Kompromiss in seiner konkreten Auswirkung auf die tariflichen Außenseiter überprüft. Die Frage einer Überschreitung bei tariflichen Normen zu Lasten der Außenseiter ist das zu klärende Problem. Daher kann § 3 Abs. 2 TVG nicht als Rechtfertigung herangezogen werden, da gerade seine rechtliche Wirkungsweise die mögliche Grundrechtsverletzung bewirkt.

d) § 88 BetrVG als Rechtfertigungsnorm

§ 88 BetrVG könnte die Einbeziehung der nicht einer Gewerkschaft angehörenden Arbeitnehmer rechtfertigen, indem alle Arbeitnehmer von einer originären umfassenden Regelungsbefugnis der Betriebsparteien erfasst werden. Während § 77 Abs. 3 Satz 2 BetrVG nur die Sperrwirkung des Tarifvorrangs beseitigt, ist in § 88 BetrVG die Grundlage für die betriebliche Regelungskompetenz in sozialen Angelegenheiten[513] zu sehen. Über diese Regelungskompetenz könnte der Eingriff in die negative Koalitionsfreiheit der Außenseiter gerechtfertigt sein.

---

[512] Wendeling-Schröder NZA 1998, 624, 626.

[513] siehe § 5 C. II. Bejahung einer umfassenden Regelungskompetenz.

Grundlage der Betriebsautonomie ist nach allgemeiner Auffassung die Privatautonomie. Über den § 77 Abs. 4 Satz 1 BetrVG wird den Betriebsparteien die Möglichkeit zur Normsetzung auf den Gebiet der Arbeitsbedingungen eröffnet. Dies stellt für den einzelnen Arbeitnehmer eine Form von Fremdbestimmung dar. Die durch die Betriebsparteien ausgeübte Fremdbestimmung durch ein mandatarisches Erklärungsmodell auf die Selbstbestimmung zurückzuführen wird nicht mehr vertreten. Denkbar ist aber eine rechtsgeschäftliche Unterwerfung des einzelnen Arbeitnehmers unter die betriebliche Normsetzung, um diese auf eine privatautonome Grundlage zu stellen. Als tatsächliche Anknüpfungspunkte könnte man den Eintritt des Arbeitnehmers in den Betrieb oder die das Recht zur Wahl des Betriebsrats bzw. dessen Ausübung sehen.[514]

Es ist aber zu berücksichtigen, dass § 88 BetrVG von freiwilligen Betriebsvereinbarungen ausgeht. Im Hinblick auf das Ergänzen tariflicher Vorgaben durch eine Betriebsvereinbarung könnte hinsichtlich der negativen Koalitionsfreiheit der Außenseiter eine Rechtfertigung mangels Freiwilligkeit über § 88 BetrVG problematisch sein.

Eine Auffassung in der Literatur sieht zwar eine Beeinträchtigung der negativen Koalitionsfreiheit durch eine Normerstreckung über die betriebliche Rechtsetzungskompetenz, hält diesen Eingriff aber für gerechtfertigt. Eine unterschiedliche Behandlung zwischen Betriebsvereinbarungen unter tariflichen Vorgaben und solchen Betriebsvereinbarungen, die von den Betriebsparteien völlig eigenständig getroffen werden, sei nicht vorstellbar. Der Zweck der negativen Koalitionsfreiheit soll es nicht sein, die Übernahme tariflicher Vorgaben zu verhindern, welche selbst das Gemeinwohl im Auge haben. Die Interessen des einzelnen Außenseiters müssten zugunsten einer funktionierenden Wirtschaftsordnung zurücktreten.[515] Diese Argumentation ist m. E. zu pauschal, auch wenn sie als weitere Voraussetzung tariflicher Öffnungsklauseln grundsätzliche Entscheidungen dem Tarifvertrag vorbehält. Eine Gleichstellung von Öffnungsklauseln mit oder ohne tariflicher Vorgaben erscheint willkürlich, da durchaus derartig detaillierte tarifliche Vorgaben vorstellbar sind, dass die Betriebsvereinbarung im wesentlichen bereits vorgezeichnet ist. Außerdem kann dem Tarifvertrag eine Orientierung am Gemeinwohl nicht stets unterstellt werden. Es ist auch denkbar, dass die Tarifvertragsparteien gerade auch eine Erstreckung von Nachteilen auf die Außenseiter beabsichtigen, um bei den eigenen Mitgliedern eine Schlechterstellung zu vermeiden.

---

[514] Schwarze, Der Betriebsrat im Dienste der Tarifvertragsparteien, S. 140 ff.
[515] Henssler ZfA 1994, 487, 499.

Eine andere Meinung sieht die bereits dargestellte demokratische Legitimation von Betriebsvereinbarungen auch in Verbindung mit tariflichen Vorgaben vorliegen, sofern eine „freiwillige" Betriebsvereinbarung abgeschlossen wird. Die Entscheidungsfreiheit des Betriebsrats ist enthalten, wenn er die freie Entscheidung über das „Ob" der tariflichen Vorgaben behält. Es sei unerheblich im Hinblick auf die negative Koalitionsfreiheit der Außenseiter, ob die Tarifpartner nur Eckpunkte innerhalb der tariflichen Öffnungsklausel oder den Inhalt der ermöglichten Betriebsvereinbarung detailliert vorgeben, solange die Betriebsparteien es in der Hand haben, von der Öffnungsklausel Gebrauch zu machen oder dies zu unterlassen.[516] Auf diesen bestechenden Gedanken wird noch zurückzukommen sein.

3. Ablehnende Stimmen zu einer Rechtfertigung

Eine entgegengesetzte Ansicht hält die Einbeziehung der nichtorganisierten Arbeitnehmer durch Betriebsvereinbarungen, die ein Tarifvertrag ermöglicht hat, für einen Verstoß gegen die negative Koalitionsfreiheit.[517]

Die Rechtfertigung des Eingriffs in die negative Koalitionsfreiheit könnte aufgrund der gesetzlichen Vorgaben über § 3 Abs. 2 TVG, § 77 Abs. 3 Satz 2 BetrVG und der so ermöglichten Betriebsvereinbarung erfolgt sein. In der Literatur werden in diesem Zusammenhang Zweifel an der demokratischen Legitimation der tariflichen Erstreckung geäußert. Dabei handelt es sich aber m. E. um keinen anderen Schutzbereich als den der negativen Koalitionsfreiheit und um die Frage, ob eine ausreichende Rechtfertigung des Eingriffs vorliegt. Daher sind diese Auffassungen zusammen zu behandeln.

Unzweifelhaft bedarf die Rechtsetzung der Koalitionen gegenüber den Außenseitern gemäß Art. 20 Abs. 2 Satz 1 GG demokratischer Legitimation.[518] Durch die Ausfüllung eines Tarifkorridors auf betrieblicher Ebene gehen tarifliche Vorgaben in die Betriebsvereinbarung mit ein. Dafür könnte den Tarifparteien die demokratische Legitimation fehlen. Das Bundesverfassungsgericht hat klargestellt, dass wegen des Demokratieprinzips der Staat seine Normsetzungskompetenz nicht unbegrenzt außerstaatlichen Stellen überlassen darf und dadurch den Bürger einer schrankenlosen Normsetzung unterwerfen darf, die nicht demokratisch oder durch Mitgliedschaft legitimiert ist.[519] Die Verfassungswidrig-

---

[516] Ruoff, Die Flexibilisierung der Tarifverträge, S. 98 f.
[517] Walker ZfA 1996, 353, 365.
[518] Löwisch/Rieble, SAE 1988, 103, 104; Löwisch DB 1984, 2457; Löwisch NZA 1985, 170, 171; Richardi NZA 1984, 387, 388; Richardi NZA 1985, 172, 172 ff.; Ziepke BB 1985, 281, 286; Ziepke, MTV, § 2 Anm. 5 II.
[519] BVerfG, 24. 4. 1977, BVerfGE 44, 322, 348.

keit des § 3 Abs. 2 TVG könnte sich folglich aus der fehlenden demokratischen Legitimation nach Art. 20 Abs. 2 GG ergeben. Eine Überwindung der fehlenden demokratischen Legitimation über eine Ordnungsaufgabe der Koalitionen ist abzulehnen, da bereits festgestellt wurde, dass eine solche Ordnungsaufgabe nicht existiert.[520] Zudem würde eine Ordnungsaufgabe eine Rechtsetzungskompetenz voraussetzen und nicht als Grundlage für eine solche dienen. Weiterhin enthält Art. 9 Abs. 3 GG generell lediglich die Rechtsetzung gegenüber den eigenen Mitgliedern.[521]

Die demokratische Legitimation des § 3 Abs. 2 TVG über seine Schaffung durch den demokratisch legitimierten Gesetzgeber zu begründen, könnte für dessen Verfassungsmäßigkeit als nicht ausreichend angesehen werden.[522] Bei der Entscheidung über die Allgemeinverbindlichkeit gemäß § 5 TVG hat das Bundesverfassungsgericht nicht nur auf den rechtstaatlichen Erlass abgestellt, sondern auch noch eine zusätzliche Rechtfertigung für die Erstreckung auf der Tarifgebundenheit auf die Außenseiter gefordert. Diese zusätzliche Legitimation sah das Bundesverfassungsgericht in dem Verfahrensablauf und der Verantwortlichkeit der Arbeitsbehörde, welche über das Parlament zusätzlich legitimiert ist.[523]

Daher wird für den Leber-Rüthers-Kompromiss vertreten, dass die Metallarbeitszeitregelung in ihrer dort konkret vorliegenden Ausgestaltung zumindest zu einer restriktiven Auslegung des § 3 Abs. 2 TVG bei tariflichen Normen mit Doppelcharakter führen muss. § 3 Abs. 2 TVG soll daher eine Einbeziehung der tariflichen Außenseiter nicht begründen können.[524]

Eine andere Argumentationslinie greift die tarifliche Ausgestaltung von Öffnungsklauseln durch Doppelnormen an. Wie bereits oben festgestellt, sind die Regelungen des Leber-Rüthers-Kompromisses als Tarifnormen mit Doppelnormcharakter, also zugleich Inhalts- und betriebsverfassungsrechtliche Normen, zu qualifizieren.[525] Gegen eine Erstreckung tariflicher Normsetzung wird vorgebracht, dass bei der Schaffung des § 3 Abs. 2 TVG der Gesetzgeber keinen Doppelnormcharakter im Auge hatte. Auch erfasse § 3 Abs. 2 TVG das Arbeitsverhältnis nur in Randbereichen. Eine Erstreckung tariflicher Vorgaben in

[520] siehe § 7 B. III. 1. a) Widerlegung der behaupteten Ordnungsaufgabe.
[521] Reiß , Tarifautonomie im Spannungsverhältnis, S. 95 f.
[522] Reiß, Tarifautonomie im Spannungsverhältnis, S. 94.
[523] BVerfG, 24.4. 1977, BVerfGE 44, 322, 448 f.
[524] Reiß, Tarifautonomie im Spannungsverhältnis, S. 100.
[525] siehe § 6 Rechtliche Einordnung der tarifvertraglichen Öffnungsklausel.

so wichtigen Bereichen wie der Arbeitszeit oder auch Bestimmungen über das Entgelt könnte daher nicht mittels § 3 Abs. 2 TVG geregelt werden.[526]

Ein weiterer Ansatz stellt auf den Umfang der tariflichen Vorgaben ab. Die Betriebsvereinbarung ist nur ein Transmissionsriemen für die tariflichen Vorgaben, da der Tarifvertrag nur sehr enge Vorgaben für eine Entscheidung der Betriebsparteien lässt. Damit sei die Entscheidung des Betriebsrates nicht mehr demokratisch legitimiert.[527] Es liege ein Verstoß gegen die negative Koalitionsfreiheit der Außenseiter vor, da über die begrenzte Einschaltung des Betriebsrates die Hauptleistungspflicht der Arbeitszeitdauer nicht tariflich geregelt werden kann.[528]

Den Betriebspartnern soll die demokratische Legitimation und parlamentarische Verantwortlichkeit fehlen, die nach den Demokratieprinzip jenseits des Gewährleistungsbereiches Art. 9 Abs. 3 GG erforderlich sind, um materielle Rechtsetzung zu betreiben.[529]

Damit gelangt eine Vielzahl von Stimmen in der Literatur auf verschiedenen argumentativen Wegen zum Resultat, dass bei einer dem Leber-Rüthers-Kompromiss entsprechenden tariflichen Ausgestaltung eine Rechtfertigung des Eingriffs in die negative Koalitionsfreiheit der tariflichen Außenseiter nicht möglich sei.

4. Eigene Stellungnahme und Zwischenergebnis

Die Einbeziehung der nichtorganisierten Außenseiter wird über die originäre Regelungskompetenz der Betriebsparteien kraft Gesetzes ermöglicht. Eine Betriebsvereinbarung entsteht unter Beteiligung des von der Gesamtbelegschaft gewählten Betriebsrates und ist somit ausreichend demokratisch legitimiert. Über § 77 Abs. 4 Satz 1 BetrVG werden durch die Betriebsvereinbarung ebenfalls die nicht oder anders organisierten Arbeitnehmer des betreffenden Betriebes erfasst. Eine ausschließliche Öffnung des Tarifvertrages ist jedoch unproblematisch, da insoweit kein Eingriff in die negative Koalitionsfreiheit vorliegt.

Desgleichen sind tarifliche Vorgaben inhaltlicher Art, so detailliert sie sein mögen, zulässig, soweit der Boden der demokratischen Legitimation des Betriebsrates nicht verlassen wird. Diese Legitimation ist dann gewahrt, wenn eine un-

---

[526] Löwisch/Rieble, SAE 1988, 103, 104; Löwisch DB 1984, 2457, 2457 ff.; Löwisch NZA 1985, 170, 171.
[527] Schüren RdA 1988, 138, 143.
[528] Schüren RdA 1985, 22, 27, 29.
[529] Papier RdA 1989, 137, 141 f.

abhängige und freie Entscheidung des Betriebsrates gewährleistet ist. Diese Freiheit wird auch nicht durch detaillierte tarifliche Vorgaben beeinträchtigt. Der Umfang der Öffnung des Tarifvertrages steht im Ermessen der Tarifvertragsparteien und daher können sie ebenso eine derartig begrenzte Öffnung zulassen, die eine Regelung auf der Betriebsebene vorwegnimmt. Entscheidend ist aber, dass die Freiheit des Gebrauchmachens von der Öffnungsklausel für die Betriebsparteien gewahrt bleibt.

Folglich stellen freiwillige und nicht erzwingbare Betriebsvereinbarungen, unabhängig von tariflichen Vorgaben, keine Verletzung der negativen Koalitionsfreiheit der nicht gewerkschaftsangehörigen Arbeitnehmer dar. Die Frage der Zulässigkeit von über eine Einigungsstelle erzwingbar ausgestalteten Betriebsvereinbarungen im Zusammenhang mit tariflichen Öffnungsklauseln bedarf einer gesonderten Untersuchung. Wenn § 88 BetrVG den Betriebsparteien eine umfassende Kompetenz zur Regelung der sozialen Angelegenheiten einräumt, stellt sich die Frage der Verletzung der negativen Koalitionsfreiheit durch die Unterwerfung unter fremde Rechtsetzungsmacht nur hinsichtlich des Gesichtspunkts der Erzwingbarkeit.

Als Zwischenergebnis ist festzuhalten, dass bei Vorgaben inhaltlicher Art im Tarifvertrag für die Öffnungsklausel ein Eingriff in die negative Koalitionsfreiheit der tariflichen Außenseiter über die Betriebsvereinbarung stattfindet. Unter der Voraussetzung einer umfassenden originären Regelungskompetenz der Betriebsparteien ist der Eingriff in die negative Koalitionsfreiheit der Außenseiter gerechtfertigt, sofern die Entscheidung über den Abschluss einer Betriebsvereinbarung frei ist. Ohne inhaltliche Vorgaben seitens des Tarifvertrags fehlt es bereits an einem Eingriff in den Schutzbereich der negativen Koalitionsfreiheit. Die Problematik einer tariflichen Öffnungsklausel, in der Ausgestaltung des Leber-Rüthers-Kompromisses, liegt letztlich in der Erzwingbarkeit der tarifergänzenden Betriebsvereinbarung.

IV. Grundrechtsverletzung durch Einigungsstelle oder tarifliche Schlichtungsstelle

Es muss geklärt werden, ob die negative Koalitionsfreiheit der nichtorganisierten Außenseiter durch die Erzwingbarkeit der betrieblichen Normsetzung des Leber-Rüthers-Kompromisses verletzt wird. Dies führt zum Problem, ob eine Erweiterung der Beteilungsrechte des Betriebsrates durch Tarifvertrag möglich ist. Zusätzlich stellt sich die Frage, ob eine Gestaltungsgrenze hinsichtlich des Punktes besteht, dass in einigen Tarifverträgen, die auf dem Leber-Rüthers-Kompromiss beruhen, das Verfahren der Erzwingbarkeit von der betrieblichen Einigungsstelle auf eine tarifliche Schlichtungsstelle übertragen wurde.

1. Erweiterung der Mitbestimmung durch Tarifvertrag

Die Problematik der tariflichen Öffnungsklauseln im Hinblick auf die negative Koalitionsfreiheit der nichtorganisierten Außenseiter stellt sich in besonderer Weise dann, wenn das Mitbestimmungsrecht des Betriebsrates zum Abschluss einer den Tarifvertrag ergänzenden Betriebsvereinbarung erzwingbar ausgestaltet ist. Denn dann kann nicht mehr direkt auf die demokratische Legitimation des Betriebsrates abgestellt werden, da eine Entscheidung in der betrieblichen Einigungsstelle nur mit den Stimmen der Arbeitgeberseite und des neutralen Vorsitzenden möglich ist. Die Befugnis der Einigungsstelle zur Vereinbarung einer Betriebsvereinbarung könnte aber über die Möglichkeit der Erweiterung der Mitbestimmung durch Tarifvertrag begründet werden.

a) Befürworter der Erweiterbarkeit der Mitbestimmung

Sowohl das Bundesarbeitsgericht[530] als auch eine gewichtige Ansicht in der Literatur gehen davon aus, dass eine Erweiterbarkeit der Mitbestimmung durch Tarifvertrag möglich ist.

Über die Qualifikation der entscheidenden Normen des Leber-Rüthers-Kompromisses als betriebsverfassungsrechtliche Norm im Sinne des § 1 Abs. 1 TVG gelten diese gemäß § 3 Abs. 2 TVG in Betrieben, in denen der Arbeitgeber tarifgebunden ist. Diese Regelungen wurden weder durch das Betriebsverfassungsgesetz von 1952 noch durch das von 1972 beschränkt oder aufgehoben, obwohl in der Rechtswissenschaft bereits damals kontrovers über die Erweiterbarkeit der betrieblichen Mitbestimmung durch Tarifvertrag diskutiert wurde.[532]

Daneben spräche der Wortlaut des § 87 Abs.1 BetrVG für die Möglichkeit einer anderen Festlegung der mitbestimmungspflichtigen sozialen Angelegenheiten und folglich für eine Erweiterbarkeit der Mitbestimmung durch Tarifvertrag.

Bereits die Rechtsprechung des Bundesarbeitsgerichts zu § 56 Abs. 1 BetrVG 1952 erkannte die Erweiterbarkeit der Rechte des Betriebsrats durch Tarifvertrag an.[533] Da der Gesetzgeber in Kenntnis dieser Rechtsprechung die Formulierung aus § 56 Abs. 1 BetrVG 1952 in den § 87 Abs.1 BetrVG 1972 übernom-

---

[530] BAG, 18. 8. 1987, AP Nr. 23 zu § 77 BetrVG 1972; BAG, 10. 2. 1988, AP Nr. 53 zu § 99 BetrVG 1972.

[531] Fitting/Kaiser/Heither/Engels, BetrVG, § 87 Rz. 7; Oetker in Wiedemann, TVG, § 1 Rz. 599 ff.

[532] BAG, 18. 8. 1987, AP Nr. 23 zu § 77 BetrVG 1972.

[533] BAG, 24. 9. 1959, AP Nr. 11 zu § 611 BGB Akkordlohn; BAG, 8. 10. 1959, Nr. 14 zu § 56 BetrVG 1952.

men hat, kann zumindest nicht von einer ausdrücklichen Untersagung durch den Gesetzgeber gesprochen werden.

Außerdem zeige der Vergleich des Betriebsverfassungsgesetzes von 1972 mit dem wenig später erlassenen Bundespersonalvertretungsgesetz von 1974 in Richtung für eine tarifliche Erweiterung der Rechte des Betriebsrates. In § 3 des Bundespersonalvertretungsgesetzes von 1974 wird ausdrücklich geregelt, dass durch Tarifvertrag das Personalvertretungsrecht nicht abweichend ausgestaltet werden darf. Die Folgerung aus dem Vergleich beider Gesetze, dass der Gesetzgeber die Möglichkeit zur Schaffung betriebsverfassungsrechtlicher Normen nicht ausschalten wollte, erscheint überzeugend.[534]

In einer anderen Entscheidung des Bundesarbeitsgerichts über eine Verstärkung des Mitbestimmungsrechts in personellen Angelegenheiten würde die Rechtsprechung von einer Erweiterung der Mitbestimmungsrechte durch Tarifvertrag bestätigt. In dieser Entscheidung wird als weiteres Indiz, für die unveränderte Beibehaltung der durch das TVG geschaffenen Rechtslage, § 2 Abs. 3 BetrVG 1972 angeführt. Es wird klargestellt, dass die Aufgaben der Koalitionen durch das Betriebsverfassungsgesetz von 1972 nicht berührt werden. Bei den Regelungen des Betriebsverfassungsgesetzes von 1972 über die Mitwirkung des Betriebsrates handele es sich um Arbeitnehmerschutzbestimmungen. Diese seien grundsätzlich einseitig zwingender Natur. Es bedürfte einer klaren Regelung im Gesetz, wenn der Gesetzgeber etwas anders bestimmen will. Eine solche Regelung sei im Betriebsverfassungsgesetz von 1972 nicht ersichtlich. Daher sollen die Mitwirkungsbestimmungen nur einseitig zwingendes Recht sein. Auch die Entstehungsgeschichte des Betriebsverfassungsgesetzes von 1972, die das Gesetz als Ergebnis eines politischen Kompromisses ausweist, kann nicht als eindeutige Aussage über die Möglichkeit der Erweiterung der Mitbestimmung durch Tarifvertrag gewertet werden. In der politischen Auseinandersetzung wurde um diese Frage hart gestritten und ein Kompromiss ist das geeignete Mittel zu Überbrückung solcher Meinungsverschiedenheiten.[535]

Desgleichen finden sich in der Literatur gewichtige Stimmen, die eine Erweiterung der Mitbestimmungsrechte des Betriebsrates durch Tarifvertrag für möglich halten.[536] *Riester* stimmt dem Bundesarbeitsgericht hinsichtlich der Erweiterbarkeit der Mitbestimmung zu. Ansonsten hätte die Rechtsetzungsbefugnis bezüglich betriebsverfassungsrechtlicher Normen gemäß § 1 Abs. 1 TVG keine

[534] BAG, 18. 8. 1987, AP Nr. 23 zu § 77 BetrVG 1972.
[535] BAG, 10. 2. 1988, AP Nr. 53 zu § 99 BetrVG 1972.
[536] Fitting/Kaiser/Heither/Engels, BetrVG, § 87 Rz. 7; Oetker in Wiedemann, TVG, § 1 Rz. 599 ff.

Bedeutung mehr. Zudem soll nach § 2 Abs. 3 BetrVG die Stellung der Koalitionen nicht beeinträchtigt werden, was auch als Argument für eine Erweiterbarkeit der Mitbestimmung angeführt wird.[537] Für eine Erweiterung der Mitbestimmung in sozialen Angelegenheiten soll auch sprechen, dass die Tarifvertragsparteien bei einer Veränderung der Umstände rascher reagieren können als das Gesetzgebungsverfahren. Dabei sind sie aber auf die sozialen Angelegenheiten beschränkt und müssen die Entscheidungsprärogative des Unternehmers beachten.[538] Bedenken gegen eine Erweiterung der Mitbestimmungsrechte werden also nur insoweit geltend gemacht, als Mitbestimmungsrechte für die zentralen Unternehmensentscheidungen eingeführt werden sollen.[539] Eine Erweiterung der Mitbestimmung durch Tarifvertrag wird von *Biedenkopf* hinsichtlich der des Gegenstands zugelassen, solange Struktur und Verfahren der gesetzlichen Betriebsverfassung nicht angetastet werden.[540] *Hanau* meint, dass die Mitbestimmung des Betriebsrates in sozialen Angelegenheiten nach ganz h. M. erweitert werden könne. Zum Teil werde dies auch so von ablehnenden Stimmen zum Leber-Rüthers-Kompromisses vertreten. Daher sollen ihre Aussagen in sich nicht konsequent sein.[541] Ferner wird die Auffassung vertreten, dass die Betriebsparteien auch dann als Normsetzer anzusehen seien, wenn die Betriebsvereinbarung auf einem Einigungsstellenspruch beruht. Eine übereinstimmende Rechtsetzung der beiden Betriebsparteien durch eine freiwillige Betriebsvereinbarung soll dafür nicht erforderlich sein. Der Gesetzgeber hat die Einigungsstelle selbst als geeignetes Instrument zur Konfliktlösung auf betrieblicher Ebene eingeführt. Ein Spruch der Einigungsstelle, der nach § 76 Abs. 5 BetrVG durch den Antrag einer Betriebspartei initiiert wird, stellt eine betriebsautonome Regelung dar.[542] Keine Normsetzung durch die Betriebsparteien liege nur dann nicht vor, wenn eine Umsetzung auf betrieblicher Ebene gegen den Willen beider Betriebsparteien möglich wäre.[543] Eine solche Ausgestaltung liegt beim Leber-Rüthers-Kompromiss aber nicht vor und ist auch kaum denkbar.

Diese Darstellung zeigt, dass bedeutende Stimmen eine Erweiterung der erzwingbaren Mitbestimmung für möglich halten.

---

[537] Riester, Deregulierung und Flexibilisierung im kollektiven Arbeitsrecht, S. 176 ff.
[538] Oetker in Wiedemann, TVG, § 1 Rz. 599 ff.
[539] Fitting/Kaiser/Heither/Engels, BetrVG, § 87 Rz. 7 f.
[540] Biedenkopf, Grenzen der Tarifautonomie, S. 295 f.
[541] Hanau NZA 1985, 73, 75.
[542] Staschik, Grundfragen zur Betriebsvereinbarung, S. 188.
[543] Staschik, Grundfragen zur Betriebsvereinbarung, S. 189.

b) Gegner der Erweiterbarkeit der Mitbestimmung

Die Gegenansicht ist der Auffassung, eine Erweiterung der Mitbestimmung des Betriebsrates in sozialen Angelegenheiten durch Tarifvertrag sei nicht möglich.[544]

Der Gesetzgeber habe mit dem Betriebsverfassungsgesetz 1972 eine ausgewogene und abschließende Regelung der Mitbestimmungsrechte des Betriebsrates getroffen. Eine Erweiterung der Mitbestimmung könne nur der Gesetzgeber vornehmen, nicht aber die Tarifvertragsparteien.[545] Für eine ausgewogene und abschließende Gesamtordnung der Betriebsverfassung soll sprechen, dass das Betriebsverfassungsgesetz an verschiedenen Stellen selbst Regelungen enthält aufgrund deren durch Tarifvertrag von betriebsverfassungsrechtlichen Vorschriften abgewichen werden kann (beispielsweise: §§ 3, 38 Abs. 1 Satz 5, 47 Abs. 4, 55 Abs. 4, 76 Abs. 8, 86, 117 Abs. 2 BetrVG). Eine solche ausdrückliche Regelung wäre unnötig gewesen, wenn die Bestimmungen des Betriebsverfassungsgesetzes ohnedies durch Tarifvertrag geändert werden könnten.[546] Daher sei auch das Argument, dass die Rechtslage nach dem Tarifvertragsgesetz durch die beiden Betriebsverfassungsgesetze nicht verändert worden sei, nicht sehr überzeugend, denn sowohl in den genannten Bestimmungen des Betriebsverfassungsgesetzes von 1972, als auch in Regelungen von 1952 wurde eine Abweichung durch Tarifvertrag ausdrücklich für zulässig erklärt. Dies wäre überflüssig, wenn generell eine Erweiterung der Mitbestimmung durch Tarifvertrag auf der Basis des Tarifvertragsgesetzes möglich wäre. Diese Ansicht geht folglich von einem Zufall bei der redaktionellen Fassung des Wortlauts des § 87 des Betriebsverfassungsgesetzes 1972 aus.[547]

Zudem wurde auch unter der Geltung des § 56 BetrVG 1952 in der Literatur die Auffassung vertreten, dass die erzwingbaren Mitbestimmungsrechte des Betriebsrats in sozialen Angelegenheiten erschöpfend aufgezählt sind. Die Regelungen des Betriebsverfassungsgesetzes von 1952 wurden von dieser Ansicht als zweiseitig zwingend angesehen. Es sollte keine Möglichkeit der Erweiterung

---

[544] Worzalla in Hess/Schlochauer/Worzalla/Glock, BetrVG, § 87 Rz. 38 ff.; von Hoyningen-Huene NZA 1985, 9, 9 f.; Lund, Anmerk. zu BAG AP Nr. 53 zu § 99 BetrVG; Richardi, BetrVG, Vorbem. § 87 Rz. 12; Richardi NZA 1984, 387, 388; Richardi NZA 1985, 172, 173 f.; Richardi NZA 1988, 673, 676; Richardi ZfA 1990, 221, 226-229; Stege/Weinspach/Schiefer, BetrVG, § 87 Rz. 6a.

[545] von Hoyningen-Huene NZA 1985, 9, 9 f.

[546] Worzalla in Hess/Schlochauer/Worzalla/Glock, BetrVG, § 87 Rz. 39.

[547] Lund, Anmerk. zu BAG AP Nr. 53 zu § 99 BetrVG.

der betrieblichen Mitbestimmung durch betriebsverfassungsrechtliche Normen eröffnet sein.[548]

Ebenfalls wird die Entstehungsgeschichte des Betriebsverfassungsgesetzes von 1972 als Argument gegen eine Erweiterbarkeit der Mitbestimmung durch Tarifvertrag herangezogen. In dem ursprünglichen Gesetzesentwurf des Bundesarbeitsministeriums war die Möglichkeit zur Erweiterung der Mitbestimmung durch Tarifvertrag vorgesehen. Dieser Vorschlag wurde aber vom Gesetzgeber nicht verwirklicht.[549]

Auch *Richardi* lehnt eine Erweiterung der erzwingbaren Mitbestimmung aus mehreren verschiedenen Gründen ab.[550] Das Betriebsverfassungsrecht sei entgegen der Auffassung des Bundesarbeitsgerichts keine Arbeitnehmerschutzbestimmung und daher einseitig zwingend wie Arbeitsgesetze, die einen Mindeststandart an Schutz für den Arbeitnehmer festlegen. Durch die Betriebsverfassung werde die Regelungsmacht zwischen der Betriebs- und der Unternehmensseite für das Arbeitsleben aufgeteilt. Durch die Möglichkeit der Einräumung oder Erweiterung eines Mitbestimmungsrechts könnte aber nicht nur zugunsten, sondern auch zulasten des einzelnen Arbeitnehmers in dessen Rechtsstellung im Arbeitsverhältnis eingewirkt werden.[551] Daneben würden die verschiedenen Ordnungsgrundsätze und Legitimationsgrundlagen von Mitbestimmung des Betriebsrates und Rechtsetzungsbefugnis der Tarifvertragsparteien einer Erweiterung der Beteiligung der Betriebsparteien durch Tarifvertrag über das im Betriebsverfassungsgesetz hinaus widersprechen. Das Tarifvertragssystem beruht mit der Rechtsfigur des Tarifvertrages und dem freiwilligen Erwerb der Mitgliedschaft durch Rechtsgeschäft auf privatrechtlichen Grundsätzen. Die Mitbestimmung des Betriebsrates beruht auf gesetzlicher Anordnung und wird durch die Betriebsratswahl legitimiert. Aufgrund der Verschiedenheit der Ordnungsgrundsätze und der Legitimation sollen die Tarifvertragsparteien keine Befugnis zur Erweiterung oder Neubegründung von Mitbestimmungsrechten besitzen. Auch § 3 Abs. 2 TVG räume nicht ein Recht ein, durch Einschaltung des Betriebsrates die Rechtsetzung auf tarifliche Außenseiter zu erstrecken. Insbesondere durch die Einschaltung einer Einigungsstelle würde die individuelle Vertragsfreiheit verdrängt.[552]

---

[548] Hueck/Nipperdey, Lehrbuch des Arbeitsrechts, Band II, 2. Halbband, § 70 V S. 1402 f. m. w. N.

[549] Stege/Weinspach/Schiefer, BetrVG, § 87 Rz. 6a.

[550] Richardi, BetrVG, Vorbem. § 87 Rz. 12; Richardi NZA 1984, 387, 388; Richardi NZA 1985, 172, 173 f.; Richardi NZA 1988, 673, 676; Richardi ZfA 1990, 221, 226-229.

[551] Richardi ZfA 1990, 221, 227.

[552] Richardi NZA 1988, 673, 676.

Eine weitere ablehnende Literaturstimme weist auf die große Bedeutung des Betriebsverfassungsrechts für das Verhältnis der Betriebspartner zueinander hin, die einer Erweiterung der Mitbestimmung durch Tarifvertrag entgegenstehen soll. Ansonsten wäre ein Kernstück des Betriebsverfassungsgesetzes einer nicht vorhersehbaren tarifpolitischen Veränderung ausgesetzt.[553] Die daraus resultierende Unsicherheit über die Existenz und Entwicklung von Mitbestimmungsrechten könnten die Beziehungen des Arbeitgebers und des Betriebsrats belasten.

Somit werden in der Literatur auch beachtliche Argumente gegen eine Erweiterung der erzwingbaren Mitbestimmung vorgebracht.

c) Vermittelnde Ansichten

Es finden sich weiterhin Stimmen in der Literatur, die zwar grundsätzlich eine Erweiterung der Mitbestimmung für möglich erachten, aber die konkrete Ausgestaltung des Leber-Rüthers-Kompromisses für unzulässig halten.

aa) Problematische Kombination einer Öffnungsklausel mit Erzwingbarkeit

Als kritisch könnte sich die Vorgabe eines tariflichen Rahmens für die erzwingbare Betriebsvereinbarung erweisen. Damit werden die tariflichen Vorgaben auf alle Betriebsangehörigen erstreckt, da die Betriebsvereinbarung sonst keine vollziehbaren Regelungen aufweist. Die Kombination von Öffnungsklausel und Erweiterung der Beteiligungsrechte des Betriebsrates dürfe nicht dazuführen, dass über die Betriebsvereinbarung die zugrundeliegende Tarifnorm auch auf nicht organisierte Arbeitnehmer erstreckt wird.[554] Der enge Spielraum, der den Betriebsparteien bei der Umsetzung des Leber-Rüthers-Kompromisses hinsichtlich der Arbeitszeitdauer verbleibt, soll Mittel zur konkretisierenden Umsetzung des Tarifvertrages sein und nicht auf Betriebsautonomie beruhen.

bb) Argumentationen mittels § 3 Abs. 2 TVG

Ferner bilde § 3 Abs. 2 TVG einen Anknüpfungspunkt für Argumente gegen eine Erweiterung der erzwingbaren Mitbestimmungsrechte durch Tarifvertrag im Falle des Leber-Rüthers-Kompromisses. Die prinzipiell begrenzte Regelungskompetenz der Tarifpartner, die auch dem Schutz der negativen Koalitionsfreiheit der Außenseiter dient, werde ausgehöhlt, wenn § 3 Abs. 2 TVG grundsätzlich zur Anwendung kommen könne.[555]

---

[553] Worzalla in Hess/Schlochauer/Worzalla/Glock, BetrVG, § 87 Rz. 39.
[554] Maier-Krenz, Die Erweiterung von Mitbestimmungsrechten, S. 150 ff.
[555] Schüren RdA 1988, 138, 142 ff.

Dagegen stimmt *Löwisch* der herrschenden Meinung insoweit zu, dass durch die in § 1 Abs. 1 TVG ausdrücklich genannten betriebsverfassungsrechtlichen Normen in sozialen Angelegenheiten die Mitbestimmungsrechte des Betriebsrates über die Aufzählung des § 87 Abs. 1 BetrVG hinaus erweitert werden können. Betriebsverfassungsrechtliche Normen erfassen über § 3 Abs. 2 TVG bei einer Tarifbindung des Arbeitgebers auch nicht gewerkschaftlich organisierte Arbeitnehmer. Aber es soll für wesentliche materielle Arbeitsbedingungen § 3 Abs. 2 TVG keine Anwendung finden, da dessen Wirkung höchstens in Randbereichen des Arbeitsverhältnisses im Interesse einer Generalisierung betrieblicher Fragen nötig und folglich zulässig sei. Die einschlägigen Regelungen des Leber-Rüthers-Kompromisses seien nur der Form nach betriebsverfassungsrechtliche Normen, in der Sache handle es sich um Inhaltsnormen.[556] Daher sei im konkreten Fall eine Erweiterung der Mitbestimmung nicht möglich. Auch *Walker* sieht eine Legitimation über § 3 Abs. 2 TVG nicht gegeben, da die betriebsverfassungsrechtliche Norm untrennbar mit der Inhaltsnorm verbunden ist, an welche das erweiterte Mitbestimmungsrecht des Betriebsrates anknüpft. Der Grundsatz, dass Inhaltsnormen nur für gewerkschaftlich organisierte Arbeitnehmer gelten, könne nicht durch eine zusätzliche Beteiligung des Betriebsrates bei der Regelung dieses Inhalts ausgehebelt werden.[557]

cc) Ansicht von *Schwarze*

Schwarze geht davon aus, dass die Normsetzung der Einigungsstelle in einer tariflichen Gestaltung wie dem Leber-Rüthers-Kompromiss privatautonom nicht erklärbar ist. Der Eingriff in die Privatautonomie und in die negative Koalitionsfreiheit sei bei einer Entscheidung der Einigungsstelle noch gravierender als bei einer freien Willensbildung des Betriebsrates über § 88 BetrVG. Die Verbindlichkeit des Spruchs der Einigungsstelle entstehe durch tarifliche Anordnung und nicht durch Unterwerfung der Betriebsparteien.[558]

Eine Rechtfertigung der Eingriffs in die negative Koalitionsfreiheit der Außenseiter könnte sich nach *Schwarzes* Ansicht dadurch ergeben, dass er unter Bedingungen vorgenommen wird, die die Gefahr einer die Interessen der Außenseiter missachtenden Normsetzung des Tarifvertrages verhindert. Die Einigungsstelle in der Ausgestaltung des Leber-Rüthers-Kompromisses sei jedoch nicht demokratisch legitimiert. Die Beteiligung des Betriebsrats an der Besetzung der Einigungsstelle reicht nicht aus, denn im Streitfall kann der Vorsitzende ohne oder gegen den Willen des Betriebsrats gemäß §§ 76 Abs. 2 BetrVG, 98 Abs. 1 Satz 1 ArbGG bestimmt werden. Der Vorsitzende ist aber mit den

---

[556] Löwisch DB 1984, 2457, 2457 f.

[557] Walker ZfA 1996, 353, 368.

[558] Schwarze, Der Betriebsrat im Dienste der Tarifvertragsparteien, S. 146 f.

Vertretern des Arbeitgebers in der Lage, eine Entscheidung gegen den Willen der Vertreter des Betriebsrates zu treffen. Daher können die Entscheidungen der Einigungsstelle nicht auf eine demokratische Legitimation über die Betriebsratswahl zurückgeführt werden. Die Legitimität könnte aber durch das Verfahren und die Funktion der Einigungsstelle gewahrt sein. Die Funktion der Einigungsstelle ist die Konfliktlösung im Falle der Nichteinigung der Betriebsparteien. Aus dem Autonomiegedanken ergibt sich, dass beide Betriebsparteien ihren Einfluss auf die Normsetzung so weitgehend wie möglich beibehalten müssen. Die gerichtliche Bestimmung des Vorsitzenden der Einigungsstelle sei eine gewisse Sicherung dagegen, dass eine Seite maßgeblichen Einfluss auf die Auswahl des Einigungsstellenvorsitzenden nehmen kann. Auch die gerichtliche Ermessensfehlerkontrolle gemäß § 76 Abs. 5 Satz 4 BetrVG stelle einen weiteren Schutz vor Willkür gegenüber Außenseitern dar, da sie mehr als nur eine Rechtskontrolle darstellt. Durch diese gesetzlichen Sicherungsmechanismen innerhalb des Verfahrens der gesetzlichen Einigungsstelle wird diesen Konfliktlösungsmechanismus ein hoher Grad an Sicherheit vor interessenwidrigen Entscheidungen beigegeben. Diese Legitimität soll aber nur dann gelten, wenn keine tariflichen Vorentscheidungen für den Inhalt der Arbeitsverträge gefällt worden sind und dadurch die Organe der Betriebsverfassung frei und unabhängig entscheiden können.[559]

Die Koppelung von inhaltlichen tarifvertraglichen Vorgaben und der Anordnung einer zwingenden Mitbestimmung über eine betriebsverfassungsrechtliche Tarifnorm schränke jedoch die Entscheidungsfreiheit des Betriebsrates ein und berührt die Legitimität der Entscheidung der Einigungsstelle. Durch einen Verzicht auf einen Einigungszwang würde man sich andererseits der Möglichkeit zur Erweiterung des Arbeitnehmerschutzes begeben. *Schwarze* will folglich die Legitimität der betrieblichen Normsetzung gegenüber Außenseitern nur dann gewahrt sehen, wenn die Betriebsparteien und die Einigungsstelle frei über die Umsetzung der tariflichen Vorgaben entscheiden können. Wenn aber eine freie Entscheidung der Betriebsparteien möglich ist, ob überhaupt die Vorgaben des Tarifvertrages in einer betrieblichen Regelung verwirklicht werden, dann ist die Freiheit und Unabhängigkeit der betrieblichen Entscheidung gewahrt. Bei Gewährleistung einer solchen freien Entscheidung über das „Ob“ sind auch detaillierte tarifliche Regelungsvorgaben möglich und die Einschaltung der Einigungsstelle, um eine Einigung der Betriebsparteien über die Frage des „Wie“ der Umsetzung der tariflichen Vorgaben.[560] Dabei kann die freie Entscheidung des Betriebsrats, die für die Legitimation gegenüber den Außenseitern notwendig ist, in einer Anrufung der Einigungsstelle durch den Betriebsrat oder einer

[559] Schwarze, Der Betriebsrat im Dienste der Tarifvertragsparteien, S. 170 ff.
[560] Schwarze, Der Betriebsrat im Dienste der Tarifvertragsparteien, S. 181, 355.

nachträglichen Billigung des Spruches der Einigungsstelle durch den Betriebsrat liegen.[561]

In Anlehnung an die Ausführungen von *Schwarze* argumentieren weitere Autoren.[562] Die Umsetzung der tarifvertraglichen Öffnungsklausel auf der betrieblichen Ebene müsse unter legitimierenden Bedingungen ablaufen. Dies bedeute, dass die Gefahr einer Normsetzung durch einen Tarifvertrag, welche die Interessen der tariflichen Außenseiter missachtet, ausgeschlossen sein muss. Sobald die Normunterworfenen die betriebliche Rechtsetzung nicht beeinflussen können, fehle die Legitimität und die negative Koalitionsfreiheit der Nichtgewerkschaftsmitglieder werde verletzt. Diese Gefahr bestehe dann, wenn die Tarifparteien die tarifliche Öffnungsklausel mit inhaltlichen Vorgaben im Tarifvertrag kombinieren. Die demokratische Legitimation des Betriebsrates bei der betrieblichen Umsetzung der Öffnungsklausel trägt insoweit nicht, als der Betriebsrat die tariflichen Vorgaben nicht beeinflussen kann. Dies könnte zur Folge haben, dass nur eine bedingungslose Öffnung der Tarifverträge für die Betriebsparteien möglich wäre. Wird jedoch die Freiheit und Unabhängigkeit des Betriebsrates auf die Frage nach dem „Ob" der Umsetzung einer tariflichen Öffnungsklausel bezogen, sind auch tarifliche Vorgaben möglich. Folglich sollen zur Beachtung der negativen Koalitionsfreiheit der tariflichen Außenseiter bei der Vereinbarung von Öffnungsklauseln nur freiwillige Betriebsvereinbarungen möglich sein. Sofern diese Freiheit zur Umsetzung der Öffnungsklausel auf betrieblicher Ebene gegeben sei, können die Tarifverträge auch inhaltliche Vorgaben enthalten. Dabei sei es den Tarifvertragsparteien freigestellt, ob sie sich auf wenige Orientierungspunkte beschränken oder den Spielraum der Betriebsparteien durch detaillierte Regelungsvorgaben eng ausgestalten. Eine Verletzung der negativen Koalitionsfreiheit der tariflichen Außenseiter liegt dann auch bei tariflich weitgehend ausgeformten Öffnungsklauseln nicht vor, da die die tariflichen Vorgaben umsetzende Betriebsvereinbarung auf einer freien Entscheidung des demokratisch legitimierten Betriebsrates beruht.[563]

d) Eigene Stellungnahme

Die Auslegung des Wortlauts des Betriebsverfassungsgesetzes von 1972 ergibt kein eindeutiges Ergebnis, ob eine Erweiterung der Mitbestimmung durch Tarifvertrag zulässig ist. Einerseits können nach § 1 Abs. 1 TVG und § 3 Abs. 2 TVG tarifvertragliche Rechtsnormen betriebsverfassungsrechtliche Fragen behandeln. Diese Normen des Tarifverfassungsgesetzes wurden weder durch das

---

561 Schwarze, Der Betriebsrat im Dienste der Tarifvertragsparteien, S. 184.

562 Maus, Erweiterung von Mitbestimmungsrechten, S. 48 f.; Ruoff, Die Flexibilisierung der Tarifverträge, S. 97.

563 Ruoff, Die Flexibilisierung der Tarifverträge, S. 97 f.

Betriebsverfassungsgesetz von 1952, noch von 1972, noch bei der Novelle des Betriebsverfassungsgesetzes von 2001 aufgehoben oder eingeschränkt. Anderseits finden sich in beiden Fassungen des Betriebsverfassungsgesetzes ausdrückliche Regelungen, die Abweichungen durch den Tarifvertrag eigens für zulässig erklären. Daher kann die Wortlautauslegung kein Argument pro oder contra einer Erweiterung der Mitbestimmung durch Tarifvertrag liefern.

Daraus, dass in einem Entwurf des Bundesministerium für Arbeit die Möglichkeit der tariflichen Erweiterung der Mitbestimmung vorgesehen war[564] und dieser Entwurf nicht übernommen wurde, kann nicht im Gegenschluss auf eine Unzulässigkeit der Erweiterung geschlossen werden. Daher gibt auch die Entstehungsgeschichte keinen Aufschluss über die Streitfrage, da der Regierungsentwurf zum Betriebsverfassungsgesetz 1972 die Frage nach der Erweiterbarkeit der Mitbestimmung eigens offen lässt.[565] Es lässt sich folglich feststellen, dass hinsichtlich der tariflichen Erweiterung der Mitbestimmungsrechte eine gesetzliche Regelungslücke besteht.

Der Einwand einer ausgewogenen und folglich abgeschlossenen Betriebsverfassung ist nicht überzeugend. Eine solche ausgewogene Betriebsverfassung könnte sich nur auf die gesetzliche Betriebsverfassung beziehen, welche die von sämtlichen Arbeitgebern zu beachtenden Mitbestimmungsrechte des Betriebsrates umfasst. Diese gesetzliche Betriebsverfassung wird durch den Tarifvertrag nicht geändert, aber für tarifgebundene Arbeitgeber könne ihr Verhältnis zum Betriebsrat auch mittels Tarifvertrag geordnet werden.

Dass bereits unter der Geltung des Betriebsverfassungsrechtes von 1952 das Bundesarbeitsgericht die Auffassung vertreten hatte, dass die Mitbestimmungsrechte des Betriebsrats durch Tarifvertrag in sozialen Angelegenheiten erweitert werden könnten, kann nur als Indiz gewertet werden. Der Gesetzgeber des Betriebsverfassungsgesetzes von 1972 hat zwar in Kenntnis dieser Rechtsprechung die Rechtslage inhaltlich unverändert gelassen, aber dies stellt keine ausreichende Begründung dar.

Für eine Erweiterung der erzwingbaren Mitbestimmung könnte sprechen, dass der Gesetzgeber selbst durch § 76 BetrVG den Betriebsparteien die Einigungsstelle als Konfliktlösungsmechanismus zur Verfügung gestellt hat. Die Einigungsstelle stellt also aus Sicht des Gesetzgebers ein geeignetes Instrument zur Bewältigung betrieblicher Konflikte dar. Wenn die Einigungsstelle in den bedeutenden Fragen der gesetzlich angeordneten erzwingbaren Mitbestimmung in

---

564 Stege/Weinspach/Schiefer, BetrVG, § 87 Rz. 6a.

565 so auch Worzalla in Hess/Schlochauer/Worzalla/Glock, BetrVG, § 87 Rz. 38-41.

verfassungsgemäßer Weise in die Rechte der Außenseiter eingreift, könnte auch ein Eingriff über die tariflich begründeten erzwingbaren Mitbestimmungsrechte zulässig sein. Dabei ist aber zu berücksichtigen, dass die Frage der demokratischen Legitimation zwischen gesetzlichen und tarifvertraglichen Mitbestimmungsrechten unterschiedlich zu beantworten ist. Bei den im Betriebsverfassungsgesetz niedergelegten Mitbestimmungsrechten ist eine demokratische Legitimation über ein Parlamentsgesetz zweifelsfrei gegeben. Die tarifvertraglich begründeten Mitbestimmungsrechte sind nur über § 3 Abs. 2 TVG auf den parlamentarischen Gesetzgeber zurückzuführen. Dieser hat aber keine inhaltliche Regelung über den zulässigen Inhalt der sich auf Außenseiter erstreckenden Tarifnormen getroffen. Jedoch kann aus dem Verhältnis von § 3 Abs. 1 TVG und § 3 Abs. 2 TVG zueinander geschlossen werden, dass der Grundsatz der Tarifbindung nur bei beiderseitiger Verbandsangehörigkeit nicht über betriebliche und betriebsverfassungsrechtliche Normen beliebig umgangen werden kann.

Zudem ist zu beachten, dass die Grundlage der originären Regelungsbefugnis der Betriebsparteien § 88 BetrVG ist. In dessen Überschrift, die nicht rein redaktionell von den herausgebenden Verlagen eingeführt wurde, sondern Bestandteil des Gesetzes ist, wird von „freiwilligen Betriebsvereinbarungen" gesprochen. Dies könnte gegen ein Indiz für eine Erweiterung der Mitbestimmung zulasten der tariflichen Außenseiter sein. Durch eine Erzwingbarkeit des Gebrauchmachens von tariflichen Öffnungsklauseln besteht die Gefahr des Missbrauchs zulasten der nichtorganisierten Arbeitnehmer.

Die Unterscheidung zwischen dem „Ob" und dem „Wie" zur Sicherstellung der betrieblichen Entscheidungsfreiheit ist kritisch zu würdigen. *Schwarze* und *Ruoff* billigen zwar die Einigungsstelle im Fall des Leber-Rüthers-Kompromisses, aber nur unter dem Vorbehalt, dass der Betriebsrat einer Entscheidung der Einigungsstelle durch Anrufung oder Billigung seine legitimierende Zustimmung gibt. Über diese Konstruktion lässt sich die Zulässigkeit des Leber-Rüthers-Kompromisses wahren. Aber von einer Erweiterbarkeit der Mitbestimmung durch Einschaltung der Einigungsstelle kann dann nicht mehr gesprochen werden. Es ist dem gesetzlichen Modell der Einigungsstelle gerade zu eigen, dass sie sowohl vom Arbeitgeber als auch vom Betriebsrat angerufen werden kann und die Entscheidung der Einigungsstelle auch vom anderen Teil akzeptiert werden muss. Bei der vorgeschlagenen Konstruktion wäre aber eine irgendwie geartete Legitimierungshandlung von Seiten des Betriebsrats notwendig, die bei der gesetzlichen erzwingbaren Mitbestimmung nicht vorgesehen ist. Diese Konstruktion war jedoch in den Textfassungen zum Leber-Rüthers-Kompromiss nicht enthalten.

Auch wenn man grundsätzlich eine Erweiterung der erzwingbaren Mitbestimmung durch Tarifvertrag bejaht, kann eine tarifliche Ausgestaltung wie beim Leber-Rüthers-Kompromiss die negative Koalitionsfreiheit der nicht gewerkschaftlich organisierten Arbeitnehmer unzulässig beeinträchtigten. Entscheidend ist es m. E., die Erzwingbarkeit des zusätzlich geschaffenen Mitbestimmungsrechts von der tarifvertraglichen Öffnungsklausel zu trennen. Die Verletzung der negativen Koalitionsfreiheit der Außenseiter erfolgt über die unzulässige Kombination von tarifvertraglicher Öffnungsklausel mit der tariflichen Erweiterung der erzwingbaren Mitbestimmungsrechte. Auch wenn beide Elemente für sich als zulässig anzusehen sind, ergibt die Verbindung eine Gefahr für die negative Koalitionsfreiheit der nicht gewerkschaftsangehörigen Arbeitnehmer.

Für die zukünftige Ausgestaltung von tariflichen Öffnungsklauseln ist bei einer Kombination mit einer tariflichen Erweiterung der Mitbestimmung zulasten von tariflichen Außenseitern sicherzustellen, dass deren negative Koalitionsfreiheit nicht beeinträchtigt wird. Weitere Legitimierungshandlungen seitens des Betriebsrats müssten vorgenommen werden, um eine Einbeziehung der tariflichen Außenseiter unter die Entscheidungsmacht der Einigungsstelle zu ermöglichen. Das gesetzliche Einigungsstellenverfahren genügt diesen Voraussetzungen nicht. Daher ist festzustellen, dass tarifvertragliche Öffnungsklauseln in der Verbindung mit einer tarifvertraglichen Erweiterung der erzwingbaren Mitbestimmung nicht uneingeschränkt zulässig sind, sondern eine Grenze in der negativen Koalitionsfreiheit der Außenseiter finden.

2. Tarifliche Schlichtungsstelle anstatt einer Einigungsstelle

Abschließend ist noch auf die Frage einzugehen, ob sich bei einer dem Leber-Rüthers-Kompromiss entsprechenden tarifvertraglichen Ausgestaltung eine zusätzliche Problematik hinsichtlich der Rechtfertigung daraus ergibt, dass in manchen Tarifverträgen anstatt der Einigungsstelle eine tarifliche Schlichtungsstelle vereinbart war.

Die tarifliche Schlichtungsstelle kann gem. § 76 Abs. 8 BetrVG bei entsprechender tariflicher Regelung an die Stelle der Einigungsstelle gem. § 76 Abs. 1 BetrVG treten. Es stellt sich die Frage, ob die tarifliche Schlichtungsstelle beim Leber-Rüthers-Kompromiss der Einigungsstelle gleichgesetzt werden kann. Dagegen jedoch spricht, dass die Regelungskompetenz bei tariflichen Öffnungsklauseln zunächst auf die betriebliche Ebene verlagert wird. Wegen der Wirkungsweise von Betriebsvereinbarungen werden die Arbeitnehmer des Betriebes von der Regelungswirkung erfasst, also auch die tariflichen Außenseiter. Die Entscheidung bei der Erzwingbarkeit durch die tarifliche Schlichtungsstelle wird aber wieder auf eine „tarifliche Ebene“ verlagert. Damit sind die Außenseiter in ihrem Recht auf negative Koalitionsfreiheit noch stärker verletzt als bei der Entscheidung durch eine Einigungsstelle. Sofern also keine legitimierende Handlung von Seiten des Betriebsrates in Form von Anrufung oder Zustimmung hinzukommt, sind tarifliche Schlichtungsstellen noch weniger geeignet als Einigungsstellen.

V. Zwischenergebnis

1. Bei Vorgaben inhaltlicher Art im Tarifvertrag liegt ein Eingriff durch tarifvertragliche Öffnungsklauseln und die darauf beruhende Betriebsvereinbarung in die negative Koalitionsfreiheit der Außenseiter vor. Dieser Eingriff ist aufgrund einer umfassenden originären Regelungskompetenz der Betriebsparteien gerechtfertigt, sofern die Entscheidung über den Abschluss einer Betriebsvereinbarung frei ist.

2. Eine Kombination von tarifvertraglichen Öffnungsklauseln und der Erzwingbarkeit der tarifergänzenden Betriebsvereinbarung ist aber unter dem Gesichtspunkt der negativen Koalitionsfreiheit der Außenseiter abzulehnen. Insofern finden zukünftige Öffnungsklauseln eine Grenze bei der Einbeziehung der nicht gewerkschaftlich organisierten Arbeitnehmer. Die erzwingbare Mitbestimmung, wie sie im Betriebsverfassungsgesetz vorgesehen ist, als Konfliktlösungsmechanismus auf betrieblicher Ebene zu nutzen, scheitert an der negativen Koalitionsfreiheit der Außenseiter.

D. Weitere tangierte Verfassungsgrundsätze

Durch die verschiedenen Ausgestaltungsformen von tariflichen Öffnungsklauseln, insbesondere durch eine umfassende Öffnungsklausel, könnten weitere Verfassungsprinzipien verletzt werden. Dabei kommt analoge Anwendung des Art. 80 Abs. 1 GG, die Berufsfreiheit nach Art. 12 GG oder die Privatautonomie gemäß 2 Abs. 1 GG in Betracht. Zusätzlich könnte bei tariflichen Öffnungsklauseln mit Rahmenregelungen ein Verstoß gegen das Rechtsstaatsprinzip vorliegen.

I. Begrenzung durch Art. 80 Abs. 1 GG analog

Die Freigabe originärer Kompetenzen auf der betrieblichen Ebene durch tarifvertragliche Öffnungsklauseln könnte eine Grenze in einer analogen Anwendung des Art. 80 Abs. 1 GG finden. Nach Art. 80 Abs. 1 Satz 2 GG sind Inhalt, Zweck und Ausmaß beim Erlass von Rechtsverordnungen vorab gesetzlich zu regeln. Dabei könnte, eingedenk aller Unterschiede zwischen dem staatlichen und dem tarifvertraglichen Bereich, eine so große Vergleichbarkeit vorliegen, dass die Wesentlichkeitstheorie, die in Art. 80 Abs. 1 GG ihre Grundlage findet, entsprechend auf die Tarifverträge anzuwenden ist.

Die Argumentation mit Art. 80 Abs. 1 GG ist meist mit anderen Argumentationssträngen, wie der Regelungsverpflichtung oder einem Selbstentscheidungserfordernis, verknüpft. In diesem Abschnitt sollen nur für Art. 80 Abs. 1 GG spezifische Aspekte abgehandelt werden.

Es stellt sich aber die Frage, ob die Argumentation über Art. 80 Abs. 1 GG nicht schon deshalb ausgeschlossen ist, weil oben die Wirkungsweise der Delegation bei der Verlagerung der Rechtsetzungskompetenz auf die betriebliche Ebene und das Vorliegen einer Regelungsverpflichtung aus Art. 9 Abs.3 GG abgelehnt worden sind. Ohne eine Regelungsverpflichtung könnte eine entsprechende Anwendung der Wesentlichkeitstheorie bereits hinfällig sein.

1. Delegation tariflicher Rechtsetzungskompetenz als Ausgangspunkt

Nach der Auffassung von *Wiedemann* soll aber eine entsprechende Anwendung des Art. 80 Abs. 1 GG als Maßstab für tarifvertragliche Öffnungsklauseln möglich sein, obwohl eine Regelungsverpflichtung der Tarifvertragsparteien letztlich abgelehnt wird.[566] Daher könnten die Tarifvertragsparteien ihre Normsetzungsbefugnis nicht generell an Dritte abgeben können, sondern sind insoweit an die Vorgaben des Art. 80 Abs. 1 GG hinsichtlich Inhalt, Zweck und Ausmaß gebunden. Es ist aber zu berücksichtigen, dass *Wiedemann* hinsichtlich der Wirkungsweise tariflicher Öffnungsklauseln vom Vorliegen einer Delegation ausgeht. Daher erwägt er auch, die Kriterien der Rechtsprechung zu dynamischen Verweisungen entsprechend heranzuziehen.

Zum gleichen Ergebnis gelangen weitere Autoren, die die Delegation als Wirkungsweise bejahen.[567] Dabei gibt *Meier-Krenz* eine nähere Begründung, warum der Parlamentsvorbehalt in diesem Bereich des Tarifvertragsrechts übertragbar sein soll. Ausgangspunkt seiner Argumentation ist die Feststellung, dass im Verhältnis von Legislative und Exekutive der Vorrang des Gesetzes ohne einen entsprechenden Vorbehalt des Gesetzes gefährdet wäre. Dies wird auf das Verhältnis der Tarifautonomie zur Betriebsautonomie übertragen. Der Vorrang der Tarifautonomie sei gefährdet, wenn die Regelungsbefugnis uneingeschränkt auf die Betriebsebene verlagert werden könnte. Die Betriebsverfassung sei zudem nicht geeignet, eine befriedigende Regelung der materiellen Arbeitsbedingungen herbeizuführen. Insbesondere die fehlende Möglichkeit zu Arbeits-

---

[566] Wiedemann in Wiedemann, TVG, § 1 Rz. 205.

[567] Baumann, Delegation tariflicher Rechtssetzungsbefugnisse, S. 54 ff.; Hoyningen-Huene/Meier-Krenz ZfA 1988, 293, 300; Maier-Krenz, Die Erweiterung der Beteiligungsrechte, S. 153 ff.

kampfmaßnahmen auf betrieblicher Ebene und eine Gefährdung der Friedenspflicht werden als Beleg für die fehlende Eignung genannt.[568]

Eine Wirkungsweise tariflicher Öffnungsklauseln über die Delegation tariflicher Rechtsetzungsmacht wurde aber bereits stichhaltig wiederlegt.[569]

2. Auffassung von *Zachert*

Nach der Ansicht von *Zachert* soll die Zulässigkeit einer Verlagerung der Rechtsetzungskompetenz durch die Tarifvertragsparteien auf die Betriebsparteien durch eine entsprechende Anwendung des Rechtsgedankens aus Art. 80 Abs. 1 Satz 2 GG zu messen sein, obwohl eine Unterscheidung hinsichtlich der Wirkungsweise zwischen Delegation und dem Wiederaufleben des eigenen Rechts der Betriebsebene vorgenommen wird. Jedoch sei die Unterscheidung in der Praxis nicht so eindeutig möglich wie bei den Begrifflichkeiten.[570]

Bereits hinsichtlich des Leber-Rüthers-Kompromisses hat *Zachert* eine analoge Anwendung des Art. 80 GG erwogen. Auch hier findet sich ein Vergleich mit den dynamischen Verweisungen, wo eine solche Analogie zur Grenzziehung vertreten wird.[571] Von dieser Vergleichbarkeit ausgehend überträgt *Zachert* diese Grundsätze auf tarifvertragliche Öffnungsklauseln.

Als Ausgangspunkt sieht *Zachert* die Grenzen der Selbstentäußerung für dynamische Verweisungen. Dadurch werde den Tarifvertragsparteien das Aufgeben der Normsetzung in einem Kernbereich verboten. Dieser Kernbereich sei nach Auffassung des Bundesarbeitsgerichts durch den Aspekt der Sachgerechtigkeit zu wahren, welcher dann ausreichend berücksichtigt wird, wenn zwischen dem Geltungsbereich der einschlägigen Tarifverträge ein enger Sachzusammenhang vorliegt.[572] Dieser Blickwinkel des engen Sachzusammenhanges sei nicht nur auf die Delegation von Tarifvertrag auf Tarifvertrag, sondern auch auf die Delegation vom Tarifvertrag auf die betriebliche Ebene anzuwenden. Eine Verweisung auf den Rechtsgedanken des Art. 80 Abs. 1 Satz 2 GG sei daher angebracht, da diese Norm auch Ausdruck der Rechtssicherheit und der Rechtsklarheit sei. [573]

[568] Meier-Krenz, Die Erweiterung der Beteiligungsrechte, S. 155 ff.
[569] siehe § 5 Wirkungsweise der tarifvertraglichen Öffnungsklausel.
[570] Zachert RdA 1996, 140, 143.
[571] Zachert NZA 1988, 185, 187 f.
[572] BAG, 10. 11. 1982, AP Nr. 8 zu § 1 TVG Form.
[573] Zachert RdA 1996, 140, 142.

Trotz der Unterscheidung zwischen Delegation tariflicher Rechtsetzungsmacht und dem Wiederaufleben des eigenen Rechts der Betriebsebene sollen die Grundsätze zur Grenzbestimmung einer Delegation tariflicher Rechtsetzungsmacht auf tarifliche Öffnungsklauseln angewandt werden. In beiden Fällen liege ein Verzicht auf die Ausnutzung von Regelungsmacht vor, weshalb diese Kriterien auch auf tarifliche Öffnungsklauseln übertragen werden. Die daraus resultierenden Minimalvorgaben für Tarifverträge werden mit den Begriffen Selbstentscheidungserfordernis und Programmvorgabeerfordernis beschrieben. Je strukturierter und detaillierter die Vorgaben des Tarifvertrages sind, desto eher sei die in Art. 9 Abs. 3 GG geforderte Verantwortlichkeit der Tarifvertragsparteien gewahrt, welche sich auch aus dem Gebot der Rechtssicherheit und Rechtsklarheit ergebe Daher seien die aus Art. 80 Abs. 1 Satz 2 GG abgeleiteten Grundzüge nach der Auffassung von *Zachert* sowohl auf eine Delegation tariflicher Rechtsetzungsbefugnis wie auch auf Tariföffnungsklauseln anwendbar. Das Selbstentscheidungserfordernis und die Programmvorgabeerfordernis sollen äußere Grenzen der Kompetenzaufgabe aufzeigen.[574]

3. Grundsätzliche Einwände gegen eine analoge Anwendung

Eine Gleichbehandlung von Delegation tariflicher Rechtsetzungsmacht und tariflichen Öffnungsklauseln kann nicht überzeugen. Eine Differenzierung auf der Ebene der Wirkungsweise kann nicht durch ein unterschiedsloses Übertragen von Grenzziehungen verwischt werden. Da keine Delegation vorliegt ist nicht einzusehen, warum deren Grenzen auf tarifliche Öffnungsklauseln Anwendung finden sollen. Die in der Praxis bestehenden Probleme bei der Abgrenzung der einzelnen Rechtsinstitute stellen keine ausreichende Begründung für eine Übertragung der Grenzen des Art. 80 GG dar.

Das Selbstentscheidungserfordernis und das Programmvorgabeerfordernis setzen wiederum eine Regelungsverpflichtung der Tarifvertragsparteien voraus. Diese Regelungsverpflichtung kann aber nicht aus Art. 9 Abs. 3 GG hergeleitet werden. Auch Argumentationen, die bei tariflichen Öffnungsklauseln direkt von einer Delegation tariflicher Rechtsetzungsmacht ausgehen, ist durch die Ablehnung einer solchen Delegation der Boden entzogen.

Nachdem also bereits die Grundlagen für eine entsprechende Anwendung des Rechtsgedankens aus Art. 80 Abs. 1 GG durch die Ablehnung einer Delegation bei tarifvertraglichen Öffnungsklauseln und einer Regelungsverpflichtung der Tarifparteien aus der Tarifautonomie nicht gegeben sind, sollen dennoch darüber hinausgehende Bedenken gegen eine entsprechende Anwendung der Wesentlichkeitstheorie genannt werden. Der ursprüngliche Anwendungsbereich der

[574] Zachert RdA 1996, 140, 143.

Wesentlichkeitstheorie liegt in der staatlichen Normsetzung. Im staatlichen Bereich bilden das Rechtsstaatsprinzip und das Demokratieprinzip die Grundlagen, welche aber nicht auf das Tarifvertragsrecht uneingeschränkt zu übertragen sind.

Der ursprüngliche Anwendungsbereich des Art. 80 Abs. 1 GG liegt im Bereich der staatlicher Delegationsakte. Durch Art. 80 Abs. 1 Satz 2 GG wird die Gewaltenteilung durchbrochen, weil Rechtsetzung grundsätzlich eine Aufgabe der Legislative ist. Die Rechtsetzung der Exekutive bedarf daher der besonderen Ermächtigung durch Art. 80 Abs. 1 GG, welcher die strengen Anforderungen einer solchen Ermächtigung enthält. Nach der Rechtsprechung des Bundesverfassungsgerichts ist Art. 80 Abs. 1 GG wegen seines Sinnes und Zwecks nicht auf die Verleihung autonomer Satzungsgewalt anzuwenden.[575] Das Gewaltenteilungsprinzip wird hierbei nicht durchbrochen. Der Autonomieträger setzt Recht aufgrund der Autonomieverleihung im Rahmen seiner autonomen Rechtsetzungsgewalt.

Diese autonome Rechtsetzung ist mit der Verlagerung der Rechtsetzungskompetenz von der tariflichen Ebene auf die betriebliche Ebene vergleichbar. Die Zuständigkeit zum Abschluss von Betriebsvereinbarungen liegt im Bereich der Betriebsautonomie. Es liegen also wesentliche Unterschiede zum Sinn und Zweck der Regelung des Art. 80 Abs. 1 GG vor. Eine Analogie ist aufgrund der fehlenden Vergleichbarkeit der Tatbestände abzulehnen.[576]

Ein weiteres Argument gegen die Heranziehung des Art 80 GG als eine Begrenzung von tariflichen Öffnungsklauseln könnte sich aus einer übertragenen Anwendung einer Überlegung von *Gamillscheg* ergeben, den dieser in Zusammenhang mit der Übertragung tariflicher Normsetzungsmacht auf die Tarifparteien geäußert hat. Die Tarifautonomie habe im historischen Prozess ihre eigenen Gesetzmäßigkeiten entwickelt, in deren Licht Art. 80 GG betrachtet werden muss.[577] Daher erscheint eine analoge Anwendung des Art. 80 GG auf tarifvertragliche Öffnungsklauseln, die auch Ausdruck der gewachsenen und sich fortentwickelnden Tarifautonomie sind, nicht sinnvoll, wenn die Anwendung des Art. 80 GG bereits bei der Einräumung der Tarifautonomie nur eingeschränkt gelten soll.

---

[575] BVerfG, 2. 5. 1961, BVerfGE 12, 319, 325; BVerfG, 14. 12. 1965, BVerfGE 19, 253, 266 f.; BVerfG, 21. 12. 1966, BVerfGE 21, 54, 62 f.; BVerfG, 23. 2. 1972, BVerfGE 32, 346, 361; BVerfG, 9. 5. 1972, BVerfGE 33, 125, 157 f.; BVerfG, 5. 3. 1974, BVerfGE 37, 1, 25.

[576] so auch Reiß, Tarifautonomie im Spannungsverhältnis, S. 196 f.; Schwarze, Der Betriebsrat im Dienste der Tarifvertragsparteien, S. 130 f.

[577] Gamillscheg, Kollektives Arbeitsrecht I, S. 557.

Bei einer Überprüfung einer Grenze durch die Gerichte droht stets die Gefahr einer Tarifzensur. Auch weist die Wesentlichkeitstheorie keine klaren Konturen auf, woraus sich für die Tarifvertragsparteien eine Unsicherheit bei der Vereinbarung von Öffnungsklauseln ergibt. Diese Unsicherheit würde einem verstärkten Gebrauchmachen von tarifvertraglichen Öffnungsklauseln in der Zukunft entgegenwirken,

Eine direkte Analogie zu Art. 80 GG scheidet wegen mangelnder Vergleichbarkeit aus. Das kurz angerissene Problem der Rechtssicherheit wird im folgenden noch ausführlicher behandelt.

II. Berufsfreiheit und Privatautonomie

Ausführungen zur Berufsfreiheit und zur Privatautonomie finden sich meist im Zusammenhang mit den Grundrechten von tariflichen Außenseitern.

Die Berufsfreiheit aus Art. 12 Abs. 1 Satz 2 GG soll dem einzelnen die Entscheidung gewährleisten, wie lange er wöchentlich arbeiten möchte. *Waltermann* bestreitet eine ausreichende gesetzliche Grundlage für die eingreifende Regelung durch Betriebsvereinbarung.[578]

Die berufsgrundrechtliche Vertragsfreiheit unterliegt dem allgemeinen Gesetzesvorbehalt des Art 12 Abs. 1 Satz 2 GG, der aufgrund des Art 9 Abs. 3 GG und der durch ihn im Kern verbürgten Tarifautonomie durch einen Tarifvorbehalt erweitert oder ergänzt wird.[579] Nach der sogenannten Stufentheorie ist die Freiheit der Berufsausübung beschränkbar soweit es vernünftige Erwägungen des Gemeinwohls zweckmäßig erscheinen lassen.

Die Fragen nach der Rechtfertigung eines Eingriffs in eine grundrechtlich geschützte Position wurden aber bereits im Zusammenhang mit der negativen Koalitionsfreiheit abgehandelt. Es ergeben sich für Art. 12 Abs. 1 GG keine Änderungen hinsichtlich des Ergebnisses.

Gleiches gilt für die Privatautonomie, die in Art. 2 GG angesiedelt ist. Durch die Rechtsetzung mit normativer Wirkung durch Betriebsvereinbarungen wird zwar die individuelle Rechtstellung des einzelnen Arbeitnehmers und damit dessen Privatautonomie berührt.[580] Jedoch existiert mit der umfassenden Regelungsbefugnis der Betriebsparteien eine ausreichende Rechtfertigung für den Eingriff in die Privatautonomie. Hierzu sei nochmals auf die ausführliche

---

[578] Waltermann, Rechtsetzung durch Betriebsvereinbarung, S. 182.
[579] Papier RdA 1989, 137, 139.
[580] Waltermann RdA 1996, 129, 135.

Rechtfertigung des Eingriffs in die negative Koalitionsfreiheit verwiesen, zumal sowohl die Berufsfreiheit als auch die Privatautonomie bereits in der Verfassung einschränkbar ausgestaltet sind.

III. Rechtsstaatsprinzip

Durch tarifvertragliche Öffnungsklauseln, insbesondere bei einer Ausgestaltung durch Korridorlösungen, könnte das Rechtsstaatsprinzip verletzt sein. Das allgemeine Rechtsstaatsprinzip findet sich in Art. 20 Abs. 3 GG, aus welchem sich auch das Bestimmtheitsgebot herleitet. Öffnungsklauseln könnten gegen den Bestimmtheitsgrundsatz verstoßen, denn eine Rahmenregelung beispielsweise könnte nicht bestimmt genug sein. Die Bindung an die Grundrechte kann eine Anwendung des Rechtsstaatsprinzips auf Tarifverträge nicht begründen, da das Rechtstaatsprinzip nicht zu den Grundrechten zählt. Die Bindung an das Rechtsstaatsprinzip ergibt sich jedoch aus der Normqualität des Tarifvertrages.[581] Dabei könnten Tarifverträge in besonderem Maße den Anforderungen der Rechtssicherheit und der Rechtsklarheit unterliegen.[582] Der Grundsatz der Rechtssicherheit gebietet, dass die Betroffenen die Rechtslage erkennen müssen und ihr Verhalten danach ausrichten können. Daraus wurde der Gedanke entwickelt, dass Tarifnormen für die Betroffenen vorhersehbar sein müssen.[583]

Jedoch zeigt sich die Rechtsprechung bislang in der Handhabung des Bestimmtheitsgrundsatzes recht großzügig.[584] Es wurde auch die kumulative Verwendung einer Anzahl von unbestimmten Rechtsbegriffen für zulässig erklärt. Eine Verwendung von unbestimmten Rechtsbegriffen ist notwendig, wenn eine Erfassung aller denkbaren Alternativen durch engumschriebene Tatbestandsmerkmale unmöglich ist oder eine Anpassung an zukünftige oder unvorhersehbare Entwicklungen sichergestellt werden soll. Damit wird den Erfordernissen in der Praxis nachgekommen, die eine Überfrachtung der Tarifverträge mit Einzelfallkatalogen vermeiden will.[585] Die Mehrzahl der Stimmen in der Literatur stimmt dieser praxisnahen Auffassung zu.[586]

Auch hinsichtlich tarifvertraglicher Öffnungsklauseln ist eine gewisse Freizügigkeit in Bezug auf das Bestimmtheitsgebot angebracht. Gerade eine pauscha-

---

[581] Kittner, Festschrift Schaub, S. 387, 405; Wiedemann in Wiedemann, TVG, § 1 Rz. 194 m. w. N.

[582] Blomeyer ZfA 1980, 1, 66 ff.

[583] Kempen/Zachert, TVG, § 4 Rz. 236; Zachert AuR 1995, 1, 6.

[584] BAG, 29. 1. 1986, AP Nr. 115 zu §§ 22, 23 BAT 1975; BAG, 16. 4. 1986, AP Nr. 120 zu §§ 22, 23 BAT 1975.

[585] Ruoff; Die Flexibilisierung der Tarifverträge, S. 88.

[586] Kempen/Zachert, TVG, Grundlagen Rz. 201; Löwisch/Rieble, TVG § 4 Rz. 8.

lierte Öffnung von Tarifverträgen in gewissen Bereichen der Arbeitsbedingungen für die betriebliche Ebene entspricht den Voraussetzungen von unbestimmten Rechtsbegriffen. Eine Darstellung aller denkbaren Betriebsvereinbarungen ist unmöglich und gerade durch Tariföffnungsklauseln soll eine betriebsgerechte Anpassung an neue Entwicklungen gewährleistet werden. Wie die Ermittlung des Inhalts von unbestimmten Rechtsbegriffen durch Auslegung gesichert werden muss, so gibt die Bindung der ausgestaltenden Betriebsvereinbarung die notwendige Vorhersehbarkeit für die Betroffenen. Wie die Auslegung einen weiteren Schritt zur Verdeutlichung des Inhalts darstellt, so wird der Forderung nach Vorhersehbarkeit mit der Vereinbarung einer die Öffnungsklausel umsetzenden Betriebsvereinbarung genüge getan.

Wie die Darstellung zu Beginn dieser Arbeit aufzeigt, sind die Ausgestaltungsformen für Öffnungsklauseln vielfältig. Für die Tatbestände tariflicher Öffnungsklauseln sind daher Einzelauflistungen weder sinnvoll noch notwendig. Auch bezüglich der Voraussetzungen sind Generalklauseln als Formulierung möglich. Bei den Rechtsfolgen könnte eine intensivere Ausgestaltung im Interesse der Rechtssicherheit notwendig sein. Für die Betriebsparteien muss nur klar erkennbar sein, in welchem Bereich ihre Regelungskompetenz eröffnet ist.[587] Öffnungsklauseln werden sogar als Möglichkeit zur teilweisen Behebung der Problematik der fehlenden Bestimmbarkeit von Tarifverträgen gesehen.[588]

Folglich steht der Verwendung von unbestimmten Rechtsbegriffen in tariflichen Öffnungsklauseln nichts entgegen. Die bisherige Rechtsprechung, die Tarifverträge entsprechend Gesetzen nur in Ausnahmefällen für unwirksam erklärt hat,[589] lässt eine richterliche Billigung von tarifvertraglichen Öffnungsklauseln mit unbestimmten Rechtsbegriffen und Rahmenregelungen unter dem Gesichtspunkt der Rechtssicherheit erwarten.

IV. Zwischenergebnis

Mittels anderer Verfassungsgrundsätze, die durch tarifliche Öffnungsklauseln berührt werden könnten, lassen sich keine inhaltlichen Grenzen ableiten. Es besteht keine Regelungslücke für eine Analogie zu Art. 80 Abs. 1 GG im Bereich der tariflichen Normsetzung. Eingriffe in die Berufsfreiheit und die Privatautonomie sind gerechtfertigt. Das Rechtsstaatsprinzip in seiner Ausformung als Bestimmtheitsgebot steht einer Ausgestaltung von tariflichen Öffnungsklauseln durch unbestimmte Rechtsbegriffe und Rahmenregelungen nicht entgegen.

---

[587] Ruoff; Die Flexibilisierung der Tarifverträge, S. 88 f.
[588] Kempen/Zachert, TVG, Grundlagen Rz. 201.
[589] BAG, 29. 11986, AP Nr. 115 zu §§ 22, 23 BAT 1975.

E. Einfachgesetzliche Grenzen

Die tarifvertragliche Normen stehen in der Ordnung der Normen und Gestaltungsfaktoren des Arbeitsverhältnisses unter dem Gesetz und müssen daher mit der höherrangigen Rechtsquelle des staatlichen Gesetzes vereinbar sein. Die einfachgesetzlichen Rechtsnormen, an welchen tarifvertragliche Öffnungsklauseln zu messen sind, finden sich vor allem im Tarifvertragsgesetz und im Betriebsverfassungsgesetz.

I. § 4 Abs. 3, 1. Alt. TVG

§ 4 Abs. 3, 1. Alt TVG eröffnet für die Tarifvertragsparteien die Möglichkeit, den Tarifvertrag dispositiv auszugestalten. Der Wortlaut der Norm spricht allgemein von „abweichenden Abmachungen“, was umfassend zu verstehen ist. Diese „abweichenden Abmachungen“ können tarifvertragliche Öffnungsklauseln sowohl für Betriebsvereinbarungen als auch für Einzelverträge sein. Damit stellt § 4 Abs. 3, 1. Alt. TVG eine Ausnahme zum Grundsatz des § 4 Abs. 1 TVG dar, welcher die unmittelbare und zwingende Wirkung der Rechtsnormen des Tarifvertrages festlegt.[590]

1. Dispositivität des Tarifvertrages nach § 4 Abs. 3 TVG

Eine Öffnungsklausel nach § 4 Abs. 3 TVG beseitigt nur die zwingende Wirkung des Tarifvertrages und damit den Tarifvorrang des § 87 Abs. 1 Eingangssatz BetrVG, ändert aber zunächst nichts am Tarifvorbehalt des § 77 Abs. 3 Satz 2 BetrVG. Durch Auslegung ist zu ermitteln, ob die Tarifvertragsparteien auch eine Öffnung nach § 77 Abs. 3 Satz 2 BetrVG vornehmen wollen. Diese Auslegung ist anhand der betroffenen Regelungsmaterie vorzunehmen. Eine Öffnungsklausel für Betriebsvereinbarungen im nicht mitbestimmten Bereich enthält auch eine Öffnung im Sinne des § 77 Ab. 3 Satz 2 BetrVG. Anderseits können die Tarifvertragsparteien auch lediglich den Tarifvorbehalt des § 77 Abs. 3 Satz 1 BetrVG aufheben, wodurch die Betriebsvereinbarung nur günstigere Arbeitsbedingungen enthalten darf und den Tarifvorrang somit nicht verletzt.[591]

§ 4 Abs. 3 TVG wird auch von der Auffassung, die bei tarifvertraglichen Öffnungsklauseln eine Delegation tariflicher Rechtsetzungsmacht annimmt[592], so eingeordnet, dass durch diese Norm eine Abweichung nur möglich ist, wenn zusätzlich eine weitere Regelungsbefugnis existiert. Dispositivität setzt originä-

---

[590] Kempen/Zachert, TVG, § 4 Rz. 1 f.

[591] Löwisch/Rieble in Münchner Handbuch, Band 3, § 271 Rz. 29.

[592] siehe § 5 B. Öffnungsklauseln als Form der Delegation.

re Befugnisse voraus, wohingegen Delegation Befugnisse neu begründet und damit den Begünstigten des Nachweises seiner Kompetenz enthebt.[593]

Somit eröffnet § 4 Abs. 3 TVG nach einhelliger Meinung für die Tarifvertragsparteien die Möglichkeit den Tarifvertrag dispositiv auszugestalten. Für eine Begrenzung der inhaltlichen Reichweite lässt sich daraus aber noch nichts entnehmen.

2. Anknüpfungspunkt für die Begriffsbildung und zum Schriftformerfordernis

Die Formulierung des § 4 Abs.3, 1. Alt TVG wurde bereits für die begriffliche Festlegung der tariflichen Öffnungsklauseln herangezogen.[594] § 4 Abs. 3, 1. Alt. TVG stellt mit seiner Formulierung "durch den Tarifvertrag" auch einen Anknüpfungspunkt für das Schriftformerfordernis des § 1 Abs. 2 TVG dar.[595] Hierbei handelt es sich aber um keine inhaltlichen Grenzen für tarifvertragliche Öffnungsklauseln, denn der Begriffsumfang und das Schriftformerfordernis legen fest, ob überhaupt eine tarifliche Öffnungsklausel vorliegt. Man könnte insoweit von einer "äußeren" Grenze für Öffnungsklauseln sprechen, die aber nicht für deren inhaltliche Reichweite nutzbar gemacht werden kann

3. Keine Grundlage für eine Regelungsverpflichtung

Es könnte sich die Frage aufdrängen, ob nicht eine inhaltliche Einschränkung des Umfangs tarifvertraglicher Öffnungsklauseln aus dem Wortlaut des § 4 Abs. 3 TVG mittels einer einfachgesetzlichen Regelungsverpflichtung denkbar ist. Auf den ersten Blick scheint der Wortlaut keine Regelungsverpflichtung für die Tarifvertragsparteien zu enthalten. Jedoch hat die Gestattung abweichender Abmachungen durch Tarifvertrag zu geschehen. Neben den implizit enthaltenen Formvorschriften könnte sich eine inhaltliche Beschränkung durch die Notwendigkeit des Vorliegens eines Tarifvertrages ergeben. Insbesondere hinsichtlich der Ausgestaltung als umfassende Öffnungsklausel könnte sich auf solche Weise eine Grenzziehung ergeben. Eine Regelung der Tarifvertragsparteien, die den gesamten Komplex der Arbeitsbedingungen zur Regelung auf die betriebliche Ebene verlagert, könnte nicht mehr als Tarifvertrag zu qualifizieren sein. Damit könnte sich eine Begrenzung für tarifvertragliche Öffnungsklauseln aus dem Wesen des Tarifvertrages ergeben.

---

[593] Baumann, Delegation tariflicher Rechtssetzungsbefugnisse, S. 98.
[594] siehe § 2 A. Begriff der tariflichen Öffnungsklausel.
[595] siehe § 4 A. Schriftform.

Daher ist zunächst zu klären, welche inhaltlichen Anforderungen an einen Tarifvertrag gestellt werden. Bereits aus der Begriffsbestimmung des Tarifvertrages nach § 1 TVG ergeben sich die maßgeblichen Merkmale für einen Tarifvertrag. Unter einem Tarifvertrag versteht man einen schriftlichen Vertrag zwischen einer Gewerkschaft und einem oder mehreren Arbeitgebern oder einer Vereinigung von Arbeitgebern, in dem Rechtsnormen festgesetzt und Rechte und Pflichten der Tarifvertragsparteien selbst begründet werden.[596] Hinsichtlich des Schrifterfordernisses kann auf obige Ausführungen verwiesen werden. Aus der Notwendigkeit der Tariffähigkeit der Vertragsparteien ergeben sich keine inhaltlichen Anforderungen an den Tarifvertrag selbst.

Jedoch fordert die Begriffsbestimmung auch einen bestimmten Inhalt des Tarifvertrages. Der Tarifvertrag muss die Arbeits- und Wirtschaftsbedingungen durch Rechtsnormen oder in anderer Weise regeln wollen. Dabei sind nach dem § 1 Abs. 1 TVG sowohl schuldrechtliche Abreden, als auch Rechtsnormen als gleichrangiger Inhalt von Tarifverträgen möglich. Folglich sollen Tarifverträge auch nur einen schuldrechtlichen Inhalt haben können. Zwar ist die Normsetzung für den Tarifvertrag allgemein üblich und prägt den Typus des Tarifvertrages. Es bestehe aber keine Begriffnotwendigkeit für die Vereinbarung von Rechtsnormen.[597]

Nach der Gegenansicht kann aus der Stellung des normativen Teils als Kernstück des Tarifvertrages ableitet werden, dass ein Tarifvertrag ohne normative Regelungen nicht möglich ist. Der schuldrechtliche Teil besitze lediglich eine dienende Funktion.[598]

Sofern erstgenannter Auffassung gefolgt wird, kann auch der Vereinbarung einer umfassenden Öffnungsklausel beim Vorliegen entsprechender schuldrechtlicher Vertragsbestandteile die Qualifikation als Tarifvertrag nicht verweigert werden. Der Hinweis auf die Gleichstellung von schuldrechtlichen und normativen Regelungen in § 1 Abs. 1 TVG erscheint überzeugend.

Zudem könnte in der Beseitigung des Tarifvorranges gemäß § 77 Abs. 1 Satz 1, 2. Alt. BetrVG eine betriebsverfassungsrechtliche Norm im Sinne des § 1 Abs. 1 TVG gesehen werden. Durch die Aufhebung der Sperrwirkung leben bei den Betriebsparteien unmittelbar Regelungskompetenzen auf, die zwar originär auf der Betriebsebene vorhanden sind , aber dennoch gesperrt waren. Die ausdrück-

[596] Wiedemann in Wiedemann, TVG, § 1 Rz. 1.
[597] Wiedemann in Wiedemann, TVG, § 1 Rz. 7.
[598] Nikisch, Arbeitsrecht, Band 2, § 69 I 2, S. 211.

liche Öffnung des Tarifvertrages verändert die Rechte und Pflichten auf der Betriebsebene.

Damit erfüllt selbst die weitestgehende Formulierung einer tarifvertraglichen Öffnungsklausel die inhaltlichen Vorgaben an einen Tarifvertrag. Folglich kann aus den inhaltlichen Voraussetzungen eines Tarifvertrages keine weitergehende Regelungsverpflichtung für den Fall einer umfassenden Öffnungsklausel abgeleitet werden.

4. Zwischenergebnis

Soweit § 4 Abs. 3, 1. Alt. TVG als Anhaltspunkt für die Begriffsbildung von tarifvertraglichen Öffnungsklauseln herangezogen wurde, stellt er zwar eine „äußere" Grenze dar, welche Regelungen als tarifvertragliche Öffnungsklauseln anzusehen sind. Für die inhaltliche Begrenzung von tarifvertraglichen Öffnungsklauseln kann dies aber ebenso wenig nutzbar gemacht werden wie das Schriftformerfordernis. Damit ist davon auszugehen, dass alle Regelungsmaterien eines Tarifvertrages dispositiv ausgestaltet werden können. Auch lässt sich aus § 4 Abs. 3, 1. Alt. TVG keine Regelungsverpflichtung für die Tarifvertragsparteien bezüglich einer inhaltlichen Mindestregelung feststellen, die mehr als beim Vorhandensein einer umfassenden Öffnungsklausel erfordern würde. Folglich ergeben sich aus § 4 Abs. 3, 1. Alt. TVG keine inhaltlichen Grenzen für die Möglichkeit tarifvertragliche Öffnungsklauseln in Tarifverträgen zu vereinbaren.

II. § 77 Abs. 3 BetrVG

Auch aus der Norm des § 77 Abs. 3 BetrVG könnte sich eine inhaltliche Begrenzung der Möglichkeit, tarifliche Öffnungsklauseln zu vereinbaren, ergeben. In der Literatur wird diese Auffassung vertreten und fordert zu einer kritischen Überprüfung heraus. § 77 Abs. 3 Satz 2 BetrVG stellt die spezielle Norm zu § 4 Abs.3 TVG dar, da sein Wortlaut strengere Anforderungen enthält.[599]

1. Tarifvertragsinhalt zur Disposition der Betriebsparteien

§ 77 Abs. 3 Satz 2 BetrVG spricht von der Zulassung ergänzender Betriebsvereinbarungen. Es stellt sich die Frage, wie das Merkmal des „Ergänzens" in Hinblick auf eine inhaltliche Begrenzung auszulegen ist. Es könnte eine Beschränkung auf nur konkretisierende Betriebsvereinbarungen vorliegen oder auch die Möglichkeit vom Tarifvertrag abweichender Betriebsvereinbarungen erfasst sein. Wenn § 77 Abs. 3 Satz 2 BetrVG lediglich konkretisierende Betriebsvereinbarung zulassen würde, wäre eine deutliche Begrenzung für die Möglichkei-

[599] Kreutz in GK-BetrVG § 77 Rz. 145.

ten der inhaltlichen Ausgestaltung und des Anwendungsbereichs tarifvertraglicher Öffnungsklauseln gegeben. Es ist also zu klären, ob der Inhalt des Tarifvertrages von den Tarifparteien zur Disposition der Betriebsparteien gestellt werden kann.

Neben dem Wortlaut berücksichtigt die juristische Auslegung auch die Entstehungsgeschichte, den Systemzusammenhang und dem Normzweck einer Vorschrift. Im Rahmen einer Gesamtbetrachtung kann das Ergebnis einer Wortlaut bezogenen Auslegung gewandelt werden, sofern die Begrenzung durch den Wortsinn nicht überschritten wird. Die Auslegung beginnt mit dem Wortlaut und dann werden die weiteren Auslegungskriterien der historischen, systematischen und teleologischen Interpretation hinzugezogen, um den tatsächlichen Willen des Gesetzes und den Sinn und Zweck der Norm nach dem Rechtsgedanken des § 133 BGB zu beachten.[600]

a) Wortlaut

Es ist ein Wortlautunterschied zwischen „abweichenden Abmachungen" in § 4 Abs. 3, 1. Alt. TVG und „ergänzenden Betriebsvereinbarungen" in § 77 Abs. 3 Satz 2 BetrVG festzustellen. Dem Wortlaut des § 77 Abs. 3 Satz 2 BetrVG nach könnte nur die Zulassung ergänzender Betriebsvereinbarungen in Betracht kommen. Damit wären abweichende Regelungen oder gar pauschale Öffnungen ausgeschlossen. Die Auslegung eines Gesetzestextes wird durch den Wortlaut begrenzt. Eine Deutung, die nicht mehr von dem möglichen Wortsinn erfasst wird, überschreitet die Grenze von der Auslegung zur Umdeutung.[601]

„Ergänzen" bedeutet durch Schließen entstandene Lücken wieder vollständig machen, durch Hinzutun oder Hinzufügen vervollständigen, bereichern, aber auch durch seine Eigenschaften, Fähigkeiten oder ähnliches ausgleichen, was einem anderen fehlt.[602] Ergänzung des Tarifvertrages heißt daher zunächst, dass die zugelassene Betriebsvereinbarung dem Zweck und System der getroffenen Tarifregelung einpassen muss und tarifausführende und tarifanwendende Regelungen getroffen werden können.[603]

Dabei ist ein Wortlautunterschied zwischen „abweichenden Abmachungen" in § 4 Abs. 3, 1. Alt. TVG und „ergänzenden Betriebsvereinbarungen" in § 77 Abs. 3 Satz 2 BetrVG festzustellen. Die Synonyme für „abweichen" sind die Rich-

---

[600] Palandt/Heinrichs, BGB, Einleitung Rz. 51.
[601] Larenz, Methodenlehre, S. 322.
[602] Duden, Das große Wörterbuch der deutschen Sprache, Band 2, S. 952.
[603] Kreutz in GK-BetrVG, § 77 Rz. 152.

tung verlassen, verschieden sein, sich unterscheiden.[604] Dagegen soll eine Ergänzung das zu Ergänzende im Kern unverändert lassen.[605]

Diese strenge Auslegung des Wortlauts ist m. E. nicht zwingend, wie die Bedeutung von „ergänzen" als Ausgleichen einer fehlenden Eigenschaft zeigt. Auch hier wird etwas hinzugefügt, was ursprünglich nicht vorhanden war.

Das zwischen der Wortlautbedeutung der Wörter „abweichen" und „ergänzen" kein Ausschließlichkeitsverhältnis vorliegt, zeigt § 23 Abs. 5 AktG.[606] In § 23 Abs. 5 AktG wird zwischen Abweichung vom Gesetz und Ergänzung des Gesetzes zwar unterschieden, aber man geht davon aus, dass beide Begriffe sich berühren. Eine Ergänzung soll im Rahmen des § 23 Abs. 5 AktG zur Abweichung werden, wenn durch die Änderung die Funktion der gesetzlichen Bestimmung eine andere wird. Daher sei eine scharfe Grenzziehung bei der Alternative des Ergänzens nicht möglich.[607] Auch wenn diese Ausführungen nicht unmittelbar auf das Arbeitsrecht übertragbar sind, so stellen sie doch ein weiteres Indiz für die These dar, dass die Möglichkeit vom Tarifvertrag abweichender Betriebsvereinbarungen nicht die Wortlautgrenze des § 77 Abs. 2 Satz 2 BetrVG überschreitet.

Eine Ergänzung kann etwas Substantielles, außerordentlich Wichtiges sein und es soll genügen, wenn der Tarifvertrag die Regelungsmaterie, für die Betriebsvereinbarungen möglich sein sollen, anspricht.[608] Da die Regelungssperre des § 77 Abs. 3 Satz 1 BetrVG nur besteht, wenn eine tarifliche Regelung existiert oder üblich ist, soll durch die Regelung der Materie der tarifvertraglichen Öffnungsklausel in einer Betriebsvereinbarung sich diese stets als ergänzende Abmachung darstellen.[609]

Zusammenfassend ist festzustellen, dass eine Beschränkung auf nur konkretisierende Betriebsvereinbarungen dem Wortlaut des § 77 Abs. 3 Satz 2 BetrVG nicht mit letzter Sicherheit zu entnehmen ist. Damit kann eine inhaltliche Beschränkung der tariflichen Öffnungsklauseln auf lediglich ausfüllende Betriebsvereinbarungen mit dem Argument der Wortlautgrenze nicht vorgenommen werden.

---

[604] Duden, Das große Wörterbuch der deutschen Sprache, Band 1, S. 104.
[605] Beuthien BB 1983, 1992, 1993.
[606] so auch Zöllner ZfA 1988, 265, 275.
[607] Kraft im Kölner Kommentar zum AktG, § 23 Rz. 82.
[608] Zöllner ZfA 1988, 265, 275.
[609] Waltermann RdA 1996, 129, 136.

b) Entstehungsgeschichte

Ein Vergleich der Fassung des § 77 Abs. 3 BetrVG 1972 mit dem § 59 BetrVG 1952 zeigt, dass Veränderungen in der Formulierung vorgenommen wurden, aber die entscheidenden Worte mit „es sei denn, dass" bzw. „wenn ein Tarifvertrag den Abschluss ergänzender Betriebsvereinbarungen ausdrücklich zulässt" unverändert im neuen Gesetz übernommen wurden.

Die Materialien zum Betriebsverfassungsgesetz 1972 geben keine Auskunft darüber, welche Bedeutung der Gesetzgeber den Worten „ergänzende Betriebsvereinbarung" zudachte und warum er keinen wortlautmäßigen Gleichlauf zu der Formulierung „abweichenden Betriebsvereinbarung" in § 4 Abs. 3 TVG herstellte. Auch die Materialien zum Betriebsverfassungsgesetz 1952 sind nur wenig ergiebig. Die Möglichkeit einer tarifvertraglichen Öffnungsklausel wurde erst im Entwurf des zuständigen Ausschusses für Arbeit und Wirtschaftspolitik für ein Betriebsverfassungsgesetz geschaffen, während eine Öffnungsklausel im ursprünglichen Regierungsentwurf nicht vorgesehen war. Eine Begründung für die Möglichkeit der tarifvertraglichen Öffnungsklausel wird nicht gegeben.[610]

Rechtsprechung und Schrifttum haben sich bei der Auslegung des § 59 BetrVG 1952 nur wenig mit den ergänzenden Betriebsvereinbarungen auseinandergesetzt. In der Literatur wurde die Problematik hinsichtlich der Zulassung auch abweichender Betriebsvereinbarungen nur selten gesehen und dann begründungslos bejaht.

Die Entstehungsgeschichte gibt ebenfalls keine eindeutige Antwort auf die Frage, ob auch abweichende Betriebsvereinbarung nach § 77 Abs. 3 Satz 2 BetrVG 1972 möglich sind. Die Indizien sprechen aber für eine Dispositivität des Tarifvertrages.[611]

c) Gesetzessystematik

Der Sinn eines einzelnen Rechtssatzes erschließt sich oft erst, wenn er als Teil derjenigen Regelung erfasst wird, zu der er gehört. Von mehreren, nach dem Wortlaut möglichen Auslegungen ist diejenige am überzeugendsten, die die sachliche Übereinstimmung mit einer anderen Vorschrift ermöglicht.[612] Es fragt sich nun, ob eine sachliche Übereinstimmung zwischen § 77 Abs. 3 Satz 2 BetrVG und § 4 Abs. 3 TVG herzustellen ist.

---

[610] Beuthien BB 1983, 1992, 1993 m. w. N.

[611] so auch Beuthien BB 1983, 1992, 1993 f.; Zöllner ZfA 1988, 265, 275.

[612] Larenz, Methodenlehre, 1991, S. 325.

Die Formulierung der „ergänzenden Betriebsvereinbarungen“ könnte in dem einschränkenden Sinn verstanden werden, dass nur tarifvertragsausführende und tarifvertragsergänzende Regelungen, aber keine Abeichung zuungunsten der Arbeitnehmer vereinbart werden kann. Ein Argument gegen eine solche enge Auslegung des § 77 Abs. 3 Satz 2 BetrVG ist, dass eine Abänderung zuungunsten des Arbeitnehmers nach § 4 Abs. 3 TVG zwar im Einzelarbeitsvertrag, aber nicht durch Betriebsvereinbarung möglich wäre. Dann wären die Regelungsspielräume des Arbeitsvertrages weitergehend als die der Betriebsvereinbarung, was kaum vorstellbar sei.[613] In einem untrennbaren Zusammenhang mit der Gesetzessystematik ist der Normzweck des § 77 Abs. 3 Satz 2 BetrVG zu sehen, der jedoch im folgenden gesondert behandelt werden soll.

d) Normzweck

Vor einer Auslegung der im Raum stehenden Streitfrage mittels des Normzwecks, muss dieser Normzweck des § 77 Abs. 3 Satz 2 BetrVG bestimmt werden. Dieser erschließt sich wiederum nur im Zusammenhang mit § 77 Abs. 3 Satz 1 BetrVG, da er dessen Sperrwirkung beseitigt. Für die Normsetzungsprärogative des § 77 Abs. 3 Satz 1 BetrVG werden verschiedene Begründungen[614] genannt.

Allein überzeugend ist es, den Normzweck des § 77 Abs. 3 BetrVG von Art. 9 Abs. 3 GG her zu bestimmen. Das Koalitionsbetätigungsrecht der Gewerkschaften wäre gefährdet, wenn der Betriebsrat der Gewerkschaft auf dem Gebiet der materiellen Arbeitsbedingungen durch günstigere Betriebsvereinbarungen Konkurrenz machen könnte. Damit könnte der Sinn einer Mitgliedschaft in einer Gewerkschaft in Frage gestellt werden. Zweck der Einschränkung der Betriebsautonomie zugunsten der Tarifautonomie mittels § 77 Abs. 3 Satz 1 BetrVG ist die Funktionssicherung und Wahrung des Mitgliederstandes der Koalitionen.

Daraus folgert eine Auffassung, dass § 77 Abs. 3 Satz 2 BetrVG wegen seines Normzwecks und der Systematik nicht weit ausgelegt werden könne. Durch einen Verzicht der Tarifvertragsparteien auf eigenverantwortliche Ausgestaltung der Arbeitsverhältnisse bestehe die Gefahr, dass die der Tarifautonomie immanenten Grenzen der Regelungsbefugnis überschritten werden könnten. Auch das Verbot der Schaffung und Begünstigung einer beitragslosen Ersatzgewerkschaft auf betrieblicher Ebene erfordere zwingend, dass die Tarifvertragsparteien die Ausgestaltung der Arbeitsverhältnisse in einem Kernbereich vornehmen. Die

[613] Lieb NZA 1994, 289, 290.
[614] Berg in Däubler/Kittner/Klebe, BetrVG, § 77 Rz. 62.

Aufgabe zur Ausgestaltung der Arbeitsverhältnisse dürfe nicht der betrieblichen Ebene ohne Bindung und Begrenzung übertragen werden.[615]

Wie bereits oben dargestellt, besteht jedoch keine Verpflichtung der Tarifvertragsparteien zur inhaltlichen Regelung mittels Tarifvertrag. Können die Tarifvertragsparteien aber den Betriebspartnern das Feld überlassen, indem sie einen Gegenstand nicht mehr regeln, so ist nicht anzunehmen, dass ihnen das Betriebsverfassungsgesetz die Möglichkeit nehmen wollte, die von ihnen getroffenen Regelungen über Ergänzungen hinaus auch generell zur Disposition der Betriebsparteien zu stellen.[616]

Diese Meinung zur Interpretation des § 77 Abs. 3 Satz 2 BetrVG überzeugt, da nach einleuchtender Auffassung hinsichtlich des Tarifvorrangs auch auf den Schutz der Tarifautonomie verzichtet werden kann. § 77 Abs. 3 BetrVG kann diese Festlegung des Grundgesetzes nicht verändern. Nur bei einer abweichenden Interpretation des Art. 9 Abs. 3 GG ist es möglich, den Normzweck des § 77 Abs. 3 GG so zu bestimmen, dass lediglich ergänzende Betriebsvereinbarungen möglich sein sollen. Zudem ist die Gegenauffassung nicht in sich schlüssig, wenn sie die Beschränkung auf ergänzende Betriebsvereinbarungen mit der Forderung nach einem Kernbereich tariflicher Regelungen verbindet. Denn von der Wortbedeutung des "Ergänzens" ist offenkundig auch eine Rahmenregelung in einem Kernbereich der Arbeitsbedingungen gedeckt, da auch ein sehr wichtiger Bereich ergänzt werden kann.

Daher gebietet der Normzweck des § 77 Abs. 3 Satz 2 BetrVG und der systematische Zusammenhang mit § 77 Abs. 3 Satz 1 BetrVG auch abweichende Betriebsvereinbarungen zuzulassen, die den Tarifvertrag zur Disposition der Betriebsparteien stellen.[617] Auch die Rechtsprechung hat die gefundene Auslegung bestätigt. Das LAG Baden-Württemberg geht ohne nähere Begründung davon aus, dass eine Ermächtigung im Tarifvertrag zur vom Tarifvertrag abweichenden Regelungen durch Betriebsvereinbarung möglich ist.[618] Eine abweichende

---

615 Berg in Däubler/Kittner/Klebe, BetrVG, § 77 Rz. 74.

616 Bauer/Haussmann, Sonderbeilage zu NZA Heft 24, 2000; S. 42, 43 Kreutz in GK-BetrVG § 77 Rz. 154 f.

617 Fitting/Kaiser/Heither/Engels, BetrVG, § 77 Rz. 120 f.; Worzalla in Hess/Schlochauer/Worzalla/Glock, BetrVG, § 77 Rz. 164; Kreutz in GK-BetrVG, § 77 Rz. 154 f.; Richardi, BetrVG, § 77 Rz. 301; Reiß, Tarifautonomie im Spannungsverhältnis, S. 112; Beuthien DB 1983, 1992, 1992 ff. ; v. Hoyningen-Huene/Maier-Krenz ZfA 1988, 293, 301 ff.; Zöllner ZfA 1988, 265, 275.

618 LAG Baden-Württemberg, 17. 3. 1970, DB 1970,1279 f.

Betriebsvereinbarung wird auch vom Bundesarbeitsgericht ohne nähere Begründung für möglich gehalten.[619]

Folglich können alle tariflichen Öffnungsklauseln dispositiv ausgestaltet werden, so dass vom Tarifvertrag abweichende Betriebsvereinbarungen möglich sind. Auch einer umfassenden Öffnungsklausel würde § 77 Abs. 3 Satz 2 BetrVG somit nicht entgegenstehen.

2. Vollziehbarkeit der Tarifnorm aus sich selbst

Eine Auffassung in der Literatur geht davon aus, dass sich aus § 77 Abs. 3 Satz 2 BetrVG das Erfordernis ergibt, die Tarifnormen müssten sich aus sich selbst vollziehbar sein. Die bedeutet, dass die Tarifverträge Normen enthalten müssen, die bereits aus ihrem Wortlaut anwendbar sind und denen Regelungen sich unmittelbar vollziehen lassen. Dabei werden zwei verschiedene Begründungsansätze verfolgt.

a) Auffassung von *Kittner*

Die Auffassung *Kittners* beruht auf dem Ausgangspunkt, dass zwischen dem Können und dem Dürfen der Betriebsparteien zu unterscheiden ist.[620] Die Betriebsparteien sollen nur dann tätig werden können, wenn die Tarifpartner ihnen zulässigerweise eine Regelungsbefugnis überlassen haben. Dieser Vorgang des Überlassens ist mit dem rechtstechnischen Instrumentarium des TVG zu vollziehen. Die Nichtregelung eines Bereiches soll kein nach dem § 1 Abs. 1 TVG möglicher Inhalt sein. Daher soll eine wirksame Öffnungsklausel eine auch ansonsten wirksame Tarifnorm voraussetzen. Daraus zieht *Kittner* den Schluss, dass die Betriebsparteien nur dann tätig werden können, wenn eine aus sich selbst heraus anwendbare Tarifnorm vorliegt. Ferner soll der Wortlaut des § 77 Abs. 3 Satz 2 BetrVG diese Argumentation stützen. Der Wortlaut spricht nicht davon „wenn die Tarifvertragsparteien" dies zulassen, sondern er lautet „wenn ein Tarifvertrag".[621]

Dieses Wortlautargument überzeugt nicht, da insoweit nur ein Gleichlauf zum früher entstandenen § 4 Abs. 3 1. Alt. TVG hergestellt wird, in dem eine Abweichung „durch Tarifvertrag" gestattet wird. Weiterhin erscheint die Differenzierung zwischen Tarifvertrag einerseits und Tarifvertragsparteien anderseits

---

[619] BAG, 12. 8. 1982, AP Nr. 5 zu § 77 BetrVG 1972; BAG, 18. 8. 1987, AP Nr. 23 zu § 77 BetrVG 1972; BAG, 22. 6. 1993, EzA § 23 BetrVG 1972 Nr. 35.

[620] Kittner, Festschrift Schaub, S. 387, 406.

[621] Kittner, Festschrift Schaub, S. 387, 406 f.

nicht überzeugend, da der Tarifvertrag den niedergelegten Willen der Tarifvertragsparteien einschließt.

Bei dem Vergleich von § 77 Abs. 3 Satz 2 BetrVG mit dem weitergehenden § 4 Abs. 3 TVG, wird eine Einschränkung zulasten der Betriebspartner mit Art. 9 Abs. 3 GG begründet, der einen Schutz der Tarifvertragsparteien vor den Betriebsparteien umfasst.[622]

Dies ist m. E. kein überzeugendes Argument, da die Tarifvertragsparteien freiwillig auf diesen Schutz verzichten und ein Schutz ihrer selbst vor sich nicht notwendig ist[623].

Von diesen Überlegungen ausgehend entwickelt *Kittne*r die Voraussetzungen, dass die Überlassung von Regelungskompetenz an die Betriebspartner nur dann wirksam ist, wenn die Tarifvertragsparteien den Regelungsgegenstand selbst regeln oder dies im Ergebnis dadurch bewirken, dass sie für das Tätigwerden der konkretisierenden Betriebsparteien ausreichende Vorgaben machen. Daher soll der Leber-Rüthers-Kompromiss auch nach diesen Vorgaben wirksam sein, da der Handlungsspielraum hinreichend eng vorgegeben gewesen sei.[624]

Es liegt hier m. E. ein Widerspruch vor, denn man kann nicht die Vollziehbarkeit einer Tarifnorm aus sich selbst fordern, dann aber bereits hinreichend enge Vorgaben ausreichen lassen. Sobald eine Tarifnorm eine rahmenförmige Vorgabe enthält und sei diese auch noch so eng begrenzt, kann nicht mehr von einer Vollziehbarkeit aus sich selbst gesprochen werden, da eine irgendwie geartete Konkretisierung in diesem Rahmen erfolgen muss, um die Tarifnorm im Einzelfall anzuwenden.

Sofern *Kittner* die Argumentation für eine Vollziehbarkeit der Tarifnormen aus sich selbst dazu benutzt, um in der bereits behandelten Streitfrage, ob unter „ergänzenden“ Betriebsvereinbarungen auch „abweichende“ zu verstehen sind, die Meinung zu vertreten, nur konkretisierende Betriebsvereinbarungen seien möglich[625], kann auf die obige Argumentation[626] verwiesen werden. Durch § 77 Abs.3 Satz 2 BetrVG sind nach überzeugender Auffassung ebenfalls abweichende Betriebsvereinbarungen möglich. Das *Kittner* weiterhin auf die Voraus-

---

[622] Kittner, Festschrift Schaub, S. 387, 407 f.
[623] siehe § 7 B. Tarifautonomie.
[624] Kittner, Festschrift Schaub, S. 387, 408 f.
[625] Kittner, Festschrift Schaub, S. 387, 408.
[626] siehe § 7 E. II. 1. Tarifvertragsinhalt zur Disposition der Betriebsparteien.

setzungen des Art. 80 Abs. 1 Satz 2 und 3 GG abstellt[627], verdeutlicht nur, dass hier die Wirkungsweise tariflicher Öffnungsklauseln mittels Delegation vertreten wird. Diese Auffassung wurde aber bereits argumentativ widerlegt.

Daher kann der These *Kittners* von der Vollziehbarkeit einer Tarifnorm aus sich selbst als Voraussetzung einer tariflichen Öffnungsklausel, die sich aus § 77 Abs. 3 Satz 2 BetrVG ergeben soll, nicht gefolgt werden. Sofern aber die Vollziehbarkeit einer Tarifnorm aus sich selbst als Konfliktlösungsmechanismus oder zur Erfüllung einer Ordnungsfunktion dienen soll, ist sie eine praktikable Ausgestaltungsform für tarifliche Öffnungsklauseln.

b) Auffassung von *Maus*

Maus entwickelt eine ähnlich einschränkende Voraussetzung. Er gelangt zum Erfordernis, dass zumindest eine selbständig durchführbare tarifvertragliche Regelung vorhanden sein müsse, durch die Annahme, dass ein Willen und die Zielsetzung der Koalitionspartner zur Wahrung und Förderung der Arbeits- und Wirtschaftsbedingungen vorhanden sein müsse.[628] Diese Annahme ist nicht zutreffend, wie bereits im Rahmen der Tarifautonomie bei der Frage einer Grenzziehung zur Verlagerung von Regelungsbefugnissen an die Betriebspartner widerlegt worden.[629] Der Wille, die Arbeits- und Wirtschaftsbedingungen zu fördern, kann auch durch die Vereinbarung von tarifvertraglichen Öffnungsklauseln verwirklicht werden. Jedoch lässt auch *Maus* die rahmenförmigen Vorgaben des Leber-Rüthers-Kompromisses bezüglich der Arbeitszeit ausreichen. Wenn man aber von einer Festlegung der Arbeitszeit durch die Einigungsstelle absieht, kann durch die rahmenförmige Arbeitszeitvorgaben gerade nicht die tarifliche Regelung selbständig durchgeführt werden, da die konkrete Arbeitszeit eines einzelnen erfassten Arbeitsverhältnisses nicht bestimmt werden kann. Daher ist zumindest die Formulierung einer selbständig durchführbaren tarifvertragliche Regelung missverständlich, sofern sie eine Mindestanforderung für inhaltliche Vorgaben beschreiben soll.

3. Rechtsmissbrauchsgrenze

Unabhängig von einer Regelungspflicht der Tarifparteien konstruiert *Schwarze* eine Grenze für die Verlagerung der Regelungsbefugnis auf die Betriebsebene. Die Disponibilität des Tarifvorrangs ist für ihn eine Frage, die sich im Zusammenhang mit §§ 77 Abs. 3, 87 Einleitungssatz BetrVG unter Berücksichtigung des Art. 9 Abs. 3 GG stellt.[630] Er geht davon aus, dass der Tarifvorrang sachlich

---

[627] Kittner, Festschrift Schaub, S. 387, 408.
[628] Maus, Die Erweiterung von Mitbestimmungsrechten, S. 46 f.
[629] siehe § 7 B. III. Eigene Stellungnahme.
[630] Schwarze, Der Betriebsrat im Dienste der Tarifvertragsparteien, S. 203.

gerechtfertigt ist, da die tarifliche Regelungsebene den Arbeitnehmerschutzes effektiver verwirkliche als die Betriebsebene.[631] Die Notwendigkeiten des Arbeitnehmerschutzes bedingen folglich die eine Grenze der Verlagerung der Regelungsbefugnis auf die Betriebsebene. Diese Grenze sieht er im Verbot der rechtsmissbräuchlichen Übertragung auf die betriebliche Ebene. Eine Verlagerung darf nicht aus völlig unsachgemäßen Erwägungen heraus vorgenommen werden beziehungsweise sich nicht nur an den Arbeitgeberinteressen ausrichten.[632]

Diese Ansicht überzeichnet die Bedeutung des Arbeitnehmerschutzes in diesem Zusammenhang. Auch der Betriebsrat kann die Arbeitnehmerinteressen effektiv vertreten und so dem Arbeitnehmerschutz dienen. Daneben ist angesichts des faktischen Kräfteverhältnisses zwischen Gewerkschaften und Arbeitgeberverbänden keine Verlagerung zu befürchten, die sich nur an Arbeitgeberinteressen ausrichtet. Es ist kaum eine Verlagerung denkbar, die nicht in irgendeiner Weise auch den Arbeitnehmern dienen soll. Selbst Einbußen auf Arbeitnehmerseite, wie Lohnverzicht oder ungünstigere Arbeitszeitregelungen, die mit einer Verlagerung auf die Betriebsebene einhergehen könnten, können durch verbesserte Wettbewerbschancen des Betriebes und damit sichereren Arbeitsplätzen gerechtfertigt werden. Daher besteht m. E. für die Rechtsmissbrauchsgrenze kein Bedürfnis.

Diese Rechtsmissbrauchsgrenze müsste, um effektiv zu wirken, auch kontrolliert werden. Da auch eine Verlagerung über die Rechtsmissbrauchsgrenze hinaus von beiden Tarifvertragsparteien getragen wird, ist eine Selbstkontrolle nicht möglich. Eine ständige Überwachung der Tarifverträge und nötigenfalls deren Korrektur durch staatliche Stellen widerspricht selbst nach der Auffassung von *Schwarze* dem Zweck von Art. 9 Abs. 3 GG. Insofern hat *Schwarze* selbst im Zusammenhang mit der Diskussion einer Regelungsverpflichtung ein entscheidendes Argument gegen eine Begrenzung der Übertragung geliefert. Eine inzidente Kontrolle der Tarifverträge bei Klagen von Arbeitnehmern gegen Betriebsvereinbarungen, die durch gegen die Rechtsmissbrauchsgrenze verstoßende Tarifverträge ermöglicht wurden, führt auch nicht zu einer entsprechenden tariflichen Regelung. Sofern die tarifliche Norm für unwirksam erklärt wird, existiert möglicherweise keine tarifliche Regelung. Dann würde mangels tariflicher Regelung wiederum die originäre Regelungsbefugnis der Betriebsparteien aufleben. Eine wirksame Kontrolle in der Praxis erscheint kaum möglich.

---

[631] Schwarze, Der Betriebsrat im Dienste der Tarifvertragsparteien, S. 222.
[632] Schwarze, Der Betriebsrat im Dienste der Tarifvertragsparteien, S. 225.

Die Begrenzung der Verlagerung von Regelungsbefugnissen von der Tarif- auf die Betriebsebene durch das Merkmal der Rechtsmissbräuchlichkeit erscheint weder aus § 77 Abs. 3 BetrVG zwingend ableitbar, noch in der Anwendung praktikabel. Zudem ist durch die Vorgaben der negativen Koalitionsfreiheit der Schutz der tariflichen Außenseiter gegen eine rechtsmissbräuchliche Anwendung tarifvertraglicher Öffnungsklauseln bereits gewährleistet.

4. Zwischenergebnis

§ 77 Abs. 3 Satz 2 BetrVG steht einer Vereinbarung vom Tarifvertrag abweichender Betriebsvereinbarungen, welche durch tariflichen Öffnungsklauseln ermöglicht werden, nicht entgegen. Selbst einer umfassenden Öffnungsklausel würde der Wortlaut des § 77 Abs. 3 Satz 2 BetrVG somit nicht widersprechen.

Aus § 77 Abs. 3 Satz 2 BetrVG kann nicht die Vollziehbarkeit einer Tarifnorm aus sich selbst heraus als notwendige inhaltliche Voraussetzung einer tariflichen Regelung mit einer Öffnungsklausel abgeleitet werden.

Eine Begrenzung der Verlagerung von Regelungsbefugnissen von der Tarif- auf die Betriebsebene durch das Merkmal der Rechtsmissbräuchlichkeit ist aus § 77 Abs. 3 BetrVG nicht zwingend ableitbar.

III. § 75 Abs. 1 BetrVG

Eine andere Begrenzung für den Inhalt von tariflichen Öffnungsklauseln könnte sich daraus ergeben, dass eine Beschränkung der Öffnung lediglich für tarifgebundene Arbeitnehmer nicht möglich wäre.

Nach der bereits beschriebenen Wirkungsweise von Öffnungsklauseln über ein Wiederaufleben einer originär auf Betriebsebene vorhandenen umfassenden Regelungsbefugnis kann eine Öffnung der Tarifverträge für den eingeschränkten Personenkreis der gewerkschaftsangehörigen Arbeitnehmer nicht erfolgen. Eine Betriebsvereinbarung erfasst grundsätzlich alle Betriebsangehörigen. Eine betriebsnahe Ausgestaltung der Arbeitsverhältnisse der organisierten Arbeitnehmer kann nach der hier vertretenen Auffassung nicht mittels tarifvertraglichen Öffnungsklauseln erfolgen. Eine solche Zielsetzung ließe sich mit einer Delegation der tariflichen Rechtsetzungsmacht oder hinsichtlich des Vollzugs mit tariflicher Bestimmungsklausel erreichen. Wie dann die Umsetzung der delegierten tariflichen Regelungsbefugnisse erfolgen könnte, kann offen bleiben, da es sich nicht mehr um tarifvertragliche Öffnungsklauseln handelt.

Die Wirkungsweise des Wiederauflebens einer originären Kompetenz der Betriebsparteien für die gesamte Belegschaft verhindert eine Kollision von Tariföffnungsklauseln mit § 75 Abs. 1 BetrVG.

IV. § 87 Abs. 1 Eingangssatz BetrVG

Eine weitere den Inhalt von tariflichen Öffnungsklauseln möglicherweise beschränkende Norm könnte § 87 Abs. 1 Einleitungssatz BetrVG darstellen. § 87 Abs. 1 BetrVG enthält keine ausdrückliche Zulassung von tariflichen Öffnungsklauseln wie § 77 Abs. 3 Satz 2 BetrVG oder § 4 Abs. 3, 1. Alt. TVG. Die Formulierung „soweit eine tariflichen Regelung nicht besteht“ kann aber nicht direkt die Zulassung tariflicher Öffnungsklauseln erklären. Im Unterschied zu § 77 Abs. 3 BetrVG ist die Tarifüblichkeit bei § 87 Abs. 1 Einleitungssatz BetrVG aber nicht ausreichend, um eine Sperrwirkung entstehen zu lassen.

Jedoch sind sowohl § 77 Abs. 3 Satz 1 BetrVG, als auch § 87 Abs. 1 Einleitungssatz BetrVG Ausdruck des Prinzips des Tarifvorrangs. Wie bereits dargestellt wurde, wird durch § 77 Abs. 3 Satz 2 BetrVG eine bewusste Ausnahme vom Grundsatz des Tarifvorranges gemacht. Diese Ausnahme gilt auch für den weniger streng gefassten § 87 Abs. Einleitungssatz BetrVG. Daher wird bei § 87 Abs. 1 Einleitungssatz im gleichen Umfang eine Verlagerung von Rechtsetzungsbefugnissen durch tarifvertragliche Öffnungsklauseln zugelassen.[633]

Enthält ein Tarifvertrag mit ausreichender Regelungsintensität Bestimmungen über Gegenstände, die an sich der erzwingbaren Mitbestimmung des Betriebsrates gemäß § 87 Abs. 1 BetrVG unterliegen, und sieht er gleichzeitig die Möglichkeit der Abweichung oder Ergänzung der durch freiwillige Betriebsvereinbarung vor, so lebt das Recht des Betriebsrates auf erzwingbare Mitbestimmung nicht wieder auf.[634] Die Öffnung des Tarifvertrages soll nach dem Willen der Tarifvertragsparteien gerade durch eine freiwillige und nicht erzwingbare Betriebsvereinbarung erfolgen.

Auf den Streit zwischen der Zwei-Schranken-Theorie und der Vorrangtheorie kommt es insofern bei tarifvertraglichen Öffnungsklauseln nicht an. Lediglich die Frage, ob die Sperrwirkung des § 77 Abs. 3 Satz 1 BetrVG bei Materien aus dem Bereich der gesetzlich erzwingbaren Mitbestimmung gemäß § 87 Einleitungssatz BetrVG eingreift, kann dafür relevant werden, ob eine Öffnungsklausel nach § 77 Abs. 3 Satz 2 BetrVG überhaupt notwendig ist.

---

[633] Wank RdA 1991, 129, 131 m. w. N.

[634] Kort NZA 2001, 477, 478.

Zu der Frage der Erweiterbarkeit des Katalogs der erzwingbaren Mitbestimmungsrechte wurde bereits im Rahmen der negativen Koalitionsfreiheit der tariflichen Außenseiter Stellung genommen, mit dem Ergebnis, dass dies in Kombination mit tarifvertraglichen Öffnungsklauseln nicht möglich ist.

V. Normsetzungsauftrag aus tarifdispositivem Recht

Ob es Einschränkungen gibt, die aus dem Normsetzungsauftrag der Tarifvertragsparteien folgen, ist im Einzelfall anhand des jeweiligen staatlichen Gesetzes zu ermitteln. Sicher können die Sozialpartner keine Ermächtigung aussprechen, wenn der Gesetzgeber gerade sie mit einer Sonderaufgabe betraut hat, wie dies regelmäßig beim tarifdispositiven Gesetzesrecht der Fall ist. Hier muss der Tarifvertrag selbst die abweichende Regelung enthalten, soweit nicht das Gesetz eine Weitergabe an die Betriebsparteien ausdrücklich gestattet. Für § 7 und 12 ArbZG beispielsweise soll eine Öffnungsklausel zugunsten der Betriebsebene möglich sein.[635]

VI. Normsetzungsauftrag aus vereinsrechtlicher Verpflichtung

Es besteht eine Verpflichtung der Koalitionen als privatrechtliche Interessenvereinigungen die Interessen ihrer Mitglieder zu wahren. Dieser vereinsrechtlichen Pflicht der ausführenden Organe widerspricht grundsätzlich eine Übertragung der Regelungskompetenz auf Dritte. Daher könnte dieser Normsetzungsauftrag aus der vereinsrechtlichen Verpflichtung einer weitgehenden oder umfassenden Öffnung der Tarifverträge entgegenstehen. Man kann diese Pflicht jedoch durch einen entsprechenden Beschluss abändern. Zudem wird durch die Delegation gerade eine bessere Verwirklichung der Mitgliederinteressen (beispielsweise durch sachnähere Regelungen) angestrebt.

Weiterhin könnte nur eine innerverbandliche Regelungspflicht aus der vereinsrechtlichen, satzungsmäßigen Pflicht zur Wahrung der Mitgliederinteressen abgeleitet werden. Diese Pflicht hat keine Außenwirkung, da sie nur gegenüber den Koalitionsmitgliedern besteht. Sie könnte ebenfalls durch Mitgliederbeschluss aufgehoben oder modifiziert werden. Das Verzichten auf eigenständige Regelungen durch die Tarifparteien stellt keine Überschreitung der Grenze der Tarifverantwortung dar, denn in Tarifverhandlungen können nicht alle Vorstellungen eines Verbandes umgesetzt werden, was sich zwangsläufig aus dem Vertragsverfahren ergibt. Bereits deshalb kann es eine einklagbare Pflicht des Verbandes mit dem Inhalt, für seine Mitglieder normsetzend tätig werden zu müssen, nicht geben. Üblicherweise reagieren die Verbandsmitglieder auf Untätigkeit ihres Verbandes mit dem Austritt. Weiterhin lehnt die Rechtsprechung eine

---

[635] Tietje, Grundfragen des Arbeitszeitrechts, S. 317 ff.

Haftung der Tarifvertragsparteien gegenüber möglicherweise benachteiligten Arbeitnehmern oder Arbeitgebern ab. Auch dies spricht gegen eine einklagbare verbandsrechtliche Pflicht zur Normsetzung.

VII. Zwischenergebnis

1. Aus § 4 Abs. 3, 1. Alt. TVG ergeben sich keine inhaltlichen Grenzen für die Möglichkeit, tarifvertragliche Öffnungsklauseln in Tarifverträgen zu vereinbaren, da nach seinem Regelungsinhalt alle Regelungsmaterien eines Tarifvertrages dispositiv ausgestaltet werden können.

2. § 77 Abs. 3 Satz 2 BetrVG steht einer Vereinbarung vom Tarifvertrag abweichender Betriebsvereinbarungen, welche durch tariflichen Öffnungsklauseln ermöglicht werden, nicht entgegen. Selbst einer umfassenden Öffnungsklausel würde der Wortlaut des § 77 Abs. 3 Satz 2 BetrVG somit nicht widersprechen. Aus § 77 Abs. 3 Satz 2 BetrVG kann nicht die Vollziehbarkeit einer Tarifnorm aus sich selbst heraus als notwendige inhaltliche Voraussetzung für eine tarifliche Regelung mit einer Öffnungsklausel abgeleitet werden. Eine Begrenzung der Verlagerung von Regelungsbefugnissen von der Tarif- auf die Betriebsebene durch das Merkmal der Rechtmissbräuchlichkeit ist aus § 77 Abs. 3 BetrVG nicht zwingend ableitbar.

3. Eine inhaltliche Kollision von Tariföffnungsklauseln mit § 75 Abs. 1 BetrVG ist aufgrund der Wirkungsweise des Wiederauflebens einer originären Kompetenz der Betriebsparteien für die gesamt Belegschaft nicht möglich. Hinsichtlich des § 87 Abs. 1 Einleitungssatz ergeben sich kein anderer Unfang der Verlagerung von Rechtsetzungskompetenzen als durch § 77 Abs. 3 Satz 2 BetrVG. Tariföffnungsklauseln, die im Bereich von tarifdispositivem Gesetzesrecht geschaffen werden, müssen vom ausdrücklichen Willen des Gesetzgebers gedeckt sein. Im übrigen ergibt sich aus der vereinsrechtlichen Verpflichtung der Tarifvertragpartein keine Pflicht zur inhaltlichen Regelung und damit einer Beschränkung von tariflichen Öffnungsklauseln.

F. Internationale Übereinkommen

Es ist zu erwägen, ob nicht internationale Übereinkommen einem verstärkten oder umfassenden Gebrauch von tariflichen Öffnungsklauseln entgegen stehen könnten. Dabei ist an Art. 5 ILO-Übereinkommen Nr. 135[636] und Art. 6 Abs. 2 Europäische Sozialcharta zu denken.

Art. 6 Nr. 2 der Europäische Sozialcharta lautet:

---

[636] Kittner, Festschrift Schaub, S.387, 407.

"Um die wirksame Ausübung des Rechts auf Kollektivverhandlungen zu gewährleisten, verpflichteten sich die Vertragsparteien, ...
2. Verfahren für die freiwilligen Verhandlungen zwischen Arbeitgebern oder Arbeitgeberorganisationen einerseits und Arbeitnehmerorganisationen andererseits zu fördern, soweit dies notwendig und zweckmäßig ist, mit dem Ziele die Beschäftigungsbedingungen durch Gesamtarbeitsverträge zu regeln; ..."
Bisher wurden keine Vorgaben für die nähere Ausgestaltung des Tarifrechts aus Art. 6 Nr. 2 der Europäischen Sozialcharta hergeleitet. Es ist schon streitig, ob Art. 6 der Europäischen Sozialcharta nicht nur eine Verpflichtung für die Gesetzgeber der Nationalstaaten zur innerstaatlichen Umsetzung enthält. Die überzeugende Auffassung lehnt eine unmittelbare Begründung von Rechten und Pflichten für die Bürger der Unterzeichnerstaaten ab. Zur Begründung wird auf die Präambel zu Teil 3 des Anhangs der Europäischen Sozialcharta hingewiesen. Dort steht: *"Es besteht Einverständnis darüber, dass die Charta rechtliche Verpflichtungen internationalen Charakters enthält, deren Durchführung ausschließlich der in ihrem Teil 4 vorgesehen Überwachung unterliegt."*[637] Folglich ist die Reichweite tarifvertraglicher Öffnungsklausen nicht durch Art. 6 Nr. 2 der Europäischen Sozialcharta begrenzt, da er keine Wirkung im Verhältnis der Tarifvertragsparteien untereinander entfaltet.

Art. 5 ILO -Übereinkommen Nr. 135, welches die Bundesrepublik am 13. Juli 1973 ratifizierte, führt folgendes aus:
"Sind in einem Betreib sowohl Gewerkschaftsvertreter als auch gewählte Vertreter tätig, so sind nötigenfalls geeignete Maßnahmen zu treffen, um zu gewährleisten, dass das Vorhandensein gewählter Vertreter nicht dazu benutzt wird, die Stellung der beteiligten Gewerkschaften oder ihrer Vertreter zu untergraben, und um die Zusammenarbeit zwischen den gewählten Vertretern und den beteiligten Gewerkschaften und ihren Vertretern in allen einschlägigen Fragen zu fördern."
Bei der Internationalen Arbeitsorganisation (ILO) handelt es sich um einen internationalen Zusammenschluss, dem die Bundesrepublik Deutschland angehört. Die ILO hat ein internationales Regelwerk von Normen zur Verbesserung der Arbeitssicherheit und der Arbeitsbedingungen durch Empfehlungen und Übereinkommen erstellt. Bei diesem ILO-Abkommen handelt es sich lediglich um eine völkerrechtliche Verpflichtung, die in der Bundesrepublik nicht unmittelbar anwendbar ist, was aus Art. 19 der ILO-Satzung folgt. Eine innerstaatliche Verpflichtung für die Tarifvertragsparteien ist daher ausgeschlossen.[638]

---

[637] Wiedemann in Wiedemann, TVG, Einl. Rz. 193.
[638] Wiedemann in Wiedemann, TVG, Einl. Rz. 191.

Somit führen die internationalen Übereinkommen zu keiner Bindung der Tarifvertragsparteien. Zudem sind die Regelungen dieser internationalen Abkommen in ihrem Schutzumfang nicht weitergehend als die in Art. 9 Abs. 3 GG verfassungsrechtliche abgesicherte Tarifautonomie. Es ergeben sich daher aus den Internationalen Übereinkommen wie Art. 5 ILO-Übereinkommen Nr. 135 und Art. 6 Abs. 2 Europäische Sozialcharta keine inhaltlichen Beschränkungen für die Vereinbarung von tarifvertraglichen Öffnungsklauseln.

G. Zusammenfassung

I. Mangels einer Regelungsverpflichtung der Koalitionen, können die Tarifvertragsparteien auch auf die Regelung von Bereichen des Arbeitslebens verzichten. Folglich sind auch weite Öffnungsklauseln, bis hin zu einer umfassenden Öffnungsklausel, unter dem Gesichtspunkt der Tarifautonomie nicht als verfassungswidrig anzusehen.

II. Der Gesichtspunkt der negative Koalitionsfreiheit ist differenziert betrachten.
1. Bei Vorgaben inhaltlicher Art im Tarifvertrag liegt ein Eingriff durch tarifvertragliche Öffnungsklauseln und die darauf beruhende Betriebsvereinbarung in die negative Koalitionsfreiheit der Außenseiter vor. Dieser Eingriff ist aufgrund einer umfassenden originären Regelungskompetenz der Betriebsparteien gerechtfertigt, sofern die Entscheidung über den Abschluss einer Betriebsvereinbarung frei ist. Bei einer Öffnung des Tarifvertrages ohne Vorgaben ist kein Eingriff in die negative Koalitionsfreiheit gegeben.
2. Eine Kombination von tarifvertraglichen Öffnungsklauseln und der Erzwingbarkeit der tarifergänzenden Betriebsvereinbarung ist aber unter dem Gesichtspunkt der negativen Koalitionsfreiheit der Außenseiter abzulehnen. Insofern finden zukünftige Öffnungsklauseln eine Grenze bei der Einbeziehung der nicht gewerkschaftlich organisierten Arbeitnehmer. Die erzwingbare Mitbestimmung, wie sie im Betriebsverfassungsgesetz vorgesehen ist, als Konfliktlösungsmechanismus auf betrieblichen Ebene zu nutzen scheitert an der negativen Koalitionsfreiheit der Außenseiter. Bei einer Modifizierung des gesetzlichen Einigungsstellenverfahrens könnte eine Legitimation auch für die tariflichen Außenseiter erreicht werden.

III. Aus weiteren Verfassungsgrundsätzen, die durch tarifliche Öffnungsklauseln berührt werden könnten, lassen sich keine inhaltlichen Grenzen ableiten. Es besteht kein Raum für eine analoge Anwendung des Art. 80 Abs. 1 GG. Eingriffe in die Berufsfreiheit und die Privatautonomie sind gerechtfertigt. Das Rechtsstaatsprinzip in seiner Ausformung als Bestimmtheitsgebot steht einer Ausgestaltung von tariflichen Öffnungsklauseln durch unbestimmte Rechtsbegriffe und Rahmenregelungen nicht entgegen.

IV. Den einfachen Gesetzen lässt sich eine Begrenzung des Umfangs von tariflichen Öffnungsklauseln nicht entnehmen.

Aus § 4 Abs. 3, 1. Alt. TVG ergeben sich keine inhaltlichen Grenzen für die Möglichkeit tarifvertragliche Öffnungsklauseln in Tarifverträgen zu vereinbaren, da nach seinem Regelungsinhalt alle Regelungsmaterien eines Tarifvertrages dispositiv ausgestaltet werden können.

§ 77 Abs. 3 Satz 2 BetrVG steht einer Vereinbarung vom Tarifvertrag abweichender Betriebsvereinbarungen, welche durch tariflichen Öffnungsklauseln ermöglicht werden, nicht entgegen. Aus § 77 Abs. 3 Satz 2 BetrVG kann nicht die Vollziehbarkeit einer Tarifnorm mit einer Öffnungsklausel aus sich selbst heraus als notwendige inhaltliche Voraussetzung abgeleitet werden. Eine Begrenzung der Verlagerung von Regelungsbefugnissen von der Tarif- auf die Betriebsebene durch das Merkmal der Rechtmissbräuchlichkeit ist aus § 77 Abs. 3 BetrVG nicht zwingend ableitbar.

Eine inhaltliche Kollision von Tariföffnungsklauseln mit § 75 Abs. 1 BetrVG ist aufgrund der Wirkungsweise des Wiederauflebens einer originären Kompetenz der Betriebsparteien für die gesamt Belegschaft nicht möglich. Hinsichtlich des § 87 Abs. 1 Einleitungssatz ergeben sich kein anderer Unfang der Verlagerung von Rechtsetzungskompetenzen als durch § 77 Abs. 3 Satz 2 BetrVG. Tariföffnungsklauseln, die im Bereich von tarifdispositivem Gesetzesrecht geschaffen werden, müssen vom ausdrücklichen Willen des Gesetzgebers gedeckt sein. Im übrigen ergibt sich aus der vereinsrechtlichen Verpflichtung der Tarifvertragparteien keine Pflicht zur inhaltlichen Regelung und damit einer Beschränkung von tariflichen Öffnungsklauseln.

V. Aus den Internationalen Übereinkommen des Art. 5 ILO-Übereinkommen Nr. 135 und Art. 6 Abs. 2 Europäische Sozialcharta ergeben sich keine inhaltlichen Beschränkungen für die Vereinbarung von tarifvertraglichen Öffnungsklauseln.

§ 8 Wirkungsdauer als zeitliche Reichweite

Bei einer Untersuchung der Reichweite tariflicher Öffnungsklauseln stellt sich außerdem die Frage nach ihrer zeitlichen Reichweite. Hinsichtlich der Dauer der Wirksamkeit ist zwischen den tarifvertraglichen Öffnungsklauseln selbst und den durch sie ermöglichten Betriebsvereinbarungen zu differenzieren. Obwohl sich diese Arbeit auf die Öffnungsklauseln als Teil eines Tarifvertrages konzentriert, ist bei der Wirkungsdauer die Verbindung zwischen dem Schicksal des Tarifvertrages mit einer Öffnungsklausel und der davon abhängenden Betriebsvereinbarung so eng, dass beide in Abhängigkeit von einander betrachtet werden müssen.

Auf die Möglichkeit einer Befristung für tarifvertragliche Öffnungsklauseln wurde bereits hingewiesen.[639] Auch für die umsetzende Betriebsvereinbarung ist eine Befristung denkbar. Eine solche Befristung der Betriebsvereinbarung wird beispielsweise in der Tarifkonkurrenzklausel[640] von den Tarifvertragsparteien ausdrücklich vorgeschlagen.

A. Tarifvertragliche Öffnungsklausel

Tarifverträge können durch Kündigung oder durch Fristablauf beendet werden. Problematisch stellt sich für tarifvertragliche Öffnungsklauseln der Nachwirkungszeitraum gemäß § 4 Abs. 5 TVG und die Möglichkeit der rückwirkenden Vereinbarung dar.

I. Nachwirkung gemäß § 4 Abs. 5 TVG

Die tarifliche Öffnungsklausel ist eine betriebsverfassungsrechtliche Norm, die über den Ablauf des Tarifvertrages hinaus kraft Nachwirkung gemäß § 4 Abs. 5 TVG wirksam bleibt. Die Weitergeltung der Rechtsnormen des Tarifvertrages bleibt für die Arbeitsverhältnisse erhalten, bis sie durch eine andere Abmachung ersetzt werden. Eine andere Abmachung kann bei tariflichen Inhaltsnormen ein neuer Tarifvertrag, eine Betriebsvereinbarung oder eine einzelvertragliche Vereinbarung sein.

Eine Mindermeinung lehnt Nachwirkung tariflicher Öffnungsklauseln ab. Die außer Kraft getretene Öffnungsklausel könne den neuen Abschluss einer abweichenden und damit ungünstigeren betrieblichen oder einzelvertraglichen Vereinbarung nicht rechtfertigen.[641] Diese Auffassung kann aber nicht überzeugen, da bis zum Abschluss eines neuen Tarifvertrages eine Betriebsvereinbarung nur

---

[639] siehe § 3 B. IV. Zeitliche Begrenzung.

[640] siehe § 3 B. II. Branchenbezogene Öffnungsklauseln.

[641] Koberski/Clasen/Menzel, TVG, § 1 Rz. 146 f.

im Rahmen der Öffnungsklausel abgeschlossen werden kann. Die Überschreitung der Grenzen der Öffnungsklausel wäre wegen der darüber hinaus bestehenden Tarifüblichkeit nicht zulässig.[642]

Die Bedenken an einer Nachwirkung auch für tarifliche Öffnungsklauseln greifen folglich nicht durch, da wegen der Tarifüblichkeit im Nachwirkungszeitraum[643] nur im Rahmen der Öffnungsklausel noch tarifergänzende und abweichende Betriebsvereinbarungen abgeschlossen und geändert werden.

II. Rückwirkende Vereinbarung von Öffnungsklauseln

Es ist fraglich, ob eine zunächst unwirksame tarifwidrige Betriebsvereinbarung rückwirkend durch nachtägliche Genehmigung Geltung erlangen kann. Diese nachträgliche Genehmigung stellt die rückwirkende Vereinbarung einer tariflichen Öffnungsklausel dar.

Nach der Rechtsprechung des Bundesarbeitsgerichts ist die Vereinbarung rückwirkender Tariföffnungsklauseln möglich.[644] Dabei sind aber bei Kürzung tariflicher Ansprüche die Grundsätze des Vertrauensschutzes zu berücksichtigen.

Weder der Wortlaut noch der Zweck des § 77 Abs. 3 BetrVG stehen nach Ansicht des Bundesarbeitsgerichts einer Rückwirkung tariflicher Öffnungsklauseln entgegen. Bei § 77 Abs. 3 BetrVG handele es sich um eine kompetenzbegrenzende Norm, die keine Verbotsnorm im Sinne des § 134 BGB mit der Rechtsfolge der Nichtigkeit darstellt. Der Wortlaut des § 77 Abs. 3 BetrVG spräche mit seiner Formulierung, dass tarifliche vereinbarte Arbeitsbedingungen nicht Inhalt einer Betriebsvereinbarung sein „können“, gegen das Vorliegen eines Verbotsgesetzes. Zudem widerspräche der Zweck des § 77 Abs. 3 BetrVG der Annahme der Nichtigkeit, die ein Verbotsgesetz gemäß § 134 BGB nur bei fehlender anderweitiger Regelung zur Folge hat. Der mit § 77 Abs. 3 BetrVG bezweckte Schutz der Funktionsfähigkeit der Tarifautonomie bedarf keine ausnahmslose Nichtigkeit dem Tarifvertrag entgegenstehender Betriebsvereinbarungen. Der Schutzzweck des § 77 Abs. 3 BetrVG ist bei nachträglicher Billigung der tarifwidrigen Betriebsvereinbarung durch Vereinbarung einer tariflichen Öffnungsklausel gewahrt. [645]

---

[642] Bartholomä, Regelungsumfang und Geltungswirkung tarifergänzender Betriebsvereinbarungen, S. 127 m. w. N.
[643] Welslau AuA 2000, 4, 6.
[644] BAG, 20. 4. 1999, SAE 2000, 109, 109.
[645] BAG, 20. 4. 1999, SAE 2000, 109, 113 ff.

Diese Rückwirkung wird aber durch die Grundsätze des Vertrauensschutzes begrenzt. Grundsätzlich seien rückwirkende Lohnsenkungen nicht unzulässig. Dabei wird die Aufgabe der bis 1994 gültigen Rechtsprechung bestätigt. Begründet wird dies damit, dass tarifliche Regelungen während ihrer Laufzeit den innewohnenden Vorbehalt ihrer rückwirkenden Veränderlichkeit aufweisen und noch nicht abgewickelte tarifliche Ansprüche keinen besonderen Schutz gegen eine Rückwirkung besitzen. Die Grundsätze der Grenzen der Rückwirkung von Gesetzen gelten auch bei der Rückwirkung von Tarifverträgen. Eine echte Rückwirkung ist nur dann zulässig, wenn der Normadressat zur Zeit des rückwirkenden Inkrafttretens der Norm keinen hinreichenden Vertrauensschutz im Hinblick auf die Weitergeltung der bis dahin geltenden Regelungen besitzt. Kein ausreichender Vertrauensschutz liegt vor, wenn eine abändernde Neuregelung zu erwarten war, die vorhandene Reglung nicht ausreichende Klarheit besaß oder eine gewisse Auslegung nicht als gesichert anzusehen war. Auch eine Mitteilung der Gewerkschaft an ihre Mitglieder, dass nun Ansprüche für Klagen entfielen, genügt für den Wegfall des Vertrauensschutzes.[646]

In der Literatur wird vorgeschlagen, dass aus Gründen höherer Praktikabilität bereits die Einsicht eines verständigen Dritten ausreicht, um den Vertrauensschutz der Arbeitnehmer entfallen zu lassen. Diese Einsicht bezieht sich darauf, dass aufgrund der vorliegenden wirtschaftlichen Lage eine Öffnung des Tarifvertrages durch die Tarifvertragsparteien notwendig sei. Frühzeitige Informationsschreiben der Gewerkschaft aus Gründen der Rechtssicherheit erscheinen zwar wünschenswert, sie könnten aber in der betrieblichen Praxis nachteilig auf die Einigungsgespräche über die beschäftigungssichernden Schritte auswirken.[647]

Der Entscheidung des Bundesarbeitsgerichts ist zuzustimmen. Der Charakter des § 77 Abs. 3 BetrVG als kompetenzabgrenzender Norm wurde vorbildlich herausgearbeitet. Auch die Ausführungen zu den Grundsätzen der Rückwirkung sind überzeugend. Eine Heranziehung der Voraussetzungen der Rückwirkung bei staatlichen Gesetzen ist hinsichtlich der Einheit der Rechtsordnung zu begrüßen. Die Kriterien, welche erfüllt sein müssen, um den Vertrauensschutz der Arbeitnehmer entfallen zu lassen, sollten im Sinne der Rechtsicherheit genauer formuliert werden und sich dabei an den Erfordernissen der Praxis orientieren. Die Problematik ließe sich am besten dadurch lösen, dass der Forderung nach einer gesetzlichen Regelung der Zulassung rückwirkender tariflicher Öffnungsklauseln[648] entsprochen würde.

---

[646] BAG, 20. 4. 1999, SAE 2000, 109, 113 ff.
[647] Natzel SAE 2000, 115, 118.
[648] Löwisch DB 1999, 2209, 2216.

III. Zwischenergebnis

Eine Nachwirkung gemäß § 4 Abs. 5 TVG gilt ebenfalls für tarifvertragliche Öffnungsklauseln. Daneben ist eine rückwirkende Vereinbarung tariflicher Öffnungsklauseln möglich.

B. Auf der Öffnungsklausel beruhende Betriebsvereinbarung

Problematischer ist die Frage nach der Geltungsdauer der auf der tariflichen Öffnungsklausel beruhenden Betriebsvereinbarung. Diese Betriebsvereinbarungen werden in Anlehnung an den Wortlaut des § 77 Abs. 3 Satz 1 BetrVG begrifflich als ergänzende Betriebsvereinbarungen bezeichnet, obwohl natürlich in Übereinstimmung mit den bisherigen Ergebnissen auch abweichende Betriebsvereinbarungen begrifflich erfasst sind.[649] Weiterhin ist der Einfluss neu abgeschlossener Tarifverträge auf bereits existierende Betriebsvereinbarungen zu untersuchen.

I. Grundsätze der Geltungsdauer

Eine aufgrund tarifvertraglicher Öffnungsklausel abgeschlossene Betriebsvereinbarung ist in ihrer Lautzeit grundsätzlich auf die Dauer des die Öffnungsklausel enthaltenden Tarifvertrages sowie gegebenenfalls auf dessen Nachwirkungszeitraum beschränkt.[650]

Wenn die Dauer der Betriebsvereinbarung auf eine bestimmte tarifliche Öffnungsklausel beschränkt ist, könnte die Beendigung der Betriebsvereinbarung durch Zweckereichung oder auflösende Bedingung erfolgen. Einerseits ist der Zweck, einen bestimmten Tarifvertrag zu ergänzen, mit dessen Außer-Kraft-Treten erreicht. Anderseits könnte im Außer-Kraft-Tretens des Tarifvertrages auch die auflösende Bedingung für die Beendigung der Betriebsvereinbarung gesehen werden. Da aber bei einer auflösenden Bedingung die Möglichkeit zur ordentlichen Kündigung eingeschränkt ist, erscheint die erste Ansicht mit einer Beendigung der Betriebsvereinbarung mittels Zweckereichung überzeugender.[651]

Eine Kündigung oder Aufhebung der Betriebsvereinbarung vor Beendigung des Tarifvertrages ist selbstredend auch möglich.

---

[649] siehe § 7 E. II 1. Tarifvertragsinhalt zur Disposition der Betriebsparteien.

[650] Kreutz in GK-BetrVG, § 77 Rz. 163 m. w. N.

[651] so auch Bartholomä, Regelungsumfang und Geltungswirkung tarifergänzender Betriebsvereinbarungen, S. 129 f.

II. Nachwirkung tarifergänzender Betriebsvereinbarungen

Es stellt sich weiterhin die Frage, ob tarifergänzende Betriebsvereinbarungen nachwirken können. Dabei ist hinsichtlich der Nachwirkung grundsätzlich zwischen erzwingbaren und freiwilligen Betriebsvereinbarungen zu unterscheiden.

1. Regelung des § 77 Abs. 6 BetrVG

Wenn die ergänzende Betriebsvereinbarung einen Gegenstand erzwingbarer Mitbestimmung zum Inhalt hat, dann greift § 76 Abs. 6 BetrVG und die Betriebsvereinbarung wirkt nach. Der Ausdruck der Nachwirkung ist hier untechnisch zu verstehen. Es handelt sich um ein Weitergeltungsstadium, in dem diese Betriebsvereinbarung unmittelbar, aber nicht mehr zwingend gilt.

2. Nachwirkung für mitbestimmungsfreie Betriebsvereinbarungen

Es besteht ein grundsätzliches Bedürfnis, die freiwillige Betriebsvereinbarung nicht augenblicklich enden zu lassen, sondern bis zu einer anschließenden Regelung weitergelten zu lassen.

Eine Mindermeinung[652] zieht eine Analogie zu § 4 Abs. 5 TVG, um eine Nachwirkung der mitbestimmungsfreien Betriebsvereinbarungen zu erreichen, da eine Regelungslücke vorliegen soll. Zur Begründung der Gesetzeslücke wird auf die Gesetzeslage des Betriebsverfassungsgesetzes von 1952 hingewiesen, welches das Problem der Nachwirkung von Betriebsvereinbarungen offen lies, und dargestellt, warum die Regelung des § 77 Abs. 6 BetrVG eine Notwendigkeit bei mitbestimmungspflichtigen Angelegenheiten darstellt.[653] Die Behauptung eines bewussten Ausschlusses der Nachwirkung von mitbestimmungsfreien Betriebsvereinbarungen durch den Gesetzgeber wird damit wiederlegt, dass nach Ablauf der Betriebsvereinbarungen in den Einzelarbeitsverträgen Freiräume auftreten, die auch zentrale Bereiche der Arbeitsbedingungen erfassen können.[654] Zudem könne in einer freiwilligen Betriebsvereinbarung abgemacht werden, dass sie Nachwirkung besitzen soll. Trotz der Formgebundenheit der Betriebsvereinbarungen kann sich auch durch ergänzende Auslegung ergeben, dass eine Nachwirkung ausgelöst werden sollte.[655] Daher wird eine Analogie zu § 4 Abs. 5 TVG bei mitbestimmungsfreien Betriebsvereinbarungen, insbesondere im Bereich der betrieblichen Altersversorgung, bejaht.[656]

---

652 Blomeyer DB 1990, 173, 174 ff.; Hanau NZA 1985 Beilage 2; S. 3, 11.
653 Blomeyer DB 1990, 173, 174 f.
654 Blomeyer DB 1990, 173, 175.
655 Hanau NZA 1985 Beilage 2; S. 3, 11.
656 Blomeyer DB 1990, 173, 174 ff.; Hanau NZA 1985 Beilage 2; S. 3, 11.

Die herrschende Meinung lehnt diese Analogie ab, weil durch § 77 Abs. 6 BetrVG eine abschließende Regelung vorliege.[657] Nach Auffassung des Bundesarbeitsgerichts ist eine Vereinbarung der Betriebspartner über eine Nachwirkung freiwilliger Betriebsvereinbarungen möglich.[658] Überzeugend wird der Einwand gegen eine Zulässigkeit von vereinbarter Nachwirkung freiwilliger Betriebsvereinbarungen zurückgewiesen, dass eine solche Nachwirkung nicht mehr zu beenden wäre, wenn sich ein Betriebspartner jeder Ablösung widersetze. Gegen eine Dauerbindung kann sowohl mit dem Recht zur außerordentlichen Kündigung als auch wie im der Entscheidung des Bundesarbeitsgerichts zugrunde liegenden Fall durch eine verbindliche Entscheidung der Einigungsstelle vorgegangen werden Eine Konfliktlösung über die Einigungsstelle kann im Regelfall durch Auslegung der Vereinbarung über eine Nachwirkung freiwilliger Betriebsvereinbarungen entnommen werden.[659] Ausnahmsweise ist eine Vereinbarung über die Nachwirkung freiwilliger Betriebsvereinbarung nicht möglich, wenn dies dem Willen der die Tariföffnungsklausel schaffenden Tarifvertragsparteien nicht entspricht.[660]

Der Entscheidung des Bundesarbeitsgerichts für eine Nachwirkung freiwilliger Betriebsvereinbarungen muss außerdem aufgrund der Besonderheiten bei einer verstärkter Anwendung von Öffnungsklauseln in Tarifverträgen zugestimmt werden. Wenn für das Arbeitsverhältnis bedeutende Regelungsmaterien durch tarifliche Öffnungsklauseln für freiwillige Betriebsvereinbarungen geöffnet werden, steigt die Gefahr, dass nach Ablauf der Betriebsvereinbarung in den Einzelarbeitsverträgen vermehrt inhaltliche Lücken auftreten. Damit ist im Bezug auf tarifliche Öffnungsklauseln eine Nachwirkung freiwilliger Betriebsvereinbarungen notwendig. Es ist hervorzuheben, dass nach der Rechtsprechung des Bundesarbeitsgerichts die Nachwirkung einer freiwilligen Betriebsvereinbaurungen durch eine Konfliktlösungsmöglichkeit über die Einigungsstelle mittels Auslegung bereits durch eine bloße Nachwirkungsabrede[661] ermittelt werden kann. Diese Rechtsprechung erhöht die Praktikabilität bei zu vereinbarender Nachwirkung.

Fraglich ist, ob auch für die Betriebsvereinbarungen, die auf den Vorgaben des Leber-Rüthers-Kompromisses beruhten, eine Weitergeltung nach § 77 Abs. 6 BetrVG zu bejahen war. Daher wäre es konsequent, sofern man der Auffassung des Bundesarbeitsgerichts zur Erweiterbarkeit der Mitbestimmung durch Tarif-

---

[657] Kreutz in GK-BetrVG, § 77 Rz. 403 m. w. N.
[658] BAG, 28. 4. 1998, NZA1998, 1348, 1350 f.
[659] BAG, 28. 4. 1998, NZA1998, 1348, 1351.
[660] Kort NZA 2001, 477, 480.
[661] BAG, 28. 4. 1998, NZA1998, 1348, 1349.

vertrag[662] folgt, auch hier von einer Weitergeltung auszugehen. Da es aber möglich ist, eine gesetzlich nicht vorgesehene Nachwirkung zu vereinbaren[663], kann auch bei der vorzugwürdigen Ablehnung der Erweiterung der Mitbestimmung eine Nachwirkung bejaht werden. Die Betriebsvereinbarungen zum Leber-Rüthers-Kompromiss sollten in dem Sinne, soweit möglich, ausgelegt werden, dass sie ebenso lange Geltung und auch Nachwirkung wie die tariflichen Regelungen haben sollen.[664] Letztere Vorgehensweise entspricht auch der Lösung des Bundesarbeitsgerichts in der Entscheidung vom 28. 4. 1998.[665]

Die Nachwirkung kann jedoch ansonsten von den Betriebsparteien ausgeschlossen werden.[666] Dies sollte angesichts der Rechtsprechung des Bundesarbeitsgerichts zur Auslegung bei Nachwirkungsabreden in möglichst eindeutiger Weise geschehen.

III. Nachfolgender Tarifvertrag ohne Öffnungsklausel

Mit Inkrafttreten eines neuen Tarifvertrages mit gleichem Regelungsgegenstand, der keine Öffnungsklausel enthält, greift die Regelungssperre des § 77 Abs. 3 Satz 1 BetrVG ein, damit ist die Betriebsvereinbarung unwirksam. Ein Tarifvertrag kann eine Öffnungsklausel nicht für einen nachfolgenden Tarifvertrag vorsehen.

IV. Nachfolgender Tarifvertrag mit bisheriger Öffnungsklausel

Differenzierter ist der Fall zu betrachten, dass der neue Tarifvertrag die bisherige Öffnungsklausel unverändert übernimmt oder eine Öffnungsklausel enthält, die nach Gegenstand und Umfang eine aufgrund der früheren Öffnungsklausel abgeschlossene Betriebsvereinbarung ebenfalls deckt. Diese Betriebsvereinbarungen werden nicht nach § 77 Abs. 3 Satz 1 BetrVG unwirksam, da durch die Öffnungsklausel des neuen Tarifvertrages dessen Sperrwirkung nicht entsteht.[667] Nicht überzeugend ist die Auffassung, die davon ausgeht, dass für eine juristische Sekunde die Sperrwirkung eintrete und daher die tarifergänzende Betriebsvereinbarung auch dann unwirksam werde, wenn der nachfolgende Tarifvertrag eine inhaltsgleiche Öffnungsklausel enthält.[668] Eine plausible Erklärung wird nicht gegeben, warum zwischen zwei Tarifverträgen, die beide keine

---

[662] siehe § 7 C. IV. 1. a) Befürworter der Erweiterbarkeit der Mitbestimmung.
[663] Fitting/Kaiser/Heither/Engels, BetrVG, § 77 Rz. 186.
[664] so auch Buchner NZA 1986, 377, 382.
[665] BAG, 28. 4. 1998, NZA1998, 1348, 1348 ff.
[666] Fitting/Kaiser/Heither/Engels, BetrVG, § 77 Rz. 180; Kreutz in GK-BetrVG, § 77 Rz. 415.
[667] Kreutz in GK-BetrVG, § 77 Rz. 163 m. w. N.
[668] Bartholomä, Regelungsumfang und Geltungswirkung tarifergänzender Betriebsvereinbarungen, S. 136.

Sperrwirkung besitzen, eine solche Sperrwirkung für eine juristische Sekunde entstehen soll.

Eine Übernahme der bisherigen Öffnungsklausel in den neuen Tarifvertrag und selbst die ausdrückliche Anordnung der Fortgeltung bisheriger ergänzender Betriebsvereinbarungen durch den neuen Tarifvertrag können freilich die Fortgeltung der bestehenden Betriebsvereinbarungen allein nicht bewirken. Durch Regelungen in einem nachträglichen Tarifvertrag kann die Geltung von Betriebsvereinbarungen zeitlich nicht ausgeweitet werden.[669]

Hinzukommen muss, dass die Betriebsvereinbarung nicht bereits mit Ablauf des bisherigen Tarifvertrages ihr Ende gefunden hat. Insoweit ist es Frage der Auslegung dieser Betriebsvereinbarung, ob die Parteien ihre Geltung auf die Laufzeit des ergänzten Tarifvertrages beschränken wollten oder ob sie auch im Hinblick auf künftige Tarifverträge abgeschlossen worden ist. Ist letzteres nicht hinreichend deutlich in der Betriebsvereinbarung zum Ausdruck gekommen, so endet diese wegen Zweckerreichung oder wegen Fristablaufs spätestens mit Ende der Nachwirkung des abgelaufenen Tarifvertrages.[670] Die Betriebsparteien haben also die Möglichkeit, die Betriebsvereinbarung auch für zukünftige Tarifverträge abzuschließen, was sie aber in der Formulierung der Betriebsvereinbarung hinreichend deutlich machen müssen. Eine erneute Beschussfassung und schriftliche Niederlegung ist nicht notwendig.[671]

V. Zwischenergebnis

Gemäß § 77 Abs. 6 BetrVG tritt eine Nachwirkung für tarifergänzende Betriebsvereinbarungen ein, wenn sie eine Angelegenheit der erzwingbaren Mitbestimmung zum Gegenstand hat. Eine Nachwirkung von tarifergänzenden freiwilligen Betriebsvereinbarungen kann vereinbart werden.

Die Betriebsparteien haben die Möglichkeit, die Betriebsvereinbarung auch für spätere Tarifverträge mit entsprechenden Öffnungsklauseln abzuschließen, was sie jedoch in der Betriebsvereinbarung ausreichend formulieren müssen.

C. Zusammenfassung

Die Frage nach der zeitlichen Reichweite tariflicher Öffnungsklauseln und der den Tarifvertrag umsetzenden Betriebsvereinbarungen ist in Übereinstimmung

---

[669] Kreutz in GK-BetrVG, § 77 Rz. 164 m. w. N.

[670] Kreutz in GK-BetrVG, § 77 Rz. 164.

[671] anders aber Bartholomä, Regelungsumfang und Geltungswirkung tarifergänzender Betriebsvereinbarungen, S. 139.

mit den allgemeinen Regelungen für Tarifverträge und Betriebsvereinbarungen zu beantworten.

Tarifliche Öffnungsklauseln besitzen eine Nachwirkung gemäß § 4 Abs. 5 TVG. Eine rückwirkende Vereinbarung tariflicher Öffnungsklauseln ist möglich.

Gemäß § 77 Abs. 6 BetrVG tritt eine Nachwirkung für tarifergänzende Betriebsvereinbarungen ein, wenn sie eine Angelegenheit der erzwingbaren Mitbestimmung zum Gegenstand haben. Bei mitbestimmungsfreien Angelegenheiten kann eine Nachwirkung durch die Betriebsparteien vereinbar werden, wobei der Wille der Betriebsparteien durch Auslegung zu ermitteln ist.

Die Betriebsparteien haben die Möglichkeit ihre Betriebsvereinbarung auch für spätere Tarifverträge mit entsprechenden Öffnungsklauseln abzuschließen, was sie jedoch in der Betriebsvereinbarung ausreichend niederlegen müssen.

§ 9 Rechtspolitische Bedenken und Folgeprobleme

Nachdem dargestellt wurde, dass keine rechtlichen Hindernisse gegen eine Verlagerung von Regelungskompetenzen durch tarifvertragliche Öffnungsklauseln von der Tarif- auf die Betriebsebene bestehen, sollen die rechtspolitischen Bedenken der Literaturstimmen gewürdigt werden, die einer solchen Übertragung mit großer Skepsis gegenüberstehen. Die Verwirklichung einer umfassenden Öffnung der Tarifverträge wird aber selbst von einschlägigen Interessenvertretern nur sporadisch gefordert. Die bestehende Verfassungs- und Gesetzeslage eröffnet, wie gezeigt, den Tarifvertragsparteien m. E. sehr große Handlungsspielräume. Bei der Diskussion um die Einführung tariflicher Öffnungsklauseln kann mit dem Argument der rechtlichen Unzulässigkeit nicht operiert werden. Falls Öffnungsklauseln nicht im Interesse einer Tarifvertragspartei, zumeist der Gewerkschaften sind, sollten die tatsächlichen Beweggründe genannt werden und nicht vermeintliche rechtliche Hindernisse bemüht werden. Bei der rechtspolitischen Diskussion über die möglichen Nachteile von tarifvertraglichen Öffnungsklauseln sind aber auch deren Vorteile in einer Abwägung zu berücksichtigen. In einem engen Zusammenhang mit diesen Bedenken stehen die in der Literatur diskutierten Folgeprobleme bei einer verstärkten Verlagerung von Regelungskompetenzen auf die Betriebe.

A. Rechtspolitische Bedenken

Die in der arbeitsrechtswissenschaftlichen Literatur vorgebrachten rechtspolitischen Argumente gegen eine verstärkte Regelung der Arbeitsbedingungen auf der Betriebsebene knüpfen einerseits an der fehlenden Eignung der Betriebe zur Ermittlung sachgerechter Lösungen und anderseits an einen befürchteten Bedeutungsverlust der Tarifebene, insbesondere der Gewerkschaften, an.

I. Schwäche der Betriebsräte

Es wird die Frage gestellt, ob die Betriebsparteien ein den Tarifvertragsparteien gleichwertiges Verhandlungsgewicht besitzen. Dabei wird den Mitglieder des Betriebsrates unterstellt, sie würden keine ausreichende Unabhängigkeit von ihrem Verhandlungspartner, dem Arbeitgeber, besitzen. Dabei wird auf die Formulierung *Sinzheimers* abgestellt, der den Betriebsrat als „Parlament abhängiger Existenzen“[672] bezeichnet hat. Diese Einschätzung war möglicherweise zu Beginn des 20. Jahrhunderts zutreffend, ist aber gegenwärtig nicht mehr überzeugend.

---

[672] Sinzheimer, Arbeitsrecht und Rechtssoziologie, Band 1: Der Tarifgedanke in Deutschland, S. 150, 158.

Nach empirischen Studien herrscht sachorientierte Pragmatik im Verhalten der Betriebspartner zueinander.[673] Weiterhin sichern Gewerkschaftsrechte vor einer Wahl von dem Arbeitgeber gefügigen Betriebsratsmitgliedern. Die Mitglieder des Betriebsrats sind durch das Betriebsverfassungsgesetz und das Kündigungsschutzgesetz persönlich gegen Arbeitsplatzverlust und Benachteiligungen abgesichert. Da Betriebsratsmitglieder überdurchschnittliche Kenntnisse in arbeitsrechtlichen Fragen besitzen, können sie ihre unabhängige Position gegen über dem Arbeitgeber verteidigen Die Mitglieder des Betriebsrates besitzen insgesamt eine ausreichende Absicherung durch das Betriebsverfassungsgesetz, um in den betrieblichen Verhandlungen als gleichgewichtiger Partner zu agieren. Daher kann auch nicht der Ansatz überzeugen, der die Gefahr der strukturellen Unterlegenheit wegen einer möglicherweise verspäteten und nicht umfassenden Informationspolitik des Arbeitgebers[674] sieht. Eine solche nicht ausreichende Informationspolitik würde aber der Informationspflicht des § 80 Abs. 2 Satz 1 BetrVG widersprechen. Außerdem ist ein solches Verhalten der Arbeitgeber nicht zu erwarten.

II. Umsetzungsschwierigkeiten in betriebsratlosen Betrieben

Die Umsetzung von tarifvertraglichen Öffnungsklauseln dürfte in kleineren und mittleren Betrieben auf praktische Schwierigkeiten stoßen, da dort zumeist keine Betriebsräte existieren.

In der Praxis wurden Wege gefunden, um den Erfordernissen von Betrieben ohne Betriebsrat bei der Inanspruchnahme tarifvertraglicher Öffnungsklauseln Rechnung zu tragen. Meistens wird für den Antrag auf Anwendung einer tariflichen Öffnungsklausel der formlose Antrag des Arbeitgebers eines betriebsratslosen Betriebs als ausreichend angesehen, dem die Tarifvertragsparteien gegebenenfalls durch eine "Regelungsabrede" entsprechen.[675] Dabei handelt es sich um eine einfache Vereinbarung zwischen den Tarifparteien, in der die Öffnungsklausel für den betriebsratslosen Betrieb umgesetzt wird. Die Begrifflichkeit hier für ist missverständlich, denn es besteht kein Zusammenhang mit der Regelungsabrede der Betriebsparteien. Die Vereinbarung einer Antragsbefugnis für den Arbeitgeber als eine der Betriebsparteien ist aber nur in betriebsratslosen Betrieben eine Lösungsmöglichkeit, sofern die tarifliche Öffnungsklausel die Umsetzung den Tarifvertragsparteien zuweist. Dies ist zum Beispiel in der Härtefallklausel der ostdeutschen Metallindustrie geschehen.[676] In Betrieben

[673] Ruoff, Die Flexibilisierung der Tarifverträge, S. 146 m. w. N.
[674] Höland/ Brecht/Reim WSI Mitteilungen 2000, 639, 642.
[675] Natzel SAE 2000, 115, 119.
[676] siehe § 3 A. I. Härteklauseln.

ohne Betriebsrat kann der Arbeitgeber alleine jedoch keine Regelungsfreiräume mittels Betriebsvereinbarung ausfüllen.

Weiterhin wird für betriebsratslose Unternehmen eine entsprechende Anwendung des § 1 Abs. 4 Satz 2 KSchG in der Fassung vom 24. März 1997 für den Fall vorgeschlagen, dass nur der Arbeitgeber tarifgebunden ist. Demnach kann der Arbeitgeber einseitig eine Regelung erlassen, die durch Zustimmung von mindestens zwei Dritteln der Arbeitnehmer wirksam wird.[677] Eine Analogie ist aber m. E. nicht zulässig, da nicht von einer planwidrigen Regelungslücke des Gesetzgebers ausgegangen werden kann. Es bedarf einer Gesetzesänderung, um die gleiche rechtliche Wirkung zu erzielen, wie eine Betriebsvereinbarung.

Eine aus sich selbst heraus vollziehbare Regelung im Tarifvertrag könnte eine Lösung darstellen. Dabei ist die Vollziehbarkeit einer tariflichen Regelung als rechtliche Voraussetzung für eine tarifliche Öffnungsklausel abgelehnt worden[678], was aber nicht dagegen spricht, eine solche Ausgestaltung als tarifpolitisch sinnvoll zu erachten. Es würden keine Lücken im Tarifvertrag vorliegen, so dass eine direkte Anwendung der tariflichen Regelungen möglich ist. Die Flexibilisierungsvorteile der tariflichen Öffnungsklauseln zugunsten der Betriebspartner wären für betriebsratslose Betriebe jedoch nicht eröffnet. So könnten solche Öffnungsklauseln sogar einen Anreiz für die Wahl eines Betriebsrates darstellen.

Ansonsten könnte für den Fall des Fehlens eines Betriebsrates die Einigung des Arbeitgebers mit jedem einzelnen Arbeitnehmer vorgesehen werden.[679] Als Beispiel hierfür kann aus dem Bereich der Bauwirtschaft/Ost eine einzelvertragliche Absenkung von bis zu 10% der Vergütung in betriebsratslosen Betrieben genannt werden.[680]

Der Befürchtung, dass durch die geringe Verbreitung von Betriebsräten in Klein- und Mittelbetrieben die Funktionsfähigkeit des dualen Systems industrieller Beziehungen gefährdet werde und dadurch die Gefahr staatlicher Eingriffe drohe[681], kann nicht also zugestimmt werden. Es stehen durch die dargestellten Ausgestaltungsformen von Tarifverträgen ausreichende rechtliche Möglichkeiten zur Verfügung auch in betriebsratslosen Betrieben die Anwendung von tarifvertraglichen Öffnungsklauseln sicherzustellen.

---

[677] Wiedemann, Festschrift Hanau, S. 607, 619.

[678] siehe oben § 7 E. II. 2. Vollziehbarkeit der Norm aus sich selbst.

[679] Bertelsmann- und Hans-Böckler-Stiftung, Bericht der Mitbestimmungskommission, S. 91.

[680] Natzel SAE 2000, 115, 119.

[681] Bertelsmann- und Hans-Böckler-Stiftung, Bericht der Mitbestimmungskommission, S. 91.

III. Mangelnde Berücksichtigung gesamtwirtschaftlicher Belange

Es wurden ferner Befürchtungen geäußert, dass die Betriebsparteien nicht in gleichem Maße wie die Tarifvertragsparteien die gesamtwirtschaftlichen Belange Deutschlands bei ihren betrieblichen Vereinbarungen berücksichtigen. Im folgenden sollen zwei Aspekte der befürchten Auswirkungen aufgegriffen werden. Zum einen, inwieweit eine Veränderung in der Lohnentwicklung herbeigeführt wird und zum anderen, ob ein Einfluss auf die Beschäftigungssituation zu erwarten ist.

1. Veränderung der Lohnentwicklung

Hinsichtlich der Lohnentwicklung wird argumentiert, dass die tarifvertraglichen Öffnungsklauseln, insbesondere in ihrer Ausgestaltung als Härtefall- und Notfallklauseln, in den Tarifverhandlungen den Druck auf das tarifliche Lohnniveau reduzieren. Daraus könnte sich langfristig eine Erhöhung der tariflichen Normalbedingungen ergeben.[682] Es könnte sich nach einiger Zeit ein höherer Tariflohn ergeben, weil die einzelnen Arbeitgeber in den betrieblichen Entgeltverhandlungen auf den Beistand der Arbeitgeberverbände beispielsweise durch kollektive Kampfmaßnahmen oder Ausgleichszahlungen verzichten müssten und relativ mächtigen überbetrieblichen Gewerkschaften gegenüberstünden.[683] Die Öffnungsklauseln würden die Tarifparteien von der Verpflichtung befreien, Lohnzurückhaltung zu üben, um die Existenz von Grenzbetrieben zu sichern. Die Tarifverträge büßten den Charakter von Mindestarbeitsbedingungen ein.[684] Gegen diese Argumentation wird vorgebracht, dass die Tarifvertragsparteien ihrer gesamtwirtschaftlichen Verantwortung ohnehin nicht immer nachkommen, sondern den verbandsintern dominierenden Partikularinteressen folgen.[685]

Die Argumentation mit einem längerfristig höherem Tarifecklohn bewegt sich m. E. im spekulativen Bereich. Dieses Risiko müssen die Arbeitgeber, aus deren Reihen die Forderung nach tariflichen Öffnungsklauseln verstärkt geäußert wird, letztlich eingehen. Zudem zu berücksichtigen ist das die Vereinbarung tariflicher Öffnungsklauseln nicht irreversibel ist, sondern in späteren Tarifrunden stets die Rückkehr zu Flächentarifen mit einer Orientierung an Grenzbetrieben möglich ist.

---

[682] Henssler ZfA 1988, 504; Rosdücher, Arbeitsplatzsicherheit durch Tarifvertrag, S. 260 ff.; Rosdücher WSI Mitteilungen 1997, 459, 460 f.

[683] Rosdücher, Arbeitsplatzsicherheit durch Tarifvertrag, S. 260.

[684] Rosdücher, Arbeitsplatzsicherheit durch Tarifvertrag, S. 262.

[685] Reuter, Festschrift für Schaub, S. 605, 636.

2. Einfluss auf die Beschäftigungslage

Eine positive Beeinflussung der Beschäftigungssituation in Deutschland durch tarifliche Öffnungsklauseln könnte sowohl durch verstärkte Neueinstellungen, als auch durch eine Verringerung der Entlassungen erreicht.

a) Kein Abbau der Sockelarbeitslosigkeit

Daher stellt sich die Frage, ob die Betriebsparteien ein Interesse daran haben könnten, übertragene Regelungskompetenzen für eine Verbesserung der Beschäftigungssituation zu nutzen. Mit hoher Gewissheit würde sich der bestehende Sockel an Arbeitslosigkeit durch die Öffnung von Tarifverträgen zugunsten der betrieblichen Ebene nicht entscheidend abbauen lassen. Denn auf die Interessen der Arbeitslosen brauchen die Entscheidungsträger auf der Betriebsebene keine Rücksicht zu nehmen. Gesamtwirtschaftliche Erwägungen im Hinblick auf den Abbau der Arbeitslosigkeit werden bei innerbetrieblichen Verhandlungen nicht beachtet.[686] Dass durch eine betriebliche Kostensenkung im Bereich des Entgelts Spielräume für eine Neueinstellung von Beschäftigten eröffnet werden, ist nach den Erfahrungen mit starren Löhnen im übertariflichen Bereich nicht zu erwarten. Eine Lösung des deutschen Problems der Arbeitslosigkeit kann von tarifvertraglichen Öffnungsklauseln nicht erwartet werden.[687]

b) Verhinderung von Arbeitsplatzabbau

Eine andere Frage ist, ob der Abbau bestehender Arbeitsplätze durch Öffnungsklauseln verhindert werden kann. Dabei könnten die Betriebsratsmitglieder bei wirtschaftlichem Anpassungsdruck, der nicht die Existenz des gesamten Betriebs bedroht, einer Absenkung der bisher durch Tarifverträge gesicherten Lohnzuwachsraten nicht zustimmen, sondern einen gezielten Stellenabbau in Kauf nehmen. Denn die aus dem Betrieb Ausscheidenden können bei den zukünftigen Betriebsratswahlen nicht mehr teilnehmen, und den im Betrieb verbleibenden Arbeitnehmern verbleibt ein höherer Lohnzuwachs. Dies könnte die Chancen auf Wiederwahl und Statuserhalt der Betriebsratsmitglieder erhöhen.[688]

Aber die bisherigen Verhaltensmuster von Betriebsräten bei Betriebsteilstilllegungen deuten darauf hin, dass bei existenziellen Betriebsproblemen Solidarität dem Konkurrenzdenken vorgeht. Denn erfahrungsgemäß setzen sich die Betriebsräte für möglichst großzügige Sozialplanleistungen ein, obwohl dies das

---

[686] Seitel, Öffnungsklausel in Tarifverträgen, S. 489.
[687] Seitel, Öffnungsklausel in Tarifverträgen, S. 489.
[688] Seitel, Öffnungsklausel in Tarifverträgen, S. 488.

Finanzvolumen zugunsten der Restbelegschaft schmälert und ein Wahlrecht der aus dem Betrieb ausscheidenden Arbeitnehmer nicht mehr besteht.[689]

Die beschriebenen Verhaltensmuster sind aber nicht mit hinreichender Sicherheit auf die zukünftige Entwicklung zu projizieren, so dass die Frage nach der Erhaltung von bestehenden Arbeitsplätzen nicht zweifelsfrei beantwortet werden kann. Die bisherigen Erfahrungen auf der betrieblichen Ebene zeigen aber zumindest, dass solidarisches Verhalten zugunsten einer Arbeitsplatzerhaltung nicht unwahrscheinlich ist.

IV. Verlagerung von Konflikten auf die betriebliche Ebene

Zweifellos wird das Konfliktpotential zwischen Arbeitgeber und Betriebsrat durch eine Verlagerung von Regelungskompetenzen auf die betriebliche Ebene gesteigert.[690] Jedoch sind den Betriebsparteien durch das Betriebsverfassungsgesetz bereits eine Vielzahl von konfliktträchtigen Regelungsbereichen übertragen worden. Die Bedeutung der Bereiche, die der Mitbestimmung unterliegen, ist sowohl für den einzelnen Arbeitnehmer als auch für den Arbeitgeber höher anzusetzen, als eine Streitigkeit auf der Tarifebene um den Bruchteil eines Prozents an Lohnerhöhung. Daher kann davon ausgegangen werden, dass die Betriebsparteien auch die auf sie neu verlagerten Regelungsbereiche verantwortungsvoll regeln.[691]

Zudem weist *Reuter* zu Recht daraufhin, dass über das Mitbestimmungsrecht des § 87 Abs. 1 Nr. 10 BetrVG faktisch längst die Möglichkeit besteht, mittels Betriebsvereinbarungen übertarifliche Löhne zu vereinbaren. Das Mitbestimmungsrecht zur Sicherung der innerbetrieblichen Lohngerechtigkeit bezieht sich nach der Auffassung des Bundesarbeitsgerichts auch auf den übertariflichen Lohn.[692] Daher ist die Gefahr der Störung der guten Zusammenarbeit zwischen Arbeitgeber und Betriebsrat wegen Verhandlungen über Lohnerhöhungen nicht gegeben.

V. Beeinträchtigung der Stabilität der Gewerkschaften

Es werden ebenfalls Befürchtungen geäußert, die durch einen verstärkte Vereinbarung von tarifvertraglichen Öffnungsklauseln die Stabilität der deutschen Gewerkschaften bedroht sehen.

---

[689] Reuter, Festschrift für Schaub, S. 605, 637.
[690] Höhmann, Festgabe Schlotter, S. 161, 163.
[691] Seitel, Öffnungsklausel in Tarifverträgen, S. 521.
[692] Reuter, Festschrift für Schaub, S. 605, 624.

1. These von der Destabilisierung der Gewerkschaften

Es könnte eine Gefahr für die Autorität, die Stabilität und die Mitgliedszahlen der Gewerkschaften bedeuten, wenn die wesentlichen Bereiche des Arbeitsverhältnisses auf der Betriebsebene durch die Betriebsparteien geregelt werden.[693] Der Betriebsrat könnte von den Beschäftigten als beitragsfreie Ersatzgewerkschaft wahrgenommen werden und die Mitgliedschaft in einer Gewerkschaft als überflüssig angesehen werden.

2. Gegenargumente

Gegen die These vom Bedeutungsverlust der Gewerkschaften bei verstärkter Ausübung tariflicher Öffnungsklauseln sprechen folgende Überlegungen

a) Berücksichtigung der Individualisierung der Arbeitnehmer

Die Stabilität der Gewerkschaften ist nicht zwangsläufig bedroht, wenn größere Bereiche der Regelungsbefugnis auf die Betriebsebene verlagert werden. Sofern durch die betriebsindividuelle Wahl den Präferenzen der Arbeitnehmer bei der Gestaltung der Arbeitsbedingungen mehr entsprochen wird, konnte im Gegenteil die Zustimmung zu dieser Gewerkschaftslinie sich in zunehmenden Beitritten niederschlagen.[694] Dem Trend zur Individualisierung bei den Beschäftigten würde so entsprochen.

Eine Verbetrieblichung der Lohnfindung durch neue Lohnmodelle konnte auch die Attraktivität der Gewerkschaften bei Beschäftigungsgruppen erhöhen, die bisher von der gewerkschaftlichen Tarifpolitik weniger Nutzen ziehen konnten. Es handelt sich hier vor allem um atypisch Beschäftigte, die oft nicht den Schutz von tariflichen Vereinbarungen genießen und von Änderungen bei der Form der Beschäftigung zuerst erfasst werden. Die bisherige gewerkschaftliche Zielsetzung konzentrierte sich auf die Interessen der Stammbelegschaften. Insoweit könnte es durch betriebliche Regelungen zu einer Integration dieser Randgruppe kommen und die Gewerkschaft ihren Alleinvertretungsanspruch besser erfüllen, was sich auf den Organisationsgrad günstig auswirken dürfte.[695]

b) Beachtung der Komplexität von Arbeitsbedingungen

Auch kann bei einer betrieblichen Regelung berücksichtigt werden, dass die Entlohnung nur ein Bestandteil der Arbeitsbedingungen ist und daneben ein Bereich von tariflich nicht normierten und nicht normierbaren Faktoren existiert.

---

[693] Berg in Däubler/Kittner/Klebe, BetrVG, § 77 Rz. 75; Kissel NZA 1986, 73, 78; Riester, Deregulierung und Flexibilisierung, S. 165.
[694] Seitel, Öffnungsklausel in Tarifverträgen, S. 514.
[695] Seitel, Öffnungsklausel in Tarifverträgen, S. 514 f.

Eine höhere Entlohnung kann zu gesteigertem Leistungsdruck, einem ungünstigen Arbeitsumfeld und letztlich zu einem schlechteren Arbeitsklima führen. Den Betriebsparteien ist es möglich, aus allen diesen Faktoren eine optimale Kombination zu vereinbaren, die den Wünschen der Arbeitnehmer im Betrieb Rechnung trägt. Dies könnte die Akzeptanz der Tarifverträge, die solche betrieblichen Lösungen ermöglichen, bei den Beschäftigten erhöhen.[696]

c) Reversibilität von tariflichen Öffnungsklauseln

Auch würde den Tarifparteien stets die Kompetenz verbleiben, auf die Betriebsebene verlagerte Regelungskompetenz durch entsprechende Tarifverträge ohne Öffnungsklauseln wieder an sich zu ziehen. Der heftig umstrittene Leber-Rüthers-Kompromiss wurde beispielsweise durch eine Neuregelung der Tarifverträge im Jahre 1990 zurückgenommen.[697] Insoweit lässt sich kein Verlust an Anziehungskraft für eine Mitgliedschaft in einer Gewerkschaft vorhersagen, da die Tarifebene weiterhin die maßgeblichen Entscheidungen für oder gegen tarifvertragliche Öffnungsklauseln trifft. Zudem würde auf der betrieblichen Ebene ein verstärkter Beratungsbedarf für die Betriebsratsmitglieder und die Belegschaften entstehen, durch welchen die Gewerkschaft als beratende Organisation ihre Bedeutung noch steigern könnte.

Zusammenfassend kann trotz der Verlagerung von Regelungskompetenz auf die Betriebsebene ein erheblicher Einfluss der Gewerkschaften auf die Regelung der Arbeitsbedingungen festgestellt werden. Eine zusätzliche Schwächung der Arbeitnehmerorganisationen kann nicht erwartet werden, da auch in Zeiten eines Festhalten an starren Flächentarifen ein Mitgliederschund festzustellen war.

VI. Zwischenergebnis

1. Die Rechtsstellung der Betriebsratsmitglieder garantiert dem Betriebsrat ein ausreichendes Verhandlungsgewicht zur Gestaltung der Freiräume, die durch tarifliche Öffnungsklauseln geschaffen werden, mittels Betriebsvereinbarungen.

2. Auch für betriebsratslose Klein- und Mittelbetriebe existieren Möglichkeiten zur Umsetzung von tariflichen Öffnungsklauseln.

3. Im Rahmen der gesamtwirtschaftlichen Belange existiert die Gefahr einer Erhöhung der Tariflöhne, auch wenn diese Gefahr m. E. als gering anzusehen ist. Hinsichtlich der Beschäftigungsproblematik ist durch tarifliche Öffnungsklauseln zwar im Hinblick auf Neueinstellungen eine geringere Wirksamkeit zu er-

---

[696] Seitel, Öffnungsklausel in Tarifverträgen, S. 515.
[697] Buchner, Festschrift Kissel, S. 97, 108.

warten, während bei der Arbeitsplatzsicherung eine Verbesserung zu erwarten ist.

4. Trotz einer Erhöhung des Konfliktpotentials auf der betrieblichen Ebene erscheinen Arbeitgeber und Betriebsräte aufgrund der bisher praktizierten Zusammenarbeit in der Lage die auftretenden Konflikte zu bewältigen. Dabei wird die Notwendigkeit eines Konfliktlösungsmechanismus für die Praktikabilität der tariflichen Öffnungsklauseln im Rahmen der Folgeprobleme noch genauer zu untersuchen sein.

5. Eine derartige Schwächung der Gewerkschaften durch tarifvertragliche Öffnungsklauseln, dass sie ihre Aufgabe als Koalition nicht mehr erfüllen könnte, ist keinesfalls zu erwarten.

Es sind also keine durchschlagenden rechtspolitischen Argumente gegeben, die gegen eine verstärkte Verlagerung von Rechtsetzungskompetenzen auf die betriebliche Ebene sprechen. Welche innerverbandlichen Erwägungen daneben für oder gegen eine Einführung oder Ausweitung von tariflichen Öffnungsklauseln sprechen, soll dahinstehen. Es wurden nur die wichtigsten Argumente behandelt, die auch in arbeitsrechtlichen Veröffentlichungen angesprochen wurden.

B. Folgeprobleme

Nachdem keine durchgreifenden rechtlichen Bedenken und keine überzeugenden rechtspolitischen Argumente gegen eine Einführung oder Ausweitung von tariflichen Öffnungsklauseln sprechen, stellt sich die Frage, welche Probleme sich in der Folge eines verstärkten Einsatzes von Öffnungsklauseln stellen werden.

I. Konfliktlösungsmechanismus auf Ebene des Betriebs

Bei dezentralen Verhandlungen über bedeutende Arbeitsbedingungen wie die Fragen des Entgelts würden die betrieblichen Arbeitsbedingungen mit den Verteilungskonflikten belastet. Am Beispiel einer rahmenmäßigen Entgelterhöhung sollen die Konfliktstellungen vorgestellt werden. Es stellt sich die Frage, welche Mechanismen zu Verfügung stehen, um diese Konflikte auf betrieblicher Ebene zu lösen.

1. Arbeitskampfverbot gem. § 74 Abs. 2 Satz 2 BetrVG

Einerseits besteht ein Arbeitskampfverbot gemäß § 74 Abs. 2 Sätze 1 und 2 BetrVG für die Betriebsparteien. Insofern könnte man den Betriebsrat als machtlosen Verhandlungspartner ansehen und die Betriebsbelegschaft in betrieblichen Lohnverhandlungen als „kollektiver Bettler" bezeichnen.[698] Durch Arbeitskampfverbot des § 74 Abs. 2 BetrVG wird aber ausdrücklich das Streikrecht der Gewerkschaften nicht beeinträchtigt. Bei entsprechender Einschränkung der Friedenspflicht könnten dem einzelnen Arbeitgeber Arbeitskampfmaßnahmen durch die Gewerkschaften in seinem Betrieb drohen. Zusätzlich bestehen die betriebsverfassungsrechtlichen Mitbestimmungsrechte des Betriebsrates, deren Ausübung bei konfliktreichen betrieblichen Lohnverhandlungen durch eine unkooperative Haltung des Betriebsrats geprägt sein könnte. Daher sind auch die Auswirkungen dezentraler Lohnverhandlungen für den Arbeitgeber schwer zu kalkulieren.

Zusammenfassend besteht je nach Ausgestaltung der Friedenspflicht ein unterschiedlich hohes Risiko für den Arbeitgeber. Eine zweite Lohnrunde mit den Gewerkschaften auf Seiten der Arbeitnehmer würde den Vorteilen der tariflichen Öffnungsklauseln entgegen laufen. Es würde gerade keine Verhandlungskompetenz auf den Betriebsrat als Vertreter der Betriebsbelegschaft übertragen. Betriebliche Interessen müssten wiederum im Ausgleich mit den Gewerkschaftsinteressen umgesetzt werden. Eine gewerkschaftliche Berücksichtigung betrieblicher Belange ist bereits durch Firmentarifverträge möglich. Die Regelungsbefugnis auf Seiten der Betriebspartner würde nicht freigegeben. Auch würden die Arbeitgeberverbände solchen Öffnungsklauseln nicht zustimmen, da sie keine substanzielle Verbesserung für die Betriebe bewirken würden. Dennoch verbleibt auf Arbeitgeberseite das Risiko von Koppelungsgeschäften von Fragen der betrieblichen Lohnerhöhungen mit der Ausübung der gesetzlich gebotenen erzwingbaren Mitbestimmung. Diese Gefahr ist aber nicht zu überschätzen, da eine ähnliche Sachlage bereits zur Zeit bei Betrieben mit übertariflicher Entlohnung besteht. Jedoch besteht für die Arbeitnehmer auch ohne Streikrecht ein gewisser Schutz vor Übervorteilung, da die unterste Rahmenvorgabe des tariflichen Korridors eine Mindestlohnerhöhung garantiert.

2. Einigungsstelle aufgrund der Erweiterung der erzwingbaren Mitbestimmung

Die Ausgestaltung durch erzwingbare Mitbestimmungsrechte und eine Einschaltung der Einigungsstelle führt zu den im Rahmen des Leber-Rüthers-Kompromisses beschriebenen Außenseiterproblematik[699]. Daher kann auch nicht die Einigungsstelle als geeigneter Konfliktlösungsmechanismus angesehen werden, sofern nicht eine zusätzliche Legitimation durch die Arbeitnehmerseite hinzutritt.

---

[698] Kissel NZA 1986, 73, 79.

[699] siehe § 7 C. Negative Koalitionsfreiheit.

3. Vollziehbarkeit der Tarifnormen aus sich selbst ohne weiteren Konkretisierungsakt

Rechtspolitisch am überzeugendsten erscheint die Vereinbarung einer aus sich selbst vollziehbaren Tarifnorm, um im Falle der Nichteinigung auf der betrieblichen Ebene auf eine tarifliche Regelung zurückgreifen zu können. Nach oben vertretener Ansicht kann eine solche Vollziehbarkeit aus sich selbst keine rechtlich verbindliche Voraussetzung sein[700], jedoch ist damit kein Urteil über die Sinnhaftigkeit oder die Praktikabilität einer solchen Ausgestaltung verbunden. Neben der dem Aspekt der Bereitstellung eines Konfliktlösungsmechanismus ist auch zu beachten, dass viele Betriebe von einer Öffnungsmöglichkeit keinen Gebrauch machen wollen. Für diese würde eine ohne weiteren Konkretisierungsakt vollziehbare Tarifnorm ihren Bedürfnissen entgegen kommen.

Die Konflikte auf der betrieblichen Ebene werden aber auch durch eine Vorgabe der Durchschnittslohnerhöhung für den Fall, dass keine betriebliche Lösung angestrebt oder erreicht wird, nicht beseitigt. Es könnte bei der Vereinbarung von Entgeltrahmenvorgaben sogar eine Flexibilisierungsminderung eintreten, da übertarifliche Leistungen von gutverdienenden Betrieben in wirtschaftlichen Krisenzeiten abgebaut werden können. Zahlungen am oberen Ende der des tariflich festgelegten Korridors sollen nach Auffassung von *Ruoff* tarifliche Zahlungen sein und könnten nicht unterschritten werden. Nur neuerliche Steigerungen könnten sich am unteren Ende des Korridors bewegen, sie werden aber aufgrund des bereits erhöhten Niveaus bestimmt. Insoweit könnte von einer Verringerung der Flexibilisierung im Bereich der bisher häufigen übertariflichen Leistungen gesprochen werden.[701] Der Einwand von *Ruoff* hinsichtlich der Verminderung der Flexibilisierung bei der Vereinbarung von tariflichen Löhnen am oberen Rand der Rahmenvorgaben ist nicht zu folgen. Da sie auf die betriebliche Regelungskompetenz gestützt werden, könnte nur die Mindesterhöhung, bei Ausübung der eröffneten betrieblichen Regelungskompetenz, oder die durchschnittliche Erhöhung als tarifliche Zahlung angesehnen werden. Langfristig ist aber sicherzustellen, das die Spannbreite der Löhne sich nicht unbegrenzt auseinander entwickelt, sondern in einem tariflich bestimmten Rahmen bleibt. Die unterste Grenze dieses Rahmens sollte die Orientierung an den Grenzbetreiben darstellen.

Damit erscheint die Vorgabe aus sich selbst vollziehbarer Tarifnormen die geeignetste Weise, Konflikte auf betrieblicher Ebene zu lösen.

---

[700] siehe § 7 E. II 2. Vollziehbarkeit der Tarifnorm aus sich selbst.

[701] Ruoff, Die Flexibilisierung der Tarifverträge, S. 110.

II. Verhandlungskosten

Einer der unbestreitbaren Vorteile des Flächentarifvertrages ist die Verminderung der Transaktionskosten. Die erhöhten Kosten für die betriebliche Gestaltung der durch tariflichen Öffnungsklauseln geschaffenen Freiräume sind ein offensichtlicher Nachteil und vom Arbeitgeber einzukalkulieren. Bei der Vereinbarung aus sich selbst heraus vollziehbarer Tarifnormen als Auffanglösung für den Fall der Nichteinigung auf Betriebsebene kann der die Verhandlungskosten scheuende Arbeitgeber auch diese tarifliche Norm direkt anwenden.

Neben den direkten Verhandlungskosten könnten weitere Kostenfaktoren für die Unternehmen drohen. Es werden Befürchtungen geäußert, dass der Betriebsrat den Arbeitgeber unter wirtschaftlichen Druck setzt, wenn die Tarifparteien eine Abweichung vom Tarifvertrag nur für freiwillige Betriebsvereinbarungen ermöglichen. Ausdrücklich wird auf die Gefahr von Koppelungsgeschäften hingewiesen.[702] Unter Koppelungsgeschäften versteht man die Verknüpfung von an sich mitbestimmungsfreien Regelungsmaterien, die durch tarifliche Öffnungsklauseln der betrieblichen Regelungsebene zugänglich werden, mit den betriebsverfassungsgesetzlich mitbestimmungspflichtigen Regelungsgegenständen.[703] Die Gefahr von Koppelungsgeschäften ist zumindest theoretisch gegeben. Ob sich in der Praxis eine solche Verhandlungsstrategie der Betriebsräte verbreiten wird, erscheint aber m. E. sehr zweifelhaft. Bereits heute könnte in den Betrieben auf informeller Ebene ein Junktim zwischen einer mitbestimmungspflichtigen und einer mitbestimmungsfreien Angelegenheit hergestellt werden.[704] Von einem massenhaften Auftreten dieses Phänomens ist aber nichts bekannt. Vielmehr erscheint das grundsätzliche Verhältnis zwischen Betriebsrat und Arbeitgeber für solche Verhaltensweisen Ausschlag gebend. Der Umfang der Regelungsmöglichkeiten für die Betriebsebene erhöht diese Gefahr kaum. Letztlich muss die Arbeitgeberseite die Gefahr von Koppelungsgeschäften als Preis für die betrieblichen Flexibilisierungsmöglichkeiten in Kauf nehmen.

III. Auswirkung auf die Stellung der Tarifparteien in der Betriebsverfassung

Es stellt sich außerdem die Frage, welche Auswirkungen eine verstärkte Verlagerung von Regelungskompetenzen von der Tarif- auf die Betriebsebene auf die Stellung der Tarifvertragsparteien in der Betriebsverfassung haben wird. Es wird eine verstärkte Unterstützung der Betriebsparteien durch die Koalitionen bei der Umsetzung der betrieblichen Lösungen notwendig werden. Es soll hier die Rechtsstellung der Tarifparteien genauer beleuchtet werden. Dabei stellt

---

[702] Rieble RdA 1996, 151, 154.
[703] Meyer RdA 1998, 142, 155 m. w. N.
[704] Eich ZfA 1988, 93, 93 ff.

sich die Frage, ob und inwieweit die Stellung der Tarifparteien, insbesondere der Gewerkschaften, in der Betriebsverfassung bei vermehrtem Einsatz von Öffnungsklauseln geeignet ausgestaltet ist.

Es könnte, wie bereits dargelegt, zu einer Gefährdung der vertrauensvollen Zusammenarbeit der Betriebspartner durch Verlagerung von Konfliktthemen in die Betriebe kommen. Weitergehend stellt sich die Frage, ob auch die Gewerkschaften über das Zusammenwirken mit dem Betriebsrat an den Grundsatz der vertrauensvollen Zusammenarbeit gebunden sind. Der Betriebsrat ist nicht in die gewerkschaftliche Organisation eingebaut. Die Organe der Betriebsverfassung müssen mit den Koalitionen ebenfalls vertrauensvoll zusammenarbeiten. Eine korrespondierende Pflicht der Koalitionen zur Zusammenarbeit, namentlich der Gewerkschaften mit dem Betriebsrat, existiert nicht, da eine solche Verpflichtung dem Art. 9 Abs. 3 GG widersprechen würde.[705] Damit besteht kein Anspruch des Betriebsrates auf Beratung durch die Gewerkschaften bei der betrieblichen Umsetzung der tariflichen Öffnungsklauseln. Eine Erweiterung gewerkschaftlicher Pflichten aus dem Grundsatz der vertrauensvollen Zusammenarbeit erfolgt nicht.

Der Zugang von Gewerkschaftsbeauftragten zu einem einzelnen Betrieb zur Wahrnehmung betriebsverfassungsrechtlicher Aufgaben könnte ebenfalls bei einer Kompetenzverlagerung betroffen sein. Die Teilnahme- und Beratungsrechte, die den Gewerkschaften ermöglichen, ihre eigenen Auffassungen in die innerbetriebliche Willensbildung einzubringen, dürften an Bedeutung gewinnen. Dabei ist ein Zutrittsrecht von verstärkter Bedeutung, da Arbeitgeber versuchen könnten, bei der betrieblichen Umsetzung die Arbeitnehmerseite zu übervorteilen. Auch das Zutrittsrecht zur Ausübung der gewerkschaftlichen Kontrollrechte könnte im Zusammenhang mit einer Überschreitung der tariflich vereinbarten Voraussetzungen oder Rechtsfolgen von Öffnungsklauseln relevant werden.

§ 31 BetrVG konkretisiert das allgemeine Gebot der Zusammenarbeit des Betriebsrates mit den Gewerkschaften im Hinblick auf die Betriebsratssitzungen. Da in den Betriebsratssitzungen gemäß § 77 Abs. 2 Satz 1 BetrVG die tarifergänzenden oder tarifabweichenden Betriebsvereinbarungen beschlossen werden, kommt dem Recht auf beratende Teilnahme eine wachsende Bedeutung zu.

Damit die betrieblichen Arbeitnehmervertreter bei der Umsetzung tarifvertraglicher Öffnungsklauseln die notwendigen Kompetenz in den Verhandlungen mit dem Arbeitgeber besitzen, wird wahrscheinlich eine Intensivierung der Bil-

---

[705] Fitting/ Kaiser/Heither/Engels, BetrVG, § 2 Rz. 38.

dungsarbeit durch die Gewerkschaften und eine weitergehende Abstimmung von Betriebs- und Tarifebene. Die Gewerkschaften hätten verstärkt Dienstleistungsaufgaben für die Betriebsratsmitglieder zu erfüllen. Dabei sind zwei Entwicklungen seitens der Betriebsratsmitglieder denkbar. Einerseits könnten sich die Betriebsratsmitglieder zum „verlängerten Arm der Gewerkschaften" entwickeln, anderseits könnte eine Professionalisierung der Betriebsratsmitglieder eintreten, die dazu führt, dass sie eigenständige Ziele verfolgen und sich von den gewerkschaftlichen Vorgaben lösen.[706] Welche dieser Entwicklungen eintreten wird, lässt sich nicht gesichert prognostizieren. Unbestritten ist aber, dass sich für die Betriebsratsmitglieder ein erhöhter Bedarf an Qualifizierung ergeben wird.[707] Diese wird vor allem von den Gewerkschaften zu leisten sein, wobei aber wiederum kein Anspruch gegen die Gewerkschaften vorliegt. Vielmehr erhalten die Gewerkschaften die Chance, sich als Partner der Betriebsräte zu profilieren.

Die einzelnen Rechte der Tarifvertragsparteien dürften in tatsächlicher Hinsicht einen Bedeutungszuwachs erfahren. Aber die Rechtsstellung der Koalitionen in der Betriebsverfassung erfährt infolge tariflicher Öffnungsklausen keine Veränderung. Auch erscheinen die gewerkschaftlichen Rechte ausreichend, um bei der betrieblichen Umsetzung tariflicher Vorgaben beratend mitzuwirken.

IV. Prozessuale Folgeprobleme

Die prozessualen Folgeprobleme bestehen in zwei Richtungen. Zum einen könnte eine Überprüfung der Tarifverträge mit Öffnungsklauseln in Betracht kommen. Weiterhin stellt sich die Frage nach der gerichtlichen Nachprüfbarkeit der auf Öffnungsklauseln beruhenden Betriebsvereinbarungen. Dabei wird von der jeweilig ausgeübten Rechtsprechung des Bundesarbeitsberichts ausgegangen und es erfolgt keine vertiefte Auseinandersetzung mit etwaigen Gegenauffassungen.

1. Gerichtliche Überprüfung eines Tarifvertrags

Eine gerichtliche Rechtskontrolle der Tarifverträge findet unbestritten statt. Die Gerichte sind verpflichtet zu überprüfen, ob die Tarifverträge gegen höherrangiges Recht verstoßen.[708] Die Arbeitsgerichte haben zudem mittels Rechtskontrolle zu überprüfen, ob sich die Tarifvertragsparteien im Rahmen ihres Gesetzgebungsauftrags der Gestaltung der Arbeits- und Wirtschaftsbedingungen bewegen.[709] Bei einer gerichtlichen Überprüfung der die Öffnungsklauseln enthal-

---

[706] Seitel, Öffnungsklausel in Tarifverträgen, S. 523 f.
[707] Oppolzer/Zachert WSI Mitteilungen 1998, 493, 497.
[708] Wiedemann in Wiedemann, TVG, § 1 Rz. 226.
[709] Wiedemann in Wiedemann, TVG, § 1 Rz. 192.

tenden Tarifverträge könnten beispielsweise Verstöße gegen die formellen Voraussetzungen oder die Außenseitergrundrechte festgestellt werden.

Welchen weiteren inhaltlichen gerichtlichen Kontrollen, die Tarifpartner bei der Tarifgesetzgebung unterliegen ist umstritten. Das Bundesarbeitsgericht hat eine allgemeine Überprüfung von Tarifverträgen verschiedentlich mit dem Argument abgelehnt, Art. 9 Abs. 3 GG verhindere eine „Tarifzensur".[710] Eine Gegenauffassung hält eine weitergehende Überprüfbarkeit der Tarifnormen für gegeben.[711]

Es sollte aber das größtmögliche Maß an richterlicher Zurückhaltung bei der Überprüfung von Tarifverträgen herrschen. Diese Beschränkung auf eine Rechtskontrolle unter Beachtung des Gebots richterlicher Zurückhaltung sichert das große Maß an Freiheit, dass den Tarifvertragsparteien bei der Ausgestaltung von tariflichen Öffnungsklauseln nach obiger Meinung zukommt.

2. Gerichtliche Überprüfung einer Betriebsvereinbarung

Neben der direkten gerichtlichen Kontrolle der tariflichen Öffnungsklausel als Teil eines Tarifvertrages ist auch eine Überprüfung der Einhaltung der tariflichen Vorgaben bei der Umsetzung auf der betrieblichen Ebene durch die Gerichte der Arbeitsgerichtsbarkeit notwendig. Bei einer Umsetzung mittels Betriebsvereinbarung besteht die Möglichkeit der gerichtlichen Überprüfung im Rahmen eines Individualarbeitsprozesses, aber auch eine Kontrolle durch die Tarifvertragsparteien ist zu erwägen.

a) Billigkeits- oder Rechtskontrolle

Die gerichtliche Inhaltskontrolle einer Betriebsvereinbarung geht nach der Rechtsprechung des Bundesarbeitsgerichts zumindest verbal mit dem Begriff der "Billigkeitskontrolle" über die Kontrolle eines Tarifvertrags hinaus. Das Bundesarbeitsgericht[712] unterwirft Betriebsvereinbarungen einer gerichtlichen Übermachtkontrolle. Dabei fordert es aber für die Nichtigkeit eine "offensichtliche Unbilligkeit" und beschränkt sich somit auf eine selbstverständliche Grenzkontrolle nach § 138 Abs. 1 BGB. Begründet wird diese Billigkeitskontrolle einerseits mit dem sich aus §§ 315, 317, 319 BGB ergebenden allgemeinen Rechtsgedanken. Weiterhin wird auf die geringeren Machtmittel eines Betriebsrats im Vergleich zur einer Gewerkschaft hingewiesen. Auch § 75 Abs. 1 BetrVG wird zur Begründung herangezogen.[713]

---

[710] grundlegend: BAG, 30. 1. 1970, AP 142 zu § 242 BGB Ruhegehalt.
[711] Baumann, Die Delegation tariflicher Rechtsetzungsbefugnisse, S. 158.
[712] BAG, 22. 2. 1983, ArbuR 1983, 120.
[713] Fitting/Kaiser/Heither/Engels, BetrVG, § 77 Rz. 198 m. w. N.

Die Vornahme einer Billigkeitskontrolle durch das Bundesarbeitsgericht wird von der herrschenden Lehre kritisiert.[714] Die Begründungen für die Billigkeitskontrolle sind angreifbar. Der Gesetzgeber geht von einem Gleichgewicht der Betriebspartner aus, daher sei eine Rechtskontrolle ausreichend. Eine Bezugnahme auf §§ 315, 317, 319 BGB kann eine Billigkeitskontrolle nicht rechtfertigen, denn die Gestaltungsmacht der Betriebspartner ist mit dem Leistungsbestimmungsrecht einer Vertragspartei oder eines Dritten strukturell und funktionell nicht vergleichbar.[715] Auch § 75 Abs. 1 BetrVG soll nicht schlechthin die Beachtung von Billigkeit gebieten, denn die Regelung setze die Grundsätze von Recht und Billigkeit voraus, begründe dies aber nicht.[716]

Die Kritiker der Rechtsprechung des Bundesarbeitsgerichtes gehen jedoch davon aus, dass das Bundesarbeitsgericht in der Sache nur eine Rechtskontrolle[717] vornimmt. An der tatsächlich vorgenommen Kontrolldichte wird kein Anstoß genommen. Es wird vor allem eine auch begriffliche Beschränkung auf eine Rechtskontrolle gefordert. [718]

Damit wird die vom Bundesarbeitsgericht vorgenommene in der Literatur und Rechtsprechung jedoch umstrittene Unterscheidung zwischen einer abstrakten und einer konkreten Billigkeitskontrolle hinfällig. Bei der abstrakten Billigkeitskontrolle wird überprüft, ob das Regelungsziel und die dazu notwendigen Mittel die Grundsätze der Billigkeit beachten. Zusätzlich unterwirft das Bundesarbeitgerichts in einigen Entscheidungen die Regelung einer konkreten Billigkeitskontrolle, bei der die Regelung insgesamt als richtig erscheint, aber im Einzelfall unbillige Wirkungen entfaltet. Dann kann der Regelung eine Härtefallklausel hinzugefügt werden.

Die Bedenken gegen eine Billigkeitskontrolle sind auch im Hinblick auf Öffnungsklauseln überzeugend. Die aufgrund der tariflichen Öffnungsklausel ermöglichte Betriebsvereinbarung darf nicht, über eine Rechtskontrolle anhand der maßgeblichen Rechtsvorschriften hinaus, inhaltlich durch die Gerichte verändert werden. Dies gilt besonders für Härtefallklauseln im Rahmen der konkre-

---

[714] Fitting/Kaiser/Heither/Engels, BetrVG, § 77 Rz. 231; Kreutz in GK-BetrVG, 7. Aufl., § 77 Rz. 300 ff.; Stege/Weinspach/Schiefer, BetrVG, § 77 Rz. 24a; Richardi, BetrVG, Vorbem. § 77 Rz. 123.

[715] Kreutz in GK-BetrVG, 7. Aufl., § 77 Rz. 303.

[716] Kreutz in GK-BetrVG, 7. Aufl., § 77 Rz. 304.

[717] BAG, 22. 5. 1990, AP Nr. 3 zu § 1 BetrVG Betriebsvereinbarung; BAG, 26. 10. 1994, AP Nr. 18 Anwesenheitsprämie.

[718] Fitting/Kaiser/Heither/Engels, BetrVG, § 77 Rz. 232; Kreutz in GK-BetrVG, 7. Aufl., § 77 Rz. 305; Richardi, BetrVG, § 77 Rz. 118.

[719] Fitting/Kaiser/Heither/Engels, BetrVG, § 77 Rz. 233.

ten Billigkeitskontrolle, weil dann die Betriebsvereinbarung in eine nicht vom Willen der Betriebspartner gedeckten Form abgeändert wird. Die Einwände gegen eine Billigkeitskontrolle dringen auch insoweit durch, als bei Öffnungsklauseln das Ergebnis der betrieblichen Einigung verfälscht wird.

b) Gewerkschaftliche Klagemöglichkeit

Durch ein neueres Urteil des Bundesarbeitgerichts wurde ein Unterlassungsanspruch der Gewerkschaften bei tarifwidrigen betrieblichen Regelungen anerkannt.[720] Dieses Urteil könnte auch im Rahmen der tariflichen Öffnungsklauseln relevant werden. Ein Argument gegen Öffnungsklauseln war häufig, dass die Gewerkschaften keine Möglichkeit besitzen würden, die Einhaltung der tariflichen Vorgaben der Öffnungsklauseln gerichtlich kontrollieren zu lassen. Durch dieses Urteil wird den Gewerkschaften diese Möglichkeit eröffnet. Dieses Urteil ist aber in der Arbeitsrechtswissenschaft stark kritisiert worden.[721] Trotz aller kritischen Anmerkungen kann die vom Bundesarbeitsgericht bejahte Antragsbefugnis der Gewerkschaften jedoch die Einhaltung der tariflichen Voraussetzung und Begrenzungen bei Öffnungsklauseln sichern.

3. Zwischenergebnis

Es ergeben sich bei tariflichen Öffnungsklauseln auf prozessualem Gebiet keine Abweichungen von den Grundsätzen bei der gerichtlichen Überprüfung von Tarifverträgen und Betriebsvereinbarungen. Durch die vom Bundesarbeitsgericht anerkannte Antragsbefugnis für Gewerkschaften bei tarifwidrigen Betriebsvereinbarungen wird den Gewerkschaften ermöglicht, die Einhaltung der tariflichen Vorgaben bei tariflichen Öffnungsklauseln auf betrieblicher Ebene durchzusetzen.

C. Zusammenfassung

Die vorgebrachten rechtspolitischen Bedenken können nicht überzeugen. Die Rechtsstellung der Betriebsratsmitglieder garantiert dem Betriebsrat ein hinreichendes Verhandlungsgewicht. Für betriebsratslose Betriebe können Möglichkeiten zur Umsetzung von tariflichen Öffnungsklauseln geschaffen werden. Durch tarifliche Öffnungsklauseln drohen keine unkalkulierbaren gesamtwirtschaftlichen Gefahren. Eine Bewältigung der auftretenden betrieblichen Konflikte ist zu erwarten. Eine gravierende Schwächung der Gewerkschaften ist nicht zu befürchten.

---

[720] BAG, 20. 4. 1999, NZA 1999, 887 = NJW 1999, 3281 = AP Nr. 89 zu Art. 9 GG.

[721] Hromadka AuA 2000, 13, 13.

Zur Vermeidung von Folgeproblemen empfiehlt es sich für die Tarifvertragsparteien, einen Konfliktlösungsmechanismus auf der betrieblichen Ebene für den Fall der Nichteinigung der Betriebsparteien bereitzustellen. Dabei erscheint die Vereinbarung unmittelbar aus sich selbst heraus vollziehbarer Tarifnormen die günstigste Konfliktlösung. Erhöhte Verhandlungskosten und die begrenzte Gefahr von Koppelungsgeschäften sind von der Arbeitgeberseite bei einem vermehrten Einsatz von tariflichen Öffnungsklauseln in Kauf zu nehmen. Die rechtliche Stellung der Tarifvertragsparteien, insbesondere der Gewerkschaften, in der betriebsverfassungsrechtlichen Ordnung bleibt durch tarifliche Öffnungsklauseln unverändert. In der Praxis werden sich aber neue Schwerpunkte verbandlicher Betätigung ergeben, hauptsächlich hin zur Beratung bei der betrieblichen Ausgestaltung der ermöglichten Betriebsvereinbarungen. Die Verbesserung der prozessualen Situation für die Gewerkschaften mittels einer Antragsbefugnis bei Überschreitung tariflicher Vorgaben entkräftet Bedenken für eine weitere unkontrollierte Aushöhlung des Flächentarifes mittels Öffnungsklauseln.

§ 10 Zusammenfassung der Ergebnisse

1. Eine tarifliche Öffnungsklausel ist eine Tarifbestimmung, die nach § 4 Abs. 3, 1. Alt. TVG anderen Personen oder Organen eine vom Tarifvertrag abweichende oder ihn ergänzende Regelung gestattet.

Der Untersuchungsgegenstand wurde auf Öffnungsklauseln beschränkt, die freiwillig zwischen den Tarifparteien vereinbart wurden und den Tarifvertrag zugunsten der betrieblichen Ebene öffnen.

2. In der Praxis sind vielfältige Regelungsformen und -bereiche von tariflichen Öffnungsklauseln zu beobachten. Trotz ihrer flexiblen Einsatzmöglichkeiten von der Reaktion auf akute Krisen bis hin zum Ausgleich struktureller Probleme ist ihre aktuelle tarifpolitische Bedeutung noch beschränkt. Jedoch ist eine tarifpolitische Entwicklung denkbar, bei der es auf freiwilliger Basis zu einem verstärkten Gebrauchmachen von tariflichen Öffnungsklauseln kommt. Für eine solche zukünftige Tarifpolitik ist die rechtliche Reichweite tarifvertraglicher Öffnungsklauseln von entscheidender Bedeutung. Dabei sind sowohl bisherige praktische Erfahrungen, wie die des Leber-Rüthers-Kompromisses, als auch theoretische Ansätze, wie der einer umfassenden Öffnungsklausel, zu berücksichtigen.

3. Die formellen Voraussetzungen für tarifliche Öffnungsklauseln enthalten eine schriftliche Niederlegung und das Erfordernis der ausdrücklichen Vereinbarung. Sowohl die Notwendigkeit der Schriftform gemäß § 1 Abs. 2 TVG und § 4 Abs. 3, 1. Alt. TVG, als auch das Ausdrücklichkeitserfordernis des § 77 Abs. 3 BetrVG stehen einer konkludenten Vereinbarung von tariflichen Öffnungsklauseln entgegen. Firmentarifverträge enthalten nicht inzident tarifliche Öffnungsklauseln, zumal dies nicht mit dem Ausdrücklichkeitserfordernis zu vereinbaren wäre. Das Ausdrücklichkeitserfordernis verlangt nicht die formelhafte Verwendung gewisser Begriffe und steht nicht einer Auslegung entgegen, für die sich ausreichend Anhalt im Wortlaut des Tarifvertrages findet.

4. Es liegt bei tariflichen Öffnungsklauseln keine Delegation tariflicher Rechtsetzungsmacht, sondern ein Wiederaufleben der originären Regelungskompetenz der Betriebspartner vor.

5. Die rechtsdogmatische Einordnung des Leber-Rüthers-Kompromisses führt zu mehreren einschlägigen Begrifflichkeiten. Es ist eine Einreihung als eine Zulassungsnorm möglich, wenn dieser Begriff in dem Sinne verwendet wird, dass Tariföffnungsklauseln den Betriebspartnern vom Tarifvertrag abweichende Re-

gelungen gestatten. Vor allem aber handelt es sich sowohl um eine betriebsverfassungsrechtliche Norm als auch um eine Inhaltsnorm. Bei dieser als Doppelnorm bezeichneten Konstellation kommt es zu einer Einbeziehung der tariflichen Außenseiter.

6. Die tariflichen Öffnungsklauseln sind unabhängig von ihrer Reichweite mit der Tarifautonomie vereinbar. Mangels einer verfassungsrechtlich begründeten Regelungsverpflichtung der Koalitionen können die Tarifvertragsparteien auch auf die Regelung von Bereichen des Arbeitslebens verzichten. Folglich sind auch weite Öffnungsklauseln, bis hin zu einer umfassenden Öffnungsklausel, unter dem Gesichtspunkt der Tarifautonomie nicht als verfassungswidrig anzusehen.

7. Die negative Koalitionsfreiheit der tariflichen Außenseiter wird nicht durch tarifliche Öffnungsklauseln verletzt. Bei Vorgaben inhaltlicher Art im Tarifvertrag liegt ein Eingriff durch tarifvertragliche Öffnungsklauseln und die darauf beruhende Betriebsvereinbarung in die negative Koalitionsfreiheit der Außenseiter vor. Dieser Eingriff ist aufgrund einer umfassenden originären Regelungskompetenz der Betriebsparteien gerechtfertigt, sofern die Entscheidung über den Abschluss einer Betriebsvereinbarung frei ist. Jedoch ist eine Kombination von tarifvertraglichen Öffnungsklauseln und einer Erzwingbarkeit der tarifergänzenden Betriebsvereinbarung unter dem Gesichtspunkt der negativen Koalitionsfreiheit der Außenseiter abzulehnen. Bei Konfliktlösungen über die Einigungsstelle finden zukünftige Öffnungsklauseln eine Grenze bei der Einbeziehung der nicht gewerkschaftlich organisierten Arbeitnehmer. Die erzwingbare Mitbestimmung, wie sie im Betriebsverfassungsgesetz vorgesehen ist, als Konfliktlösungsmechanismus auf der betrieblichen Ebene zu nutzen, scheitert an der negativen Koalitionsfreiheit der Außenseiter.

8. Aus weiteren Verfassungsgrundsätzen, die durch tarifliche Öffnungsklauseln berührt werden könnten, lassen sich keine inhaltlichen Grenzen ableiten. Es besteht kein Raum für eine analoge Anwendung des Art. 80 Abs. 1 GG. Eingriffe in die Berufsfreiheit und die Privatautonomie sind gerechtfertigt. Das Rechtsstaatsprinzip in seiner Ausformung als Bestimmtheitsgebot steht einer Ausgestaltung von tariflichen Öffnungsklauseln durch unbestimmte Rechtsbegriffe und Rahmenregelungen nicht entgegen.

9. Den einfachen Gesetzen lässt sich eine Begrenzung des Umfangs von tariflichen Öffnungsklauseln nicht entnehmen.

Aus § 4 Abs. 3, 1. Alt. TVG ergeben sich keine inhaltlichen Grenzen für die Möglichkeit, tarifvertragliche Öffnungsklauseln in Tarifverträgen zu vereinbaren, da nach seinem Regelungsinhalt alle Regelungsmaterien eines Tarifvertrages dispositiv ausgestaltet werden können.

§ 77 Abs. 3 Satz 2 BetrVG steht einer Vereinbarung vom Tarifvertrag abweichender Betriebsvereinbarungen, welche durch tariflichen Öffnungsklauseln ermöglicht werden, nicht entgegen. Zudem kann aus § 77 Abs. 3 Satz 2 BetrVG weder die Voraussetzung einer Vollziehbarkeit einer Tarifnorm mit einer Öffnungsklausel aus sich selbst noch eine Begrenzung durch das Kriterium der Rechtsmissbräuchlichkeit abgeleitet werden.

Auch § 75 Abs. 1 BetrVG und § 87 Abs. 1 Einleitungssatz BetrVG beschränken die Möglichkeiten zur Vereinbarung von Tariföffnungsklauseln nicht.

Tariföffnungsklauseln im Bereich von tarifdispositivem Gesetzesrecht müssen vom ausdrücklichen Willen des Gesetzgebers gedeckt sein, insoweit ergibt sich eine Begrenzung.

Aus einer vereinsrechtlichen Verpflichtung der Tarifvertragsparteien kann keine Pflicht zur inhaltlichen Regelung und damit einer Beschränkung von tariflichen Öffnungsklauseln entwickelt werden. Aus internationalen Übereinkommen ergeben sich ebenfalls keine inhaltlichen Beschränkungen für die Vereinbarung von tarifvertraglichen Öffnungsklauseln.

10. Die Frage nach der zeitlichen Reichweite tariflicher Öffnungsklauseln und der sie umsetzenden Betriebsvereinbarungen ist in Übereinstimmung mit den allgemeinen Regelungen für Tarifverträge und Betriebsvereinbarungen zu beantworten. Es ergeben sich keine Besonderheiten. Tarifliche Öffnungsklauseln besitzen eine Nachwirkung gemäß § 4 Abs. 5 TVG. Eine rückwirkende Vereinbarung tariflicher Öffnungsklauseln ist möglich. Gemäß § 77 Abs. 6 BetrVG tritt eine Nachwirkung für eine tarifergänzende Betriebsvereinbarung ein, wenn sie eine Angelegenheit der erzwingbaren Mitbestimmung zum Gegenstand hat. Für freiwillige Betriebsvereinbarungen kann mit dem Willen der Betriebsparteien, der gegebenenfalls durch Auslegung zu ermitteln ist, eine Nachwirkung vereinbart werden. Die Betriebsparteien haben die Möglichkeit, ihre Betriebsvereinbarung auch für spätere Tarifverträge mit entsprechenden Öffnungsklauseln abzuschließen, was sie jedoch in der Betriebsvereinbarung ausreichend formulieren müssen.

11. Es überwiegen weder die rechtspolitischen Bedenken bei einer vermehrten Verwendung tariflicher Öffnungsklauseln noch ergeben sich unlösbare Folgeprobleme. Die Betriebsräte besitzen ausreichendes Verhandlungsgewicht für die Umsetzung der tarifvertraglichen Öffnungsklauseln. Es sind Gestaltungsformen

der Öffnungsklauseln denkbar, die die Interessen der betriebsratslosen Betriebe berücksichtigen. Weiterhin sollten die Tarifnormen aus Praktikabilitätsgründen so ausgestaltet werden, dass sie selbst dann unmittelbar angewendet werden können, wenn es zu keiner betrieblichen Einigung kommt. Die rechtliche Stellung der Tarifparteien und ihre prozessualen Möglichkeiten sind ausreichend, um die betriebliche Umsetzung zu überwachen.

Literaturverzeichnis

Adomeit, Klaus	Rechtsquellenfragen im Arbeitsrecht München 1969
Adomeit, Klaus	Regelungen von Arbeitsbedingungen und ökonomische Notwendigkeiten Eine Untersuchung zu aktuellen Fragen des deutschen Tarifrechts München, Landsberg am Lech 1996
Alternativkommentar	Kommentar zum Grundgesetz für die Bundesrepublik Deutschland Band 1 Art. 1-37 2. Auflage Neuwied 1989
Badura, Peter	Staatsrecht Systematische Erläuterung des Grundgesetzes für die Bundesrepublik Deutschland 3. Auflage München 2003
Bartholomä, Ute Sybille	Regelungsumfang und Geltungswirkung tarifergänzender Betriebsvereinbarungen München 1995
Bauer, Jobst-Hubertus	Mutlose Kündigungsschutzreform in: NZA 2003, 366

Baumann, Thomas
Anforderungen an den Tarifvertrag als Gesetz
in:
RdA 1987, 270

Baumann, Thomas
Die Delegation tariflicher Rechtssetzungsbefugnisse
Berlin
1992
zugl.: Köln, Diss., 1992

BDA-Tarifarchiv
Tarifvertragliche Öffnungs-, Härte- und Kleinbetriebsklauseln
- alte und neue Bundesländer -
Stand: März 2000

Becker, Elmar
Bausteine der Flexibilisierung
in:
AuA 2000, 18

Bertelsmann Stiftung/ Hans-Böckler-Stiftung (Hrsg.)
Mitbestimmung und neue Unternehmenskulturen

Bilanz und Perspektiven
Bericht der Kommission Mitbestimmung
Herausgegeben von der Bertelsmann Stiftung und der Hans-Böckler-Stiftung
Gütersloh
1998
(www.mip-fg-koeln.mpg.de/bericht/endbericht, 28.05.1998)
zitiert:
Bertelsmann- und Hans-Böckler-Stiftung, Bericht der Mitbestimmungskommission

Beuthien, Volker
Tariföffnungsklausel zwecks Arbeitsplatzsicherung
in:
BB 1983, 1992, 1997

Biedenkopf, Kurt Hans	Grenzen der Tarifautonomie Karlsruhe 1964
Bispinck, Reinhard	Das deutsche Tarifsystem in Zeiten der Krise Streit um Flächentarif, Differenzierung und Mindeststandards in: WSI Mitteilungen 2003, 395
Bispinck, Reinhard	Das Märchen vom starren Tarifvertrag: Eine Analyse von tariflichen Öffnungsklauseln aus über 100 Tarifbereichen Düsseldorf 1999
Bispinck, Reinhard	Deregulierung, Differenzierung und Dezentralisierung des Flächentarifvertrags Eine Bestandsaufnahme neuerer Entwicklungstendenzen der Tarifpolitik in: WSI Mitteilungen 1997, 551
Bispinck, Reinhard	Tarifliche Öffnungsklauseln in: Personal 1998, 165
Bispinck, Reinhard/ Schulten, Thorsten	Verbetrieblichung der Tarifpolitik? Aktuelle Tendenzen und Einschätzungen aus Sicht von Betriebs- und Personalräten in: WSI Mitteilungen 2003, 157
Blomeyer, Wolfgang	Besitzstandswahrung durch Tarifvertrag in: ZfA 1980, 1

Blomeyer, Wolfgang
Nachwirkung und Weitergeltung abgelaufener Betriebsvereinbarungen über "freiwillige" Sozialleistungen
in:
DB 1990, 173

Buchner, Herbert
Anmerkung zu
EzA § 99 BetrVG 1972 Einstellung Nr. 4

Buchner, Herbert
Arbeitszeitregelungen im Spannungsfeld zwischen Tarifvertrag und Betriebsvereinbarung
in:
NZA 1986, 377

Buchner, Herbert
Der Umfang tariflicher Abschlussnormen, insbesondere ihre Abgrenzung zu den Normen über betriebliche Fragen
in:
RdA 1966, 208

Buchner, Herbert
Die Umsetzung der Tarifverträge im Betrieb
Bewältigtes und Unbewältigtes aus dem Spannungsverhältnis tariflicher und betrieblicher Regelungsbefugnis
in:
RdA 1990, 1

Buchner, Herbert
Rechtswirksamkeit der tarifvertraglichen Regelung über die Flexibilisierung der Arbeitszeit in der Metallindustrie
in:
DB 1985, 913

Buchner, Herbert
Tarifvertragsgesetz und Koalitionsfreiheit
Zur verfassungsrechtlichen Problematik der §§ 3 Abs. 2, 3 Abs. 3, 5 und 9 Abs. 1 TVG
München
1964

Buchner, Herbert	Wirkliche und vermeintliche Gefährdungen der Tarifautonomie in: Arbeitsrecht in der Bewährung Festschrift für Otto Rudolf Kissel zum 65.Geburtstag Herausgegeben von Meinhard Heinze und Alfred Söllner München 1994
Däubler, Wolfgang	Das Arbeitsrecht 1 Leitfaden für Arbeitnehmer 15. Auflage Hamburg 1998
Däubler, Wolfgang	Tarifvertragsrecht 3. Auflage Baden-Baden 1993
Däubler, Wolfgang/ Kittner, Michael/ Klebe, Thomas	Betriebsverfassungsgesetz 8. Auflage Frankfurt am Main 2002
Deregulierungskommission	Marktöffnung und Wettbewerb Berichte 1990 und 1991 Stuttgart 1991
Dieterich, Thomas	Anmerkung zum Urteil des BAG vom 4.4.2000 in: RdA 2001, 112
Dieterich, Thomas	Die betrieblichen Normen nach dem Tarifvertragsgesetz vom 9. 4. 1949 Dissertation Heidelberg 1962

Dieterich, Thomas — Die Grundrechtsbindung von Tarifverträgen
in:
Tarifautonomie für ein neues Jahrhundert
Festschrift für Günter Schaub zum 65. Geburtstag
Herausgegeben von Monika Schlachter, Rainer Ascheid, Hans-Wolf Friedrich
München
1998

Duden — Das große Wörterbuch der deutschen Sprache
Herausgegeben und bearbeitet vom wissenschaftlichen Rat und den Mitarbeitern der Dudenredaktion unter Leitung von Günther Drosdowski
Band 1
Band 2
2. Auflage
Mannheim, Leipzig, Wien, Zürich
1993

Ehmann, Horst/ Lambrich, Thomas — Vorrang der Betriebs- vor der Tarifautonomie kraft des Subsidiaritätsprinzips?
Betriebsvereinbarungen als „andere Abmachungen"
in:
NZA 1996, 346

Eich, Rolf-Achim — Rechtsmissbräuchliche Nutzung von Mitbestimmungsrechten durch den Betriebsrat
in:
ZfA 1988, 93

Eichhorn, Jochen — Tarifvertragliche Bestimmungsklauseln
Ein Weg zur Flexibilisierung von Tarifverträgen
Diss., Univ. Berlin
1992

Erfurter Kommentar zum Arbeitsrecht — Herausgegeben von Thomas Dieterich, Rudi Müller-Glögl, Ulrich Preis und Günter Schaub, 4. Auflage, München, 2004

Kraft, Alfons / Wiese, Günther / Kreutz, Peter / Oetker, Hartmut / Raab, Thomas/ Weber, Christoph — Gemeinschaftskommentar zum Betriebsverfassungsgesetz, Band 2, 7. Auflage, Neuwied; Berlin; Kriftel, 2002

Fitting, Karl/ Kaiser, Heinrich/ Heither, Friedrich/ Engels, Gerd — Betriebsverfassungsgesetz, 21. Auflage, München, 2002

Galperin, Hans — Möglichkeiten der betrieblichen Rechtsetzung Erläutert am Urteil des Bundesarbeitsgerichts zum „Rosenmontagsfall“ in: BB 1960, 453

Galperin, Hans/ Löwisch, Manfred — Kommentar zum Betriebsverfassungsgesetz Band II: Regelungen der Mitbestimmung (§§ 74 – 132), 6. Auflage, Heidelberg, 1982

Gamillscheg, Franz — Die allgemeinen Lehren der Grundrechte und das Arbeitsrecht in: ArbuR 1996, 41

Gamillscheg, Franz
Kollektives Arbeitsrecht
Ein Lehrbuch
Band I:
Grundlagen/Koalitionsfreiheit/Tarifvertrag/
Arbeitskampf und Schlichtung
München
1997

Gaumann, Ralf/
Schafft, Marcus
Tarifvertragliche Öffnungsklauseln - ein sinnvolles Flexibilisierungsinstrument
in:
NZA 1998, 176

Hamacher, Anno
Deklaratorische und konstitutive Klauseln
in
Tarifverträgen
Köln
2000
Zugl.: Hagen, Fernuniv., Diss., 1999

Hanau, Hans
Zur Verfassungsmäßigkeit von tarifvertraglichen Betriebsnormen am Beispiel der qualitativen Besetzungsregeln
in:
RdA 1996, 158-181

Hanau, Peter
Probleme der Ausübung des Mitbestimmungsrechts des Betriebsrates
in:
NZA 1985, Beilage 2, S. 3

Hanau, Peter
Verkürzung und Differenzierung der Arbeitszeit als Prüfsteine des kollektiven Arbeitsrechts
in:
NZA 1985, 73

Hanau, Peter/
Kania, Thomas
Stufentarifverträge
in:
DB 1985, 1229

Handbuch des Staatsrechts der Bundesrepublik Deutschland
Herausgegeben von Josef Isensee und Paul Kirchhof
2. Auflage
Band 3:
Das Handeln des Staates
Heidelberg
1996
Band 6:
Freiheitsrechte
Heidelberg
2001

Heinze, Meinhard
Betriebsvereinbarung versus Tarifvertrag?
in:
NZA 1989, 41

Heinze, Meinhard
Kollektive Arbeitsbedingungen im Spannungsfeld zwischen Tarif- und Betriebsautonomie
in:
NZA 1995, 5

Heisig, Beate
Arbeitsentgelt- und Arbeitszeitregelungen im Spannungsfeld zwischen tariflicher und Betriebsvereinbarungsrechtlicher Normsetzungsbefugnis
Frankfurt am Main
1991

Henssler, Martin
Flexibilisierung der Arbeitsmarktordnung - Überlegungen zur Weiterentwicklung der tariflichen Regelungsmacht -
in:
ZfA 1994, 487

Herschel, Wilhelm
Sinn und Grenzen der Vereinbarungsbefugnis der Tarifvertragsparteien
in:
Verhandlungen des 46. Deutschen Juristentages
München
1967
S. 12ff

Herschel, Wilhelm
Tarifautonomie und Betriebsautonomie (Ein kritisches Nachwort zum Friedensschluß im Arbeitskampf)
in:
ArbuR 1984, 323

Herschel, Wilhelm
Zur Rechtsnatur der Allgemeinverbindlichkeit
in:
Sozialreform und Sozialrecht
Festschrift Bogs
Herausgegeben von Kurt Jantz , Horst Neumann-Duesberg und Dieter Schewe
Berlin
1959

Hess, Harald/ Schlochauer, Ursula/ Worzalla, Michael/ Glock, Dirk
Kommentar zum Betriebsverfassungsgesetz
6. Auflage
Neuwied; Berlin; Kriftel
2003

Höhmann, Helmut — Tarifvertragliche Öffnungsklauseln in der Sozialen Marktwirtschaft
in:
Anwendungsbereiche der Ordnungspolitik in der Sozialen Marktwirtschaft
Festgabe zum 65. Geburtstag von Hans-Günther Schlotter
Herausgegeben von Brunhilde Häberle unter Mitarbeit von Markus Guthoff
Göttingen
1992

Höland, Armin/
Brecht, Holger/
Reim, Uwe — Flächentarif und betriebliche Bündnisse für Arbeit
Forschungserkenntnisse und ihre Lehren
in
WSI Mitteilungen 2000, 639

Hoyningen-Huene, Gerrick v. — Anmerkung zum Urteil des BAG vom 18. 8. 1987
in:
AP Nr. 23 zu § 77 BetrVG 1972

Hoyningen-Huene, Gerrick v. — Die Bezugnahme auf einen Firmentarifvertrag durch Betriebsvereinbarung
in:
DB 1994, 2026

Hoyningen-Huene, Gerrick v. — Die Einführung und Anwendung flexibler

Arbeitszeiten im Betrieb
in:
NZA 1985, 9

Hoyningen-Huene, Gerrick v. — Kompetenzüberschreitende Tarifverträge zur Regelung unterschiedlicher Wochenarbeitszeiten
in:
NZA 1985, 169

Hoyningen-Huene, Gerrick v./ Meier-Krenz, Ulrich
Flexibilisierung des Arbeitsrechts durch Verlagerung tariflicher Regelungskompetenzen auf den Betrieb
in:
ZfA 1988, 293

Hromadka, Wolfgang
Arbeitsrecht im Wandel – Handlungs- und Reformbedarf
PersF 1999, Heft 11, S. 18-23

Hromodka, Wolfgang
Betriebliche Bündnisse für Arbeit vor dem "Aus"?
in:
AuA 2000, 13

Hueck, Alfred/ Nipperdey, Hans Carl
Lehrbuch des Arbeitsrechts
7. Auflage
Band II
1. Halbband
Berlin, Frankfurt am Main
1967

Junker, Abbo
Der Flächentarifvertrag im Spannungsverhältnis von Tarifautonomie und betrieblicher Regelung
in:
ZfA 1996, 383

Kempen, Otto Ernst
Mitbestimmung trotz Tarifvertrages Tarifvorbehalt und Tarifvorrang in § 77 III BetrVG
in:
RdA 1994, 140

Kempen, Otto Ernst
Zur Rechtsschutzgewähr für die Tarifvertragsparteien im neuen tariflichen Arbeitszeitrecht
in:
ArbuR 1989, 261

Kempen, Otto E./ Zachert, Ulrich	Tarifvertragsgesetz Kommentar für die Praxis Begründet von Christian Hagemeier 3. Auflage Köln 1997
Kirchhof, Ferdinand	Private Rechtsetzung Berlin 1987
Kissel, Otto Rudolf	Das Spannungsfeld zwischen Betriebsvereinbarung und Tarifvertrag in: NZA 1986, 73
Kittner, Michael	Öffnung des Flächentarifvertrages in: Tarifautonomie für ein neues Jahrhundert Festschrift für Günter Schaub zum 65. Geburtstag Herausgegeben von Monika Schlachter, Rainer Ascheid, Hans-Wolf Friedrich München 1998
Kölner Kommentar zum Aktiengesetz	Herausgegeben von Wolfgang Zöllner Band 1 §§ 1-75 AktG 2. Auflage Stand: Januar 1996 Köln, Berlin, Bonn, München 1988
Koberski, Wolfgang/ Clasen, Lothar/ Menzel, Horst	Tarifvertragsgesetz Kommentar Neuwied, Kriftel, Berlin Stand: März 1996

Kort, Michael
Die Grenzen betrieblicher Mitbestimmung bei tarifvertraglicher Zulassung lediglich "freiwilliger" Betriebsvereinbarungen
in:
NZA 2001, 477

Kreutz, Peter
Grenzen der Betriebsautonomie
München
1979

Kriebel, Volkhart
Zentralisation und Dezentralisation im Tarifsystem:
Möglichkeit und rechtliche Zulässigkeit einer dezentralisierten Tarifpolitik
Berlin
1984

Küttner, Wolfdieter/ Schlüpers-Oehmen, Reinhold/ Rebel, Wolfgang
Rechtsprobleme der Tarifverträge über Arbeitszeitverkürzung und Arbeitszeitflexibilisierung
in:
DB 1985, 172

Larenz, Karl
Methodenlehre der Rechtswissenschaft
Berlin, Heidelberg, New York, London, Paris, Tokyo, Hong Kong, Barcelona, Budapest
6. Auflage
1991

Lesch, Hagen
Dezentralisierung der Tarifpolitik und Reform des Tarifrechts
in:
DB 2000, 322

Lieb, Manfred
Begriff, Geltungsweise und Außenseiterproblematik der Solidarnormen
in:
RdA 1967, 441

Lieb, Manfred — Die Regelungszuständigkeit des Betriebsrates für die Vergütung von AT-Angestellten
in:
ZfA 1978, 179

Lieb, Manfred — Mehr Flexibilität im Tarifvertragsrecht? „Moderne“ Tendenzen auf dem Prüfstand
in:
NZA 1994, 289 und NZA 1994, 337

Linnenkohl, Karl — Rechtsfragen der Neugestaltung der Arbeitszeit
in:
BB 1989, 2472

Linnenkohl, Karl — Zulässigkeit von Betriebsvereinbarungen zur tariflichen Arbeitszeitverkürzung in der Metallindustrie
in:
BB 1988, 1459

Linnenkohl, Karl/ Rauschenberg, Hans-Jürgen — Tarifvertragliche Neuregelung der Wochenarbeitszeit und betriebsverfassungsrechtliche Gestaltungsmöglichkeiten
in:
BB 1984, 2197

Löwisch, Manfred — Betriebsverfassung in der Wirtschaft der Gegenwart
Überlegungen zur Reform des Betriebsverfassungsgesetzes
in:
DB 1999, 2209

Löwisch, Manfred — Die Einbeziehung der Nichtorganisierten in die neuen Arbeitszeittarifverträge der Metallindustrie
in:
DB 1984, 2457

Löwisch, Manfred
Die Rechtsstellung der Nichtorganisierten gegenüber dem Tarifvertrag
in:
NZA 1985, 170

Löwisch, Manfred/
Rieble, Volker
Anmerkung zum Urteil des BAG vom 18.8.1987
in:
SAE 1988, 97

Löwisch, Manfred/
Rieble, Volker
Tarifvertragsgesetz
München, Vahlen
1992

Lohs, René A.
Tarifliche Öffnungsklauseln
in:
DB 1996, 1722

Lücke, Oliver
Die Arbeitszeitverkürzung - Tarifpolitik auf dem Rücken der Außenseiter?
Zur Regelungsmacht der Tarifpartner im Hinblick auf die allgemeine Arbeitszeitverkürzung
in:
ZRP 1991, 205

Maunz, Theodor/
Dürig, Günter/
Herzog, Roman
Grundgesetz
Kommentar
München
Band I
35. Ergänzungslieferung
(zugleich 6. Ergänzungslieferung zur 7. Auflage)
Stand: Februar 2003

Maus, Oliver C.
Erweiterung von Mitbestimmungsrechten des Betriebsrats durch tarifliche Öffnungsklauseln?
Diss., Münster
1994

Meier-Krenz, Ulrich — Die Erweiterung der Beteiligungsrechte des Betriebsrates durch Tarifvertrag
Frankfurt am Main
1988
zugl.: Heidelberg, Univ., Diss., 1987

Meisel, Peter G./ Hiersemann, Walter — Arbeitszeitordnung
Kommentar
2. Auflage
München
1977

Meyer, Cord — Chancen und Grenzen der Anpassung von Tarifverträgen
in:
RdA 1998, 142

Mölders, Heinz-Willi — Arbeitsrechtliche Rahmenbedingungen für Cafeteria-Systeme
in:
DB 1996, 213

Monopolkommission — Mehr Wettbewerb in allen Märkten
Zehntes Hauptgutachten der Monopolkommission
gemäß § 24 b Abs. 3 und 5 Satz 1 GWB
Auszug
1994

Müller, Gerhard — Zum Verhältnis zwischen Betriebsautonomie und Tarifautonomie
in:
ArbuR 1992, 257

Münch, Ingo von/ Kunig, Philip — Grundgesetz-Kommentar
Band 1
Präambel bis Art. 19
5. Auflage
München
2000

Münchner Handbuch zum Arbeitsrecht | Band 3
Kollektives Arbeitsrecht
Herausgegeben von Reinhard Richardi und Otfried Woltzke
2. Auflage
München
2000

Natzel, Ivo | Anmerkung zum Urteil des BAG vom 20.4.1999
in:
SAE 2000, 115

Neumann, Dirk | Tarif- und Betriebsautonomie
in:
RdA 1990, 257

Nikisch, Arthur | Arbeitsrecht
2. Band:
Koalitionsrecht, Arbeitskampfrecht und Tarifvertragsrecht
2. Auflage
1959

Oppolzer, Alfred/ Zachert, Ulrich | Zur Zukunft des Tarifvertrages
Eine empirische Untersuchung
in:
WSI Mitteilungen 1998, 493

Palandt, Otto | Bürgerliches Gesetzbuch
bearbeitet von Peter Bassenge u.a.
63. Auflage
München
2004

Papier, Hans-Jürgen | Der verfassungsrechtliche Rahmen für Privatautonomie im Arbeitsrecht
in:
RdA 1989, 137

Rauschenberg, Hans-Jürgen
Flexibilisierung und Neugestaltung der Arbeitszeit
Der arbeitsrechtliche Entscheidungsrahmen
Baden-Baden
1993

Reiß, Burkhard
Tarifautonomie im Spannungsverhältnis zwischen Betriebsvereinbarung und Tarifvertrag am Beispiel der Tarifverträge der Metallindustrie 1984
Diss., Univ. Münster
1991

Reuter, Dieter
Das Verhältnis von Tarif- und Betriebsautonomie
Eine Nachlese zum Arbeitsrechtlichen Thema des 61. Deutschen Juristentags
in:
Tarifautonomie für ein neues Jahrhundert
Festschrift für Günter Schaub zum 65. Geburtstag
Herausgegeben von Monika Schlachter, Rainer Ascheid, Hans-Wolf Friedrich
München
1998

Richardi, Reinhard
Betriebsverfassungsgesetz mit Wahlordnung
Bearbeiter: Reinhard Richardi, Gregor Thüsing und Georg Annuß
9. Auflage
München
2004

Richardi, Reinhard
Die Bedeutung des Subsidiaritätsprinzips für das Verhältnis der Tarifautonomie zu Betriebsautonomie
in:
Arbeitsrecht in der Bewährung
Festschrift für Karl Kehrmann zum 65. Geburtstag
Herausgegeben von Ursula Engelen-Kefer, Michael Schoden und Ulrich Zachert
Köln
1997

Richardi, Reinhard
Die Betriebsvereinbarung als Rechtsquelle des Arbeitsverhältnisses
in:
ZfA 1992, 307

Richardi, Reinhard
Die tarif- und betriebsverfassungsrechtliche Bedeutung der tarifvertraglichen Arbeitszeitregelung in der Metallindustrie
in:
NZA 1984, 387

Richardi, Reinhard
Erweiterung der Mitbestimmung des Betriebsrates durch Tarifvertrag
in:
NZA 1988, 673

Richardi, Reinhard
Kollektivgewalt und Individualwille bei der
Gestaltung des Arbeitsverhältnisses
München
1968

Richardi, Reinhard
Kollektivrechtliche Arbeitszeitregelung
Fremdbestimmung durch Kollektivnorm oder Regelung der Arbeitsbedingungen für ein rechtgeschäftliches Dienstleistungsversprechen?
in:
ZfA 1990, 211

Richardi, Reinhard
Verkürzung und Differenzierung der Arbeitszeit als Prüfsteine des kollektiven Arbeitsrechts
in:
NZA 1985, 172

Rieble, Volker
Krise des Flächentarifvertrages? Herausforderungen für das Tarifrecht
in:
RdA 1996, 151

Riester, Bernhard
Deregulierung und Flexibilisierung im kollektiven Arbeitsrecht
Aachen
1995

Römer, Petra Alexa
Möglichkeit der Flexibilisierung von Tarifverträgen durch eine gesetzliche Tariföffnungsklausel
Diss., Augsburg
1994

Rosdücher, Jörg
Arbeitsplatzsicherheit durch Tarifvertrag: Strategien - Konzepte - Vereinbarungen
München
1997
Zugl.: Konstanz, Univ., Diss., 1997

Rosdücher, Jörg
Beschäftigungsorientierte Tarifpolitik Firmentarifverträge oder Verbandstarifverträge mit Öffnungsklauseln?
in:
WSI Mitteilungen 1997, 459

Ruoff, Axel
Die Flexibilisierung der Tarifverträge: tarifliche und gesetzliche Öffnungsklauseln unter besonderer Berücksichtigung des betrieblichen Notfalls
Konstanz
1999
Zugl.: Diss., Univ. Konstanz 1999

Sabel, Anton

Das Deutsche Betriebsverfassungsgesetz
in:
RdA 1952, 281

Sachs, Michael

Grundgesetz
Kommentar
3. Auflage
München
2003

Säcker, Franz-Jürgen

Grundprobleme der kollektiven Koalitionsfreiheit
Rechtsquellen- und interpretationstheoretische Bemerkungen zur legislativen und judikativen Konkretisierung des Art. 9 Abs. 3 GG
Düsseldorf
1969

Säcker, Franz Jürgen/
Oetker, Hartmut

Grundlagen und Grenzen der Tarifautonomie
- erläutert anhand aktueller tarifpolitischer Fragen -
München
1992

Schacker, Bertram

Öffnungsklauseln in Gesetzen und Tarifverträgen
Diss., Univ. Bayreuth
1986

Schaub, Günter/
Koch, Ulrich/
Linck, Rüdiger

Arbeitsrechts-Handbuch
Systematische Darstellung und Nachschlagewerk für die Praxis
10. Auflage
München
2002

Schlüter, Wilfried
Tarifmacht gegenüber Außenseiter
Zur Verfassungsmäßigkeit der tariflichen Schlichtungsstellen (§ 76 Abs. 8 BetrVG)
in:
Festschrift für Rudolf Lukes zum 65. Geburtstag
Herausgegeben von Herbert Lessmann
Köln, Berlin, Bonn, München
1989

Schnabel, Klaus
Betriebliche Flexibilisierungsspielräume durch tarifvertragliche Öffnungsklauseln
in:
Personal 1998, 160

Schneider, Hans
Autonome Satzung und Rechtsverordnung
Unterschiede und Übergänge
in:
Festschrift für Philipp Möhring zum 65. Geburtstag
Herausgegeben von Wolfgang Habermehl und Hans Carl Nipperdey
München, Berlin
1965

Scholz, Rupert
Aufgaben der Koalitionen in einer sich fortentwickelnden Unternehmensrechtsordnung
(Aus Sicht des Staatsrechts)
in:
Arbeitnehmer oder Arbeitsteilhaber?
Zur Zukunft des Arbeitsrechts in der Wirtschaftsordnung
Herausgegeben von Volker Beuthien
Stuttgart
1987

Schüren, Peter
Neue rechtliche Rahmenbedingungen der Arbeitszeitflexibilisierung
in:
RdA 1985, 22

Schüren, Peter
Tarifgeltung für Außenseiter?
„No Taxation without Representation“
in:
RdA 1988, 138, 143

Schwarze, Roland
Der Betriebsrat im Dienste der
Tarifvertragsparteien
Berlin
1991
zugl.: Göttingen, Diss., 1991

Seifert, Hartmut
Betriebliche Vereinbarungen zur
Beschäftigungssicherung
in:
WSI Mitteilungen 1999, 156

Sinzheimer, Hugo
Arbeitsrecht und Rechtssoziologie
Gesammelte Reden und Aufsätze
Herausgegeben von Otto Kahn-Freund
und Thilo Ramm
Band 1
Der Tarifgedanke in Deutschland (1915)
Frankfurt am Main, Köln
1976

Söllner, Alfred
Arbeitsrecht
6. Auflage
Stuttgart
1978

Söllner, Alfred
Tarifmacht - Grenzen und
Grenzverschiebungen
in:
NZA 2000, Sonderbeilage zu Heft 24, S. 33

Söllner, Alfred
Zu Sinn und Grenzen der
Vereinbarungsbefugnis der
Tarifvertragsparteien
in:
ArbuR 1966, 257

Sontowski, Sandra
Löhne in der Unternehmenskrise:
Flexibilisierung lohnbezogener Tarifvertragsnormen
Die Härtefallklauseln den Tarifverträgen der ostdeutschen Metall- und Elektroindustrie vom Mai 1993 und denkbare Alternativen
Frankfurt am Main
1998
Zugl.: Berlin, Freie Univ., Diss., 1997

Spilger, Andreas Michael
Tarifvertragliches Betriebsverfassungsrecht
Rechtstatsachen und Rechtsfragen tariflicher Regelungen von Betriebsratsrechten
Berlin
1988
zugl.: Berlin, Freie Univ., Diss., 1987

Staschik, Lothar
Grundfragen zur Betriebsvereinbarung
Diss., Univ. Köln
1990

Stege, Dieter/
Weinspach, Friedrich K./
Schiefer,Bernd
Betriebsverfassungsgesetz
Handkommentar für die betriebliche Praxis
9. Auflage
Köln
2002

Thüsing, Gregor
Grenzen der Sperrwirkung des § 77 Abs. 3 BetrVG
Ein Überblick über die aktuelle Diskussion
in:
ZTR 1996, 146

Tietje, Teemu
Grundfragen des Arbeitszeitrechts
Berlin
2001

Tyska, Hans-Joachim

Die Zulässigkeit untertariflicher Löhne
unter dem Blickpunkt von
Tariföffnungsklausel und
Günstigkeitsprinzip
in:
ArbuR 1985, 276

Walker, Wolf-Dietrich

Möglichkeiten und Grenzen einer
flexibleren Gestaltung von
Arbeitsbedingungen
in:
ZfA 1996, 353

Waltermann, Raimund

Rechtsetzung durch Betriebsvereinbarung
zwischen Privatautonomie und
Betriebsautonomie
Tübingen
1996

Waltermann, Raimund

Zu den Grundlagen der Rechtsetzung durch
Tarifvertrag
in:
Europas universale rechtspolitische
Aufgabe
im Recht des dritten Jahrtausends
Festschrift für Alfred Söllner
zum 70. Geburtstag
Herausgegeben von Gerhard Köbler,
Meinhard Heinze und Wolfgang Hromadka
München
2000

Waltermann, Raimund

Zu den Grundlagen der Tarifautonomie
in:
ZfA 2000, 53

Waltermann, Raimund

Zuständigkeiten und Regelungsbefugnisse
im Spannungsfeld von Tarifautonomie und
Betriebsautonomie
in:
RdA 1996, 129

Wank, Rolf
Autonomie oder betriebliche Mitbestimmung
Zur Verteidigung der Zwei-Schranken-Theorie
in:
RdA 1991, 129

Welslau, Dietmar
Betriebliche Bündnisse für Arbeit
Chancen, Rahmenbedingungen, Lösungswege, Fallstricke
in:
AuA 2000, 4

Wendeling-Schröder, Ulrike
Betriebliche Ergänzungstarifverträge
in:
NZA 1998, 624

Weyel, Volker
Öffnungsklauseln in Chemie-Tarifverträgen
in:
Personal 1998, 155

Weyland, Joachim
Möglichkeiten und Grenzen der Verlagerung tariflicher Regelungskompetenzen auf die Betriebsebene
in:
ArbuR 1989, 193

Wiedemann, Herbert
Die Tariffähigkeit von Spitzenorganisationen und der Verhandlungsanspruch der Tarifvertragsparteien
in:
RdA 1995, 280

Wiedemann, Herbert

Tarifvertragliche Öffnungsklauseln
in:
Arbeitsrecht und Sozialpartnerschaft
Festschrift für Peter Hanau
Herausgegeben von Udo Isenhardt; Ulrich Preis
in Verbindung mit dem
Deutschen Arbeitsgerichtsverband e. V.
Köln
1999

Wiedemann, Herbert

Tarifvertragsgesetz
Kommentar
7. Auflage
München
1999

Wisskirchen, Alfred

Über Abweichungen von den Normen eines Tarifvertrages
in:
Arbeitsrecht und Sozialpartnerschaft
Festschrift für Peter Hanau
Herausgegeben von Udo Isenhardt; Ulrich Preis
in Verbindung mit dem
Deutschen Arbeitsgerichtsverband e. V.
Köln
1999

Zachert, Ulrich

Betriebsvereinbarung statt Tarifvertrag?
Perspektiven der Tarifautonomie
in:
ArbuR 1997, 11

Zachert, Ulrich

Krise des Flächentarifvertrages
in:
RdA 1996, 140

Zachert, Ulrich

Mehr Arbeitsplätze durch bewegliches Tarifrecht?
in:
ZTR 1996, 289

Zachert, Ulrich | Neue Entwicklungen zur Tarifautonomie und betriebliche Mitbestimmung
in:
NZA 1988, 185

Zachert, Ulrich | Rechtsfragen zu den aktuellen Tarifverträgen über Arbeitszeitverkürzung und Beschäftigungssicherung
in:
ArbuR 1995, 1

Ziepke, Jürgen | Kommentar zum Manteltarifvertrag für die Arbeiter, Angestellten und Auszubildenden in der Eisen-, Metall-, Elektro- und Zentralheizungsindustrie Nordrhein-Westfalens vom 29. 2. 1988
3. Auflage
1988

Ziepke, Jürgen | Rechtsprobleme der neuen tarifvertraglichen Arbeitszeitregelung in der Metallindustrie
in:
BB 1985, 281

Zöllner, Wolfgang | Flexibilisierung des Arbeitsrechts
in:
ZfA 1988, 265, 275

Zöllner, Wolfgang | Tarifmacht und Außenseiter
in:
RdA 1962, 453

Zöllner, Wolfgang/ Loritz, Karl-Georg | Arbeitsrecht
5. Auflage
München
1998

Schriften zum Arbeitsrecht und Wirtschaftsrecht

Herausgegeben von Abbo Junker

Band 1 Christoph-N. Lerche: Der Europäische Betriebsrat und der deutsche Wirtschaftsausschuß. Eine vergleichende Analyse der betrieblichen Mitwirkung der Arbeitnehmer vor dem Hintergrund der Globalisierung der Märkte. 1997.

Band 2 Christian Walter Mecke: Zur rechtlichen Verbindlichkeit kollektiver Vereinbarungen in England. 1997.

Band 3 Katja Francke: Die betriebliche Mitwirkung der Arbeitnehmer in Belgien. Unter Berücksichtigung vergleichender Aspekte zum deutschen Betriebsverfassungsrecht. 1997.

Band 4 Christian Schulze: Die Zulässigkeit einstweiliger Verfügungen gegen Betriebsänderungen. 1998.

Band 5 Stefan Miersch: Die Rechtsfolgen mitbestimmungswidriger Maßnahmen für das Arbeitsverhältnis. Eine zivilrechtsdogmatische Untersuchung. 1998.

Band 6 Heike Wegner: Internationaler Verbraucherschutz beim Abschluß von Timesharingverträgen: § 8 Teilzeitwohnrechtegesetz. 1998.

Band 7 Julia Wichmann: Dienstleistungsfreiheit und grenzüberschreitende Entsendung von Arbeitnehmern. 1998.

Band 8 Johann-Volker Peter: Société par actions simplifiée (S.A.S.). Die Vereinfachte Aktiengesellschaft in Frankreich, eine Rechtsform für die Kooperation von Unternehmen. 1999.

Band 9 Sylvia Schnelle: Der Europäische Betriebsrat in Spanien. Zugleich eine Einführung in das spanische Recht der Arbeitnehmervertretung. 1999.

Band 10 Viktoria Bornhagen: Die Zumutbarkeit als Rechtsgedanke im Arbeitsrecht. 1999.

Band 11 Thorsten Schacht: Der Übereilungsschutz beim arbeitsrechtlichen Aufhebungsvertrag. Arbeitnehmerschutz bereits de lege lata? 2000.

Band 12 Marcus Hellmann: Immobilienkauf nach spanischem Recht. 1999.

Band 13 Nicolaus Johannes Ehinger: Die juristischen Personen des öffentlichen Rechts als herrschende Unternehmen. 2000.

Band 14 Alexander Lentz: Das kollektive Arbeitsrecht der Republik Südafrika. Eine Untersuchung mit Bezügen zum deutschen Recht. 2000.

Band 15 Michaela Brunssen: Der Arbeitgeberverbandswechsel. Tarifrechtliche und arbeitskampfrechtliche Konsequenzen. 2000.

Band 16 Morten Petersenn: Das Recht des Grundstückskaufs in Südafrika. 2000.

Band 17 Stefan Krüger: Die umwandlungsrechtliche Haftungsregelung bei der Betriebsaufspaltung und ihre Analogiefähigkeit. 2001.

Band 18 Jürgen Kitzinger: Der GmbH-Geschäftsführer zwischen Arbeits- und Gesellschaftsrecht. Im Blickpunkt: Zuständigkeit der Arbeitsgerichte. 2001.

Band 19 Anja Ruge: Die Lohnersatzansprüche ehemaliger Zwangsarbeiter gegen deutsche Industrieunternehmen. 2001.

Band 20 Michael Knoll: Die Sozialauswahl im Arbeitsrecht. 2001.

Band 21 Britta Albrecht: Mediation im Arbeitsrecht. Individualarbeitsrecht und Betriebsverfassungsrecht. 2001.

Band 22 Annusch Barten: Das System der Arbeitnehmervertretung in Frankreich. 2001.

Band 23 Diane Westera: Der Wiedereinstellungsanspruch nach wirksamer Kündigung. 2001.

Band 24 Kristin Doerlich: Die Tariffähigkeit der Gewerkschaft. Eine Analyse der Mächtigkeitsrechtsprechung des Bundesarbeitsgerichts im Lichte neuerer Erfahrungen. 2002.

Band 25 Tina Witten: Vertragsgestaltung und Gesetzesbindung im Recht der Zeitarbeit. 2002.

Band 26 Martin Hellfeier: Die Leistungszeit im Arbeitsverhältnis. Eine Untersuchung zum Fixschuldcharakter der Arbeitspflicht und zu den Folgen ihrer Nichterfüllung. 2003.

Band 27 Almut Maulshagen: Betriebliche Arbeitskampfregelungen. 2003.

Band 28 Maren Band: Tarifkonkurrenz, Tarifpluralität und der Grundsatz der Tarifeinheit. 2003.

Band 29 Manuela Schulz: Der Bereitschaftsdienst in öffentlich-rechtlich organisierten Krankenhäusern. Eine rechtliche Bewertung. 2003.

Band 30 Felix Benedikt: Die Kürzung von Tariflöhnen zur Sanierung. Eine verfassungskonforme Auslegung des § 3 III TVG entsprechend § 626 BGB. 2003.

Band 31 Tim Kaden: Individuelle Bündnisse für Arbeit und Günstigkeitsprinzip. 2003.

Band 32 Simone Kreiling: Die Erstreckung betrieblicher und betriebsverfassungsrechtlicher Tarifnormen auf Außenseiter. 2004.

Band 33 Carsten Beck: Betriebliche Mitbestimmung und Kündigungsschutz. Die Funktionen betrieblicher Mitbestimmung im und deren Einfluß auf den Kündigungsschutz nach dem KSchG. 2004.

Band 34 Jost Eder: Die Regelungsabrede als Alternative zur Betriebsvereinbarung bei der Gestaltung materieller Arbeitsbedingungen. 2004.

Band 35 Christian Pfab: Wirkungsweise und Reichweite tarifvertraglicher Öffnungsklauseln. 2004.

www.peterlang.de

FSC
www.fsc.org
MIX
Papier | Fördert
gute Waldnutzung
FSC® C083411

Kolibri 360 GmbH
Ferdinand-Jühlke-Straße 7
99095 Erfurt, Deutschland
produktsicherheit@kolibri360.de

Druck:
CPI Druckdienstleistungen GmbH
im Auftrag der
Kolibri 360 GmbH
Ferdinand-Jühlke-Str. 7
99095 Erfurt